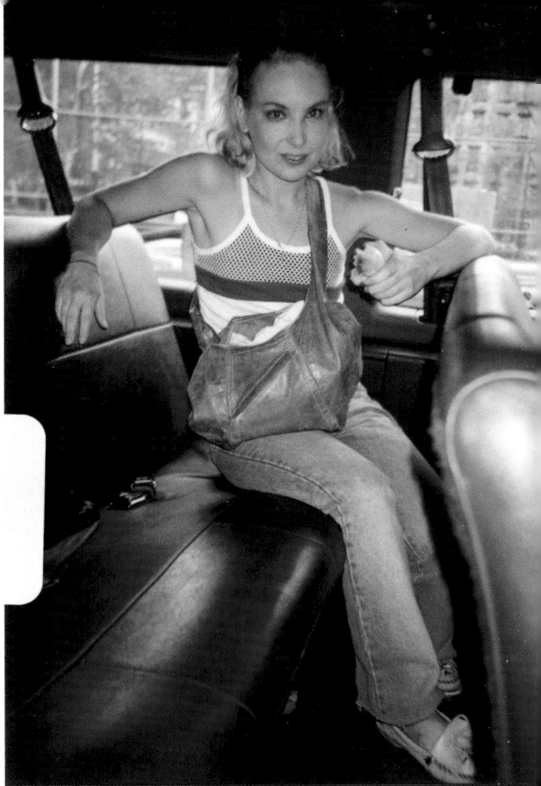

96年11月、NY。ロケバスで言葉を交わしたーテ

マン。

97年春、パリ。リヨンからパリに出てきた美大生のレティシア・べナ。後に彼女はエレン・フライスの長年にわたるコラボレーターになった。

97年春、パリ。伝説のセレクトショップ「コレット」開店時に、ギャラリーのキュレーションを行ったエレン・フライス。

98年春、パリ。初仕事で出会ったころの、マーク・ボスウィック。

99年6月、ケルン。特集制作のため、奈良美智さんのアトリエを訪れた。撮影チームと。

99年6月、アントワープ。デビューしたてのファッションデザイナー、ベルンハルト・ウィルヘルム。

99年秋、パリ。ベルンハルトに紹介されて親しくなったアーティスト、アン・ダムス。私が取材で使用していた「パスポートサイズ」のビデオカメラを手に。

98年春、パリ。ブレスのデザイナーの仕事部屋。

99年秋、NY。写真家アネット・オーレルの自宅。

02年ごろ、マレ地区。『Purple』創始者エレン・フライスの自宅兼仕事場。

96年春、LA。ソフィア・コッポラが友人と94年に起業したミルクフェドのオフィス。
壁の右上に、ホンマタカシの渋谷パルコでの写真展「Babyland」（95年）のフライヤー。

ミルクフェドのステッカーが貼られたソフィアの仕事机。

97年秋、ＮＹ。リタ・アッカーマンのアトリエ。

97年秋、ＮＹ。スケーター・アートの立役者アーロン・ローズのオフィスを訪ねた。

99年6月、アントワープ。線路に面したアン・ダムスの机。

98年冬、パリ郊外。ブレスのデザイナーの自宅近く。

00年、NY。母親が室内で撮影中、ルーフ・バルコニーで遊ぶ写真家アネット・オーレルの子ども。

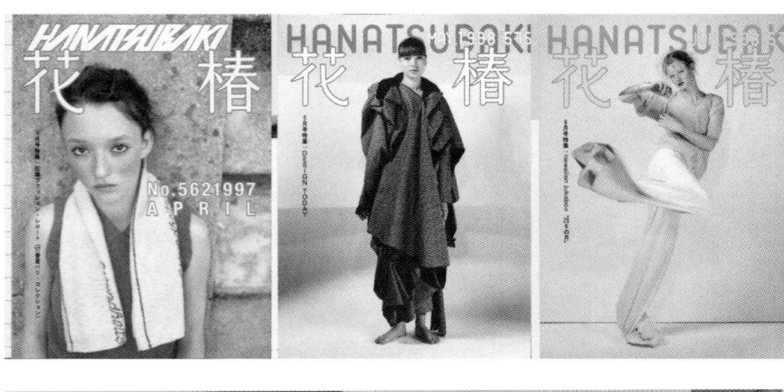

右から、『花椿』（98年6月号）、（98年5月号）、（97年4月号）、左端のモデルは、2000年代は女優としても活躍中のオードリー・マルネイ。

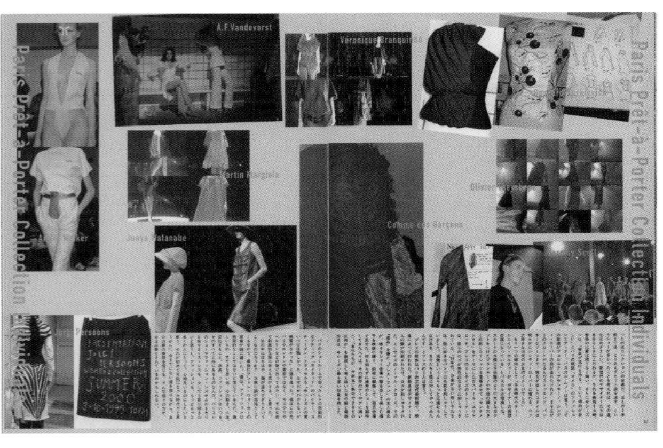

『花椿』（00年3月号）。98年から00年まで、著者が写真とビデオ撮影も行っていたパリコレ・レポート。

HANATSUBAKI1999
MARCH NO.585
花椿
3月号特集：花椿ファッション・レポート（'99春夏パリ・コレクション）

『花椿』（99年3月号）。「わたしの編集」が集約された表紙。

SoftBank 8:46 

HELLO Again...

Here you go...

Nakako Hayashi has been a great and persistent gardener, cultivator, archivist of a group of artists, designers, makers of all kinds, from all around the world. She's helped to bring together a group of people loosely connected by working on the fringes of what is known and popular, but really all on their own paths. She knows a group of individuals who are very different and diffused but connected by the loving attention and care of a cataloguer, conservator, curator, archivist like Nakako.

M

林央子はすぐれた、根気強い庭師であり、耕し育てる人だ。つまり、世界中のアーティストやデザイナー、あらゆるつくり手たちのアーキビストである。有名どころの境界線上のそこここにいて、ゆるくつながりながらも独自の道を行く仲間たちを、彼女はつなぎ合わせる。それぞれにまったく違い、あちこちに点在していても、央子のような編纂者、コンサベーター、キュレーター、アーキビストが愛情をもって気にかけ、手を貸してくれることで連帯する人たちがどこかにいることを、彼女は知っているんだ。

マイク・ミルズ
（映画監督、脚本家、グラフィックデザイナー）

わたしと『花椿』

90s in Hanatsubaki

林央子

DU BOOKS

もくじ

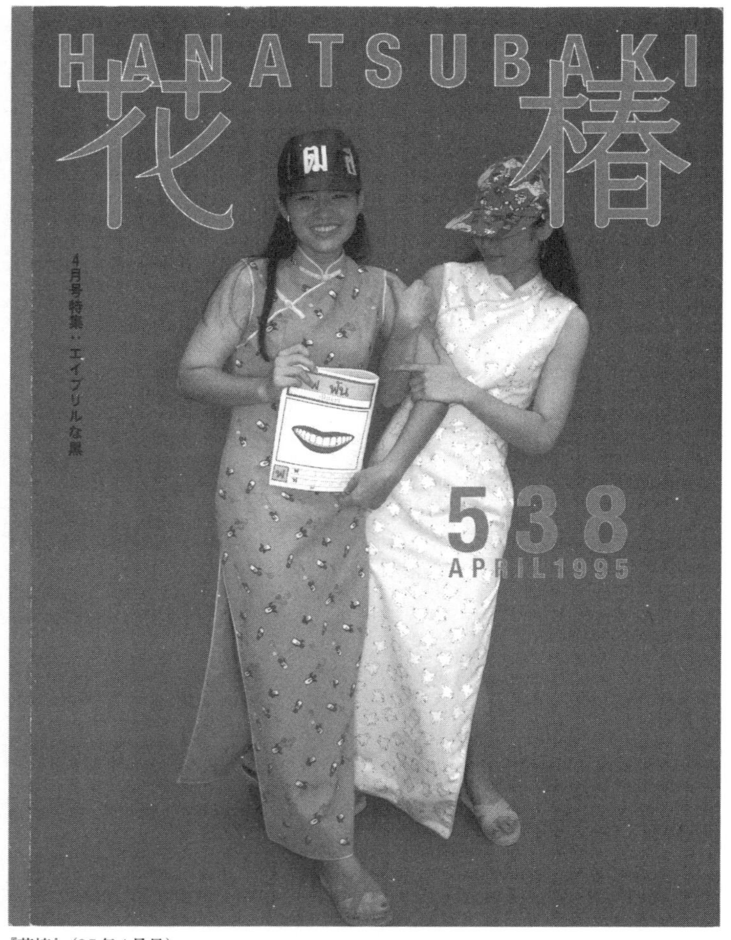

『花椿』（95年4月号）

プロローグ

日本の女性のための雑誌をつくる

1995年、資生堂『花椿』の編集部にいた私は、ソフィア・コッポラのインタビューページを企画した。95年4月号の『花椿』誌面でのソフィアの肩書きは、SOFIA COPPOLA/ACTRESSとなっている。*——自分の着たい服をデザインして、仲間との楽しい瞬間を写真に撮る。「何かを表現したい」女の子が、次々に開いた可能性の扉——。*

インタビューの企画は私が出したけれど取材と本文はライターの松田広子さんにお願いしていた。引用したリード文章は私が書いた。98年に映画を撮りはじめる前に、ソフィア・コッポラがどんな活動をしていたか、世間的にどうみなされていたか、が伝わると思う。ソフィア・コッポラからの読者へのメッセージ欄に彼女は「みんなどんどん外へ出て、やりたいことをやりましょうよ」と記している。興味にしたがって行動をおこしてみよう、という自発的で積極的なメッセージを発する「若い女性のロールモデル」、身近な憧れの対象としてのソフィア・コッポラ像が浮かび上がる。当時も今も、『花椿』は日本の女性のためのメディア。私は女性のためのメディアが大好きだ。

88年に資生堂に入社して、すぐ『花椿』編集部に配属になったので、編集を覚えた時代が90年代だった。ワープロで原稿を書くのは良いことか、漢字を忘れてしまうのではないか。ファックスで原稿をやりとりしても良いものか、ご自宅にとりにあがらなくて著者の先生に失礼ではないの

『花椿』（95年4月号）。ソフィア・コッポラ取材で日本の雑誌媒体が彼女を熱心においかけたのは、映画監督としての来日前、X-girlのショーのためにキム・ゴードンとともに来日したこの時期が初めて。すでに自身のブランドであるMilk fed.を立ち上げていたソフィアが、取材でX-girlを着ているのはそのためである。この時期の『花椿』でよく見られた、撮影者（ここではホンマタカシ）と被写体の取材後の交流が、この取材現場でも生じた。

か。そんなことが真剣に議論されていた。

よく原稿をいただいた池内紀先生は、ご指定の喫茶店がいくつかあって、そのどれかにうかがうと、一時間ごとに編集者があらわれる。ふだんはひとりで執筆される先生は、原稿を受け取りにくる若い編集者と、毎月きっちり一時間

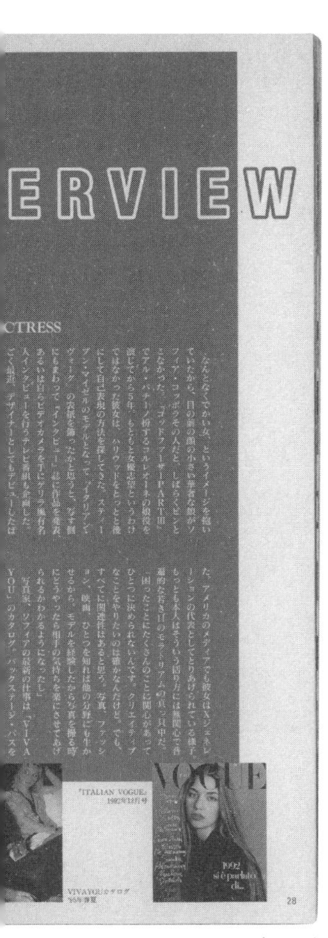

ずつのおしゃべり（それは、原稿についてのものではなく、日頃の編集部の様子やうわさ話などだった）を、息抜きにされているようだった。長年執筆いただいている先生だったけれど、著者と媒体というものの関係が、そうした空気のようなつながりによって築かれているのだということを体験から学んでいった。

フリーになっていろいろな立場で仕事をしているけれど、時折昔の『花椿』を資料として見ることがある。私が一番よく開くのは、95年の『花椿合本』。一年分の「花椿」をまとめて綴じたものだ。ヒロミックス、長島有里枝さん、キム・ゴードン、マイク・ミルズ、清恵子さん、マルタン・マルジェラ、ライオット・ガールの雑誌『BUST』、ホンマタカシさんのリトアニア写真……。ジャック・ピアソンや吉本ばななさんもいる。ナン・ゴールディンとアラーキーの展覧会が資生堂ギャラリーで開催中だという告知が１月号の裏表紙にのっている（記事には〈94年11月14日～12月25日　荒木経惟＋ナン・ゴールディン「TOKYO LOVE」　世界的に注目される２人の写真家のコラボレーションによる写真展。90年代の東京を捉えている〉とある）。そういえばヒロミックスとは、この展覧会で彼女がアラーキーの被写体になったことをきっかけに出会って、いろいろなやりとりが始まったのだった。今の私にとっても興味の核となっているような人たちの話題が、毎月42ページの誌面からこぼれんばかりにあふれている。そんな印象だ。

95年という年はWindows95の発売年であり、地下鉄サリン事件や阪神大震災のあった年でもあることから、社会学的にも注目されており、「クロニクル1995—」という展覧会も2014年、東京都現代美術館で開催されている。

この時代の『花椿』のまわりであった出会いのエピソードについて、今と当時のことをとりまぜながら、書いていこうと思う。偶然にも「Web花椿」で本書のベースとなる連載が始まった2018年春、X-girlの企画で来日したクロエ·セヴィニーに取材で会った。1994年にキム・ゴードンが始めたこのブランドの登場が、90年代文化を捉える上で私にとって大きな意味をもったのだが、30年ちかい時を経た今の目線で、その理由や背景についても、考えをめぐらせながら。

1　自由への編集
――『Purple』編集長エレン・フライスとの出会い

1990年代、ファッション、写真やアートに興味をもつ人たちに強い影響力をもった雑誌があった。パリで生まれたその雑誌『Purple』は、遠い街の都市、東京はもちろんのこと、たとえば、ポルトガルのリスボンやオーストラリアのメルボルンや香港などの、アートにまつわる本を扱う書店に置かれていた。

私が1993年に初めてパリコレに行ったとき、ファッションショーの招待状はもらえるものがまだ少なくて、ショーを見る時間以外は編集業務の刺激になりそうな情報や体験を求めて、美術館やギャラリー、書店などをまわっていた。そうしているとき、ポンピドゥセンターのブックショップに置かれた『Purple Prose』（創刊当初は、散文を意味するProseの言葉が添えられた2語のタイトルだった。98年にPurple一語の誌名に変更される）を見つけた。書店員さんも「よい雑誌よ」とすすめてくれた。当時の私は外国の雑誌を毎月4冊紹介する「Covers」というコラムを担当していたので、即座に購入した。ほかにも新しい傾向のアート雑誌が出版されていたので、記事にすることができそうだと思ったからだ。

私が編集部に入ったときの、編集長は平山景子さん。母と同じくらいの世代なのに、海外出張を頻繁にして、国内外のさまざまなアーティストと交流を楽しむ彼女の姿はとてもまぶしかった。編集部には『花椿』の一年分をまとめて冊子にした「合本」が1950年代から並んでいた。私が生まれた年の66年を手にとると、スタッフの氏名欄にすでに、平山さんの名前があった。65年の合本にも。自分が生まれる前から編集部にいた人が自分の上司だということは、驚きだった。いろいろなことを彼女から叩き込まれた私だが、一番重要だった教えは「人に会いなさい」ということだったと思う。

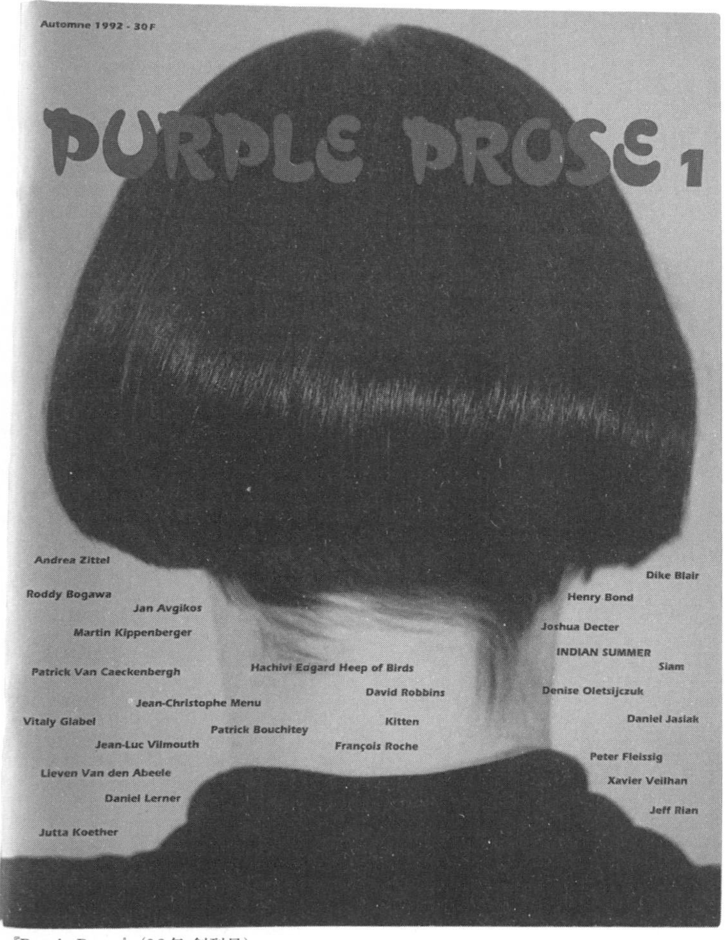

『Purple Prose』（92年 創刊号）

初対面の人に会うのは緊張してしまうし、どちらかといえば苦手。そう思って躊躇していた私に、「私だってそうだったのよ」と平山さんは言った。とても信じられなかった。でもきっと、そうだったのだろう。「編集者は、どんどん人に会いに行きなさい」

だから私は、エレン・フライスにも会いに行った。『Purple Prose』をつくっている女編集長。私より2歳年下なのに、編集長だ。すごいなぁ。正確には、会いに行こうとした。けれど、帰国迄にもう日があまりなかったので、アポイントはとれなかった。電話をして、スケジュールが会わないわね、ということになったときに彼女は言った。「次はいつ来るの？」。まさか次のことを考えてくれるとは思わなかった。いつ来られるかもよくわからないけれど、ファッションショーのシーズンは年2回訪れる。もしかしたら半年後に彼女に会えるのかもしれない。

そうやって私は、毎回出張のたびにエレンと連絡をとりあい、会うようになった。私も彼女も編集者なので、毎回互いに見せ合うものがある。私からしたら不思議なことに、エッジーな情報満載のインディペンデントな雑誌をつくっているエレンは、日本全国の女性にむけて資生堂という大きな企業の姿勢を伝える文化情報誌『花椿』のことを気に入っていた。いま思うと、マーケティングによる誌面づくりを行わない『花椿』独自の編集姿勢である「自分たちの良いと思ったものを取り上げる」という方向性が、彼女の好むところであったのだろう。

当時の東京では、『CUTiE』などの若い女性にむけたストリート・ファッション誌が大人気。パリコレで発信されるファッションと、東京のストリートが発信するファッション、両者の世界の違いにとまどいながらも、エレンには今の東京を知ってほしくて、ホンマタカシさんや長島有里枝さんの、リトルモアからでたばかりの写真集を手みやげに会ったこともあった。何かを見せるとすぐに反応して、こんどタカシと一緒にページをつくってくれない？などと機会を与えてくれるのも嬉しかった。

エレンと話していてすぐに『Purple』は『花椿』とまったく違う編集手法をとっていることがわかった。歴史の長い『花椿』には長年受け継がれてきた編集の作法があった。『Purple』は現代アートを主なフィールドとする、キュレーターの女性エレン・フライスと批評家の男性オリヴィエ・ザムというカップルが始めた雑誌だったので、いろいろな分野の話題を扱うときも、その分野で当然とされている作法とは、まったく違うやり方で取り扱う。たとえばファッション写真を彼らがはじめて扱ったとき（『Purple Fashion』95年 No. 1）それは、スタイリストやヘアメイク、職業的なモデルといった、通常ファッション写真をつくる際に必要と思われるスタッフを介在させず、写真家とデザイナーの服、その組み合わせだけでイメージをつくろうとしていた。ファッション誌の撮影に携わったことのある人なら、それが「通常の」やり方ではないことがよくわかる

98年、『Purple』がテーマ別の小冊子から分厚い一冊に変わった時期の記念フライヤー

はずだ。私が『花椿』で体験的に知っているファッション撮影とは、もちろん違っていた。

その世界にのぞけるものは「自由」だった。「自由」、そして「平等」。写真家と服のデザイナーが対等に、会話をする。そのころあらわれた写真家にウォルフガング・ティルマンスがいるが、彼もその時代に同じようなスピリットにもとづく試みを、ファッション写真や服という媒体を介在させながら、行っていたと思う。エレン・フライスの誕生日は1968年4月15日。パリが五月革命にわいた年だった。現在では彼女との、すでに30年近い交流から、「自由」への、「平等」への希求が彼女の生きる姿勢であり、すべてを貫く指針となっていることが実感できるのだが、それは彼女のキャリアの始まりにあった『Purple』という雑誌にもありありと、あらわれていたのである。

『Purple Fashion』
(97年 No. 2)

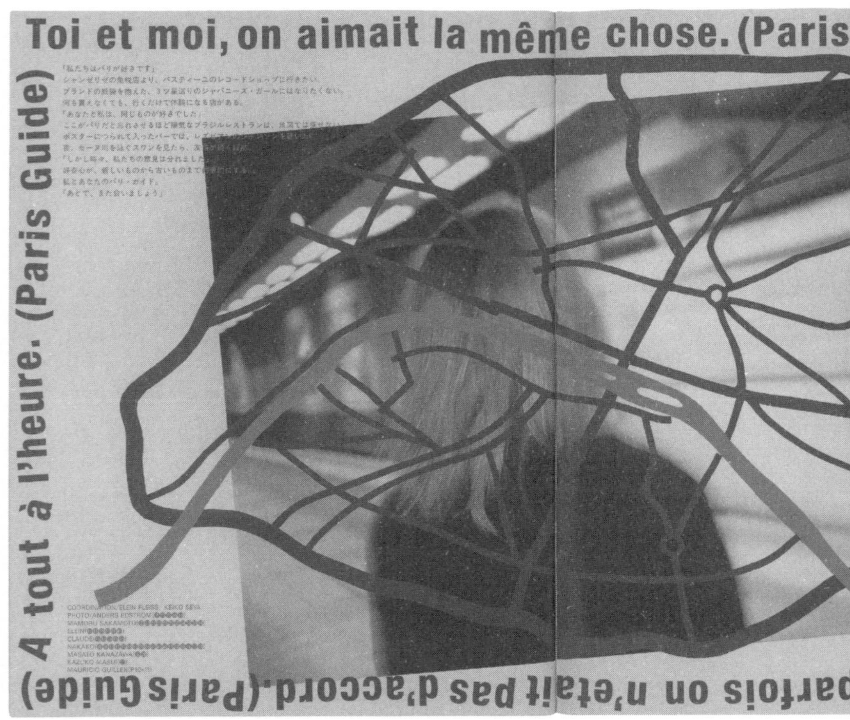
Toi et moi, on aimait la même chose. (Paris
A tout à l'heure. (Paris Guide)
parfois on n'etait pas d'accord. (Paris Guide)
「私たちはパリが好きです」
「あなたと私は、同じものが好きでした」
私とあなたのパリ・ガイド。
「あとで、また会いましょう」

『花椿』（98年10月号）

On aime Paris tous les deux. (Paris Guide

私とエレンの関係が『花椿』誌上で結実した号、といえば1998年10月号特集「私たちはパリが好きです（Paris Guide)」が思い浮かぶ。実際のところ、エレンの『Purple』に私が寄稿したのは出会ってすぐの95年春号（『Purple Prose』vol. 9）だったし、96年に私がつくった本『Baby Generation』（リトルモア）にもエレンに寄稿してもらっていた。しかし私が働く『花椿』の編集部にエレンの存在を紹介し、彼女のことを説明しても、小さなコラム記事の執筆以外ではなかなか、エレンとの仕事を全面的に誌面に反映できる機会がまわってこなかった。ようやく訪れたチャンスが、このパリ・ガイド。

ちなみに当時は『FIGARO Japon』などの女性ファッション誌がよく海外の街の特集を組んでいたが『花椿』が街のガイドをしたのは、私の知る限りこの号だけだ。『花椿』にとっても資生堂にとってもゆかりの深い外国の街といえば、パリ。私たちが本当に知りたいと思うパリの姿を知らせ、実用的な情報を提供しながらも、実用を超えた何かを提供しなければという気概をもってつくっていたことを思い出す。

この1ヶ月前の98年9月号で『花椿』パリ・コレクション特集号が冒頭で報じているのはマルタン・マルジェラがデザイナーに任命されたエルメスのファースト・コレクションの様子と、マルタン・マルジェラ自身の10周年目のコレクション。彼自身がショーをすることを手放し、代わりに彼が招いた3人のアーティストが新コレクションの発表を一任されたというタイミングだった（このとき招かれた3

人のうち、詩人シドニー・ピカソはテキストを印刷した冊子で、写真家のマーク・ボスウィックは映像で、スタイリストのジェーン・ハウは操り人形に服を着せて見せた)。

同時にオリヴィエ・テイスケンスが21歳でデビュー。ほかにもシャロン・ヴァコブやベロニク・ブランキーノ、A・F・ヴァンデボーストなどファースト・ショーを行う新人デザイナーが多かった。「突然の新人ブームにわいたパリ」。私がこの月の『花椿』に書いた、パリの新人デザイナーたちのレポート記事の一端だ。マルタン・マルジェラの動きを中心にパリ・モードの世界が「日常着」にむけて大きく動きはじめ、新人デザイナーの活況もあいまってパリコレという舞台がとても輝いていたころである。

『花椿』(98年9月号)

コレクション・ウィークにパリに出張しているあいだ、私とエレンはそんな空気のなかにいた。刺激をたくさん受けたし、美しいものを一緒に見たあとは高揚した瞬間をともにした。なかには同意できないものもあって、そんな時も率直に、意見をかわした。エレンがショーを見るのはマルジェラやコム デ ギャルソンといった一握りのデザイナーだけで、私は仕事上たく

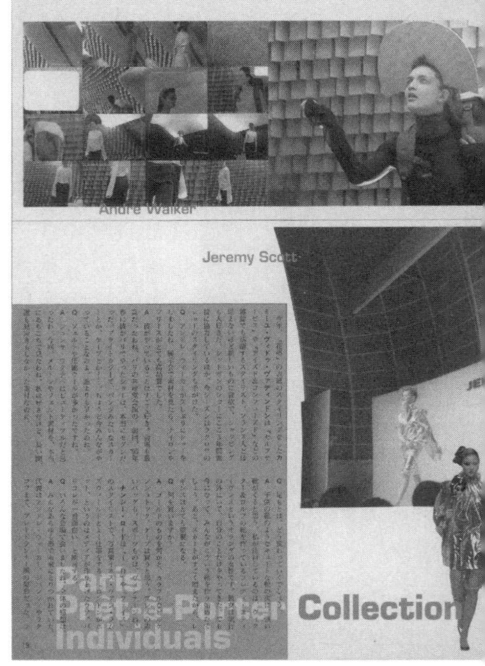

『花椿』(98年9月号)

さんのショーを見ていた。そのうち取材で会うデザイナーたちは、会うたびに私が今シーズン何を見てきたかを、熱心に聞いてくれるようになった。

パリコレで見ていたのは、モデルや服だけではなく、場所や街の雰囲気でもあった。ビジネス的にショーが大規模になっていったデザイナーはルーブル地下の、公式会場で催されることが多かったが、私が見て回った新人のショーはとりわけ、パリの街中のあらゆる場所を会場としていた。Google map もない時代だからパリの地図を付箋だらけにしたし、朝から晩までショーのスケジュールでいっぱいの日程表をこなしていくには長年パリコレに通い慣れた日本人の先輩がたに声をかけ、次の場所へ連れていってもらうと間違いがないことを次第に知るようになった。街外れの高架下など予想もしなかったような場所が、魅力的なプレゼンテーションの舞台になる。これを東京でやったら、許可とか大変そうだな、こっちの人はどうしているんだろう？　といつも思っていた。

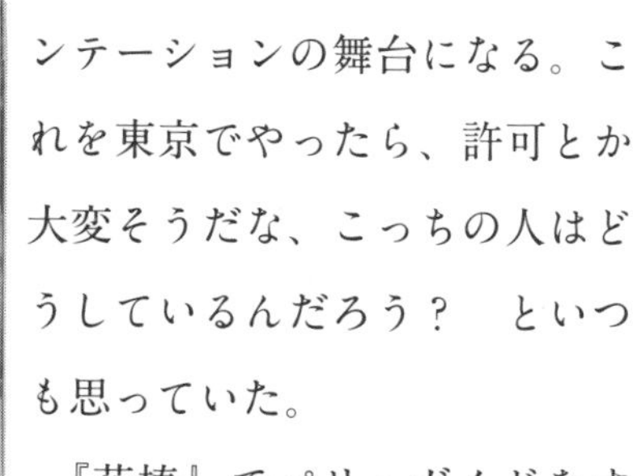

『花椿』でパリ・ガイドをするとしたら、そんな「予測もつかない」ところから街の面白さを垣間見せたい。それには「私の好きなもの」の世界にこだわりながら、それを乗り越える工夫が必要だということは、10年間の編集者生活のなかで知っ

ていた。

この特集にはエレン以外にもパリ在住のスタイリスト、瀬谷慶子さんも尽力してくれた。瀬谷さんはパリに渡った日本人スタイリストで、エレンはパリ育ちのフランス人。東京からパリコレを取材しにくる私の目も加わって、いろいろな視点からパリの魅力をすくおうとした。いつも『花椿』の「Wine & Cuisine」に寄稿してくださっていた、フランス生活の長い料理研究家でエッセイストの増井和子さんは、若干25歳の注目のソムリエ、マーク・ラゲーヌを紹介してくださった。食、映画、ファッション、本、音楽、お菓子、注目のエリアetc.。もちろん公園もほしいし、パリに住む人だけが目にするような情報もあると良い。でも、ふつうの観光案内にのっているような情報はいらない。いわゆる観光地は潔くきりすてることができるほど、パリに情報はあふれている。だからこそ『花椿』が発信できることがある気がした。

セーヌ川より、地元の人に愛されていると感じたカナル・サン・マルタン（サンマルタン運河）界隈。

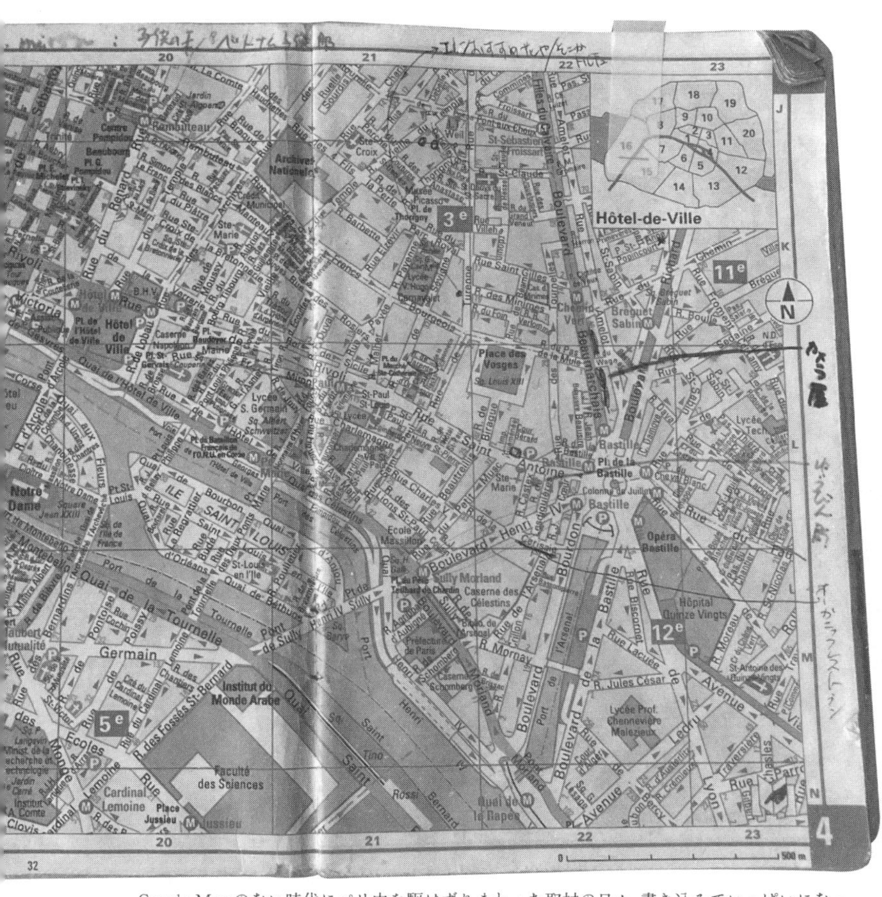

Google Mapのない時代にパリ中を駆けずりまわった取材の日々、書き込みでいっぱいになった地図は取材の必携品で何冊も買い替えた。

P
Elein Fleiss
Purple Prose_Fashion_Fiction
9 rue Pierre Dupont 75010 Paris
Tél 01 40 34 14 64 Fax 01 40 34 27 55
email purple@worldnet.net
PURPLE INSTITUTE
Elein Fleiss
9 rue Pierre Dupont 7501
Tél 01 40 34 14 64
Fax 01 40 34 27 55
email purple@worldnet.n

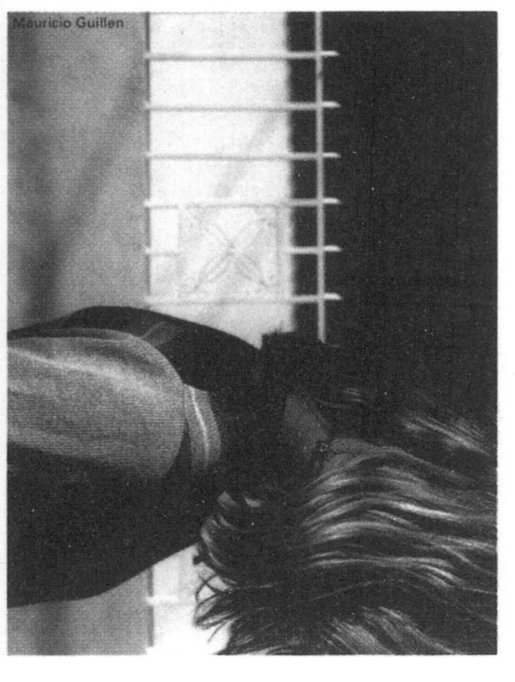

エレンが90年代につくっていた名刺。

Purple編集部の入る建物Purple Instituteは、ショーなどの貸し会場としても使われていた。所在地は観光客はほぼいない、パリ北駅近くのRue Pierre Dupont。スーザンのRUNコレクションやアンドレ・ウォーカー、アン・ソフィ＝バックのショーもここで見た。エレンは一時期、ここの一室をPurple Boutiqueというカフェ兼ブティックにしていたことがあり、その一室に人が集っているときのスナップ。

パリコレ出張中、少なくとも一度は必ずエレンやその友人とディナーを共にしていた。これはエレンの当時のパートナー、ジェフ・ライアンとエレンと３人で食事したときに、当時パリコレ取材で使っていたビデオカメラで、彼女を撮影したもの。エレンは『花椿』を手にしている。

3　誌面づくりの背後で交わされた対話

『花椿』のパリ・ガイド特集のためにエレンがあげてくれた話題で印象深かったのは、カイユの丘（と市民プール）、ビュット＝ショーモン公園、クロード・シャブロル監督、10区のサン・ルイ病院の看護婦さん、フレンチコミックなどを扱う6区のマニアックな本屋さん、モンマルトルにある18世紀にできた昔ながらのお菓子屋さん、など。

一軒一軒のお店の紹介は、このころのパリコレ特集のつくり方で定着してきた手法として、私が撮影したスナップ写真も使ってもらっている。一方でエレンがコーディネートしてくれた話題に関しては、マウリシオ・ギジェンやアンダース・エドストロームなど『Purple』でおなじみの写真家たちが撮影してくれた。

私が見つけてきた、パリのKioskだから手に入るBicのヒョウ柄のライターや、育児をしながらマレ地区のアパルトマンに住む瀬谷さんが、ホームセンターで見つけてきたパリの街中でよくみかける標識など、この誌面で伝えなければいけないはずの情報からはみ出すような視覚情報まで、仲條さんのレイアウトは貪欲に拾っている。

仲條さんのディレクション

私が瀬谷さんやエレンとパリの街角でバタバタと撮影してきた山のようなスナップ写真や資料とむきあってレイアウトしてくださったのが、アートディレクターの仲條正義さん。私が入る前から『花椿』の撮影はロンドンとパリで行われることが多く、それに同行されることも多かった仲條さん自身が洒落者で、かつパリ通だった。だからこそ、この雑多な情報の屋台骨を、しっかり組んで読者に届ける誌面ができあがったのだった。

『花椿』（98年10月号）

毎回、仲條事務所で徹夜して行われる特集のレイアウトでは、空が白むころにタイトルやリードを、仲條さんと相談していた。仲條さんからおよそ3世代くらい年下の私たちが、パリと東京で情報を交換しながら「これが面白い」と選んできた雑多な話題を、年長者として仲條さんはどんな目線で見ていたのだろうか。仲條さんがお酒をのみながら編集者の話を聞いていて、「ウーン」などと渋い顔をしているかと思うと、そのうちにサラサラと文字を書き出す。そうして、誌面に印刷される言葉が生まれることが多かった。

もちろん私たちも編集方針をあらわす言葉を生み出そうと頑張ってはいるのだが、長年の経験からくる客観的な視点はなかなか、仲條さんには敵わない。このときもおそらく、仲條さんがひねり出した言葉だったのではなかっただろうか？　20年後の今読み返しても、これは傑作だなと思うコピーが生まれた。

「私たちはパリが好きです」
「あなたと私は、同じものが好きでした」
「しかし時々、私たちの意見は分かれました」
「あとで、また会いましょう」

この、かぎ括弧つきの4行と、その合間に挟まれた以下のようなセンテンスの組み合わせが、リード文を構成していた。

シャンゼリゼの免税店より、バスティーユのレコードショップに行きたい／ブランドの紙袋を抱えた、3ツ星巡りのジャパニーズ・ガールにはなりたくない／何も買えなくても、行くだけで体験になる店がある／……／好奇心が、新しい物から古い物まで刺激的にする。私とあなたのパリ・ガイド

「私たちはパリが好きです（Paris Guide）」というように、タイトルまわりに「私」が入ることも、『花椿』では比較的、まれなことだった。この特集は、この情報を読み解いて組み立て、自分の体験につなげる「あなた」が主人公であるストーリーですよ、ということをメッセージとして発信していた。

Facebookは2004年、Twitterは2006年に始まるが、ソー

シャル・ネットワーク・サービスが出現する前の90年代にはまだ雑誌が情報源だった。雑誌が書籍と異なる一番のポイントは表紙に＊年＊月号という数字が刷られることだろう。雑誌とは、時代とともに存在する印刷物なのだ。すでに、インターネットで情報をふんだんに集めることができるようになっていたこの時代、誠実に雑誌を編集するなら、読み手がユニークな情報地図を構築できるような、新しく、良質で、視野の広い情報を提供することが責務だと思われた。けれども限られた誌面である以上、そこには必ず取捨選択がある（なければ分厚い電話帳になってしまう）。それが特定の人のもつ感度、感覚というフィルターを通しているところも、ページ数が限られている『花椿』が伝統的にとってきた手法だった。古くはメルカ・トレアントンさんのパリコレ情報や、塩野七生さんのエッセイ「男たちのパトロジー」などにあるように。

パリという街はたくさんの地層が成立させていて、観光客に見せる顔はその、ほんの上辺でしかない。生活の奥深くに入り込み、趣味趣向の多様性を肯定し、さまざまな時代の痕跡を垣間見せるものが都市であるということ。エレンと私たちはそんなことを無意識のうちに感じ取ってパリ・ガイドをつくっていたと思う。

今の時代ならどこの街をガイドしたら面白いだろう。2018年冬にエレンが４年ぶりに来日し、３週間日本にいて帰国したばかりのこのタイミングで、考えてみた。彼女はすでに街に住むことをやめ、南西仏の村で、古い一軒家を買い、娘と家を手直ししながら住んでいる。

いつも感性でものごとを選び取る彼女が、３週間も日本に滞在すると聞いて、では何をするんだろう、と思ったが、山梨と京都に旅行したほか、東京にいたときはフリータイムのほとんどを、上野と谷中ですごした。そして、今も大好きなショッピングと、おいしいものを食べることに時間を費やしていた。たしかにこのエリアは東京のなかでも路地があり、人々の暮らしぶりが垣間見え、その暮らしぶりには人と密に共存する都市生活ならではの工夫や、美意識も滲み出ている。エレンとつくる谷中のガイドも楽しいかもしれない。

4　あたらしい価値観
――『CUTiE』が台頭した90年代

いろいろが入り混じる、「雑」の場としての雑誌

1995年の『花椿合本』をめくってぱっと開いた、2月号表紙内側の見開きには、「SHISEIDOと文化」欄にメーキャップブランド「インウイ」のカラー・クリエーションをしたメーキャップ・アーティスト、ケヴィン・オークインの取材記事がのっている。この欄は私が担当していたので、自ら取材して書いたものだ。

ケヴィンはこう語っている。

「私は子どものころ、テレビを見ていて本気で『オリエンタルになりたい』って思っていたんです。黒い髪に、ペールスキン。黒い瞳には、いつも憧れていました。ダークでリッチで、とても神秘的。逆にブロンドで青い瞳なんてすごく表面的で深みがなく、単純に思えたんです」

「私が育ったルイジアナはアメリカでもすごく田舎で、保守的だったんです。誰もが人と違うことを恐れていて、違うことは悪いことだと思われていた。でも私は、10代のころから周りとの違いを自覚していました」

「80年代、アメリカの政治は非常に保守的で、ユースカルチャーは抑えつけられていました。重苦しい空気のなかで、何か極端でエキサイティングなことをファッションで表現したいと思って、細いまゆ毛を提案したんです。そう

したら、みんながまゆ毛を細くするようになりました。でも提案するのは私でも、選ぶのは女性です」

「私は、女の人が自信をもてるような手助けがしたい。自信をもてないと、すべての可能性を逃してしまうでしょう。自分が美しいと思えるときに、人はほんとうにしたいことができるようになるんです」(『花椿』(1995年2月号)より)

その記事の隣には、表紙のスタイリストである山本ちえさんが、大きな笑顔で写っている。当時の『花椿』の表紙は折り返し仕様で、扉をひらくとメインカット以外のカットが掲載されている。しばしば、撮影の舞台裏を見せるような写真が掲載されていた。

左側のページには、平山景子さんの「Trend」コラム。ファッション写真にフェティシズムが散見されるようになった時代性を語っている。リードには「ニューヨークの写真家、ナン・ゴールディンと話していて面白かったのは、"セックス"がファッション化しているということだった。セクシーでグラマラスなモデルたちは、挑発的なポーズで私たちを見据えている」とある。歌手のマドンナが、スティーブン・マイゼル撮影による写真集を『SEX』という題名で発売したのは92年秋のことだった。

『花椿』の表紙撮影、「SHISEIDOと文化」欄、そして「Trend」コラム。95年当時、これらは編集部のなかでも別々の人が担当していて、編集会議で内容を共有はしているものの、お互いにそれぞれがその月に進行している欄の内容を、知り尽くしているわけではない。雑誌が刷り上がってはじめて、自分のつくった記事と、ほかの記事との組み合わせに気づくのだ。どの雑誌の編集部でも、多かれ少なかれそんな感じだろう。

一方読者は雑誌を開いたときに、それらの情報を一度に目にして、自分にとっての必要な情報を取捨選択して、読み解いていく。ケヴィン・オークインが語ったことと、隣に写っている黒い髪の日本人スタイリスト、山本ちえさんの笑顔に関連性を見出す人もなかにはいるだろう。左のほうに目線を移してナン・ゴールディンの言葉もあわせて読み解くと、95年という時代性についての地図が、うっすらと見えてくるような気がする。

ただし、それは、当時編集者たちが意図していたことでは、必ずしもない。そのはずだ。けれども、長い年月がすぎてながめてみると、これらの3つの要素には、くっきりと共通項をみてとることができる。その共通項は、ひとつの雑誌をつくるために集まってきている人々が、その雑誌にこめて発信したいと志向している方向性であり、雑誌のテイストといえるのではないかと思う。読者はそこに信頼をおいたり、愛着をもったりする。

「雑誌」の面白い部分は、この「雑」の部分にこそあるのではないか。「入り交じる」「まとまりがない」「いろいろの」。あれとこれが隣にあって、必ずしもひとつの趣味性に収まらない。時代性という横軸のなか、すこしずつ異質なものが一緒に収まることで、暗黙のうちに何かの方向性を示す。ときにそれは、つくり手の意図を超えて大きな波を生み出すこともある。

『CUTiE』の衝撃

私が88年に『花椿』の編集部に所属して、最初に担当した仕事は、商品カタログのページだった。そして、当時編集長だった平山景子さんの「Beauty」ページの撮影にも、立ち会うように言われた。数年して、商品カタログのページが『花椿』からなくなったのだが、当時の会社的ないきさつはよくは、わからない。けれども化粧品会社のつくる雑誌である『花椿』においては、新しいファッションの流れを視覚的にとりこんだ「Beauty」ページやビューティー特集は、必須の存在だった。90年代になるとすでに、メーキャップはその人の個性を引き立てるものという考え方は確立していたし、すでに化粧法の情報は世間にあふれていたから、『花椿』は化粧にかんする実用的な情報発信から一歩離れて、「美とは何か」を広い視野から追求するような記事や、ファッションの最新情報の発信に重きをおくようになっていた。

ところが、自分がビューティーの仕事を担当している理由を頭では理解しているものの、個人的にそれはまったく不得意な分野だった。資生堂の社員として、ビューティー特集をつくりながら「メイクをする理由は何か？」についても考えずにはいられなかったし、平山さんの「Beauty」ページの撮影では、無の状態から美しいイメージが立ち上がっていく場に立ち会って、毎回いたく感心していたけれど、自分がその手のディレクションができるとは到底、思えずにいた。とくに、日本の会社である資生堂にいて、白人のモデルをつかって「Beauty」ページをつくることの意味は、どこにあるんだろうという思いを振り払うことができなかった。当時、ファッション写真は白人モデルで撮るものと、みんなが思い込みながらファッション誌のためのイメージをつくっていた。

そんな私が衝撃を受けたのは、91年前後に髙橋恭司さんが表紙を撮影していた雑誌『CUTiE』の登場だった。街中でたくさん見かけるような、ちょっとカッコイイ日本人の女の子が表紙になっている。まさにそのイメージは、90年代の日本に到来するストリート・ファッション文化の先駆けだった。私自身『CUTiE』という雑誌をよく買うようになり、愛読するようになっていった。雑誌が発しているメッセージは、「自分が近づくことはできないと思われる肌の色の違う人に、憧れなくていい。日本人の女の子って、素敵なんじゃない？」というものなのかな、と読み取った。そこには、自由で楽しそうな世界が広がっている気がしていた。

『CUTiE』（92年3月号）。当時『CUTiE』や『Olive』で人気モデルだった被写体の湯沢京さんはその後アーティストに転身し、湯沢薫名義で活躍中。

93年4月号から小俣千宜（ちよし）さんが編集長になり、平山さんは編集長を離れた。長年、『花椿』の編集を通じて人脈を拡げられていた平山さんは、「ザ・ギンザアートスペース」セクションのリーダーに就任した。平山さんが不在のところで「Beauty」ページは、私が担当することになった。

当時は『CUTiE』全盛期という文化背景もあって、94年に入ると、私はテーマによっては、日本人モデルで撮影をする「Beauty」の企画を立てた。それは、当時の『花椿』編集部では、上司を熱心に説得しなければ、実現できない企画だった。また人種のことだけではなく、資生堂の媒体としてはどんなメイクも映えそうな、左右対称でバランスのとれた端正な顔立ちのモデルさんにお願いすることが、当たり前の流儀とされていた。そんななかで私は、94年7月号の「Beauty」で市川実和子さんにモデルをお願いした。編集部ではいつも、暦の1月には4月号を入稿し校正する、というように、3ヶ月先の月刊誌をつくるペースで進めていたから、このページの企画を立てて撮影していたころは、2月か3月の早春だったはずだ。このとき私は、かなりの冒険に踏み出した気持ちがあったはずだった。というのも、実和子さんは『CUTiE』の看板モデルだったから。

そのころ、私の思いとは別に、『花椿』編集部のなかでは、パリ・モードの世界は「美し」くて、ストリート・ファッションは「汚い」ものだ、とよく言われていた。私はそれに、まったく同意できなかった。いろいろな世代の人間が所属しているひとつの雑誌の編集部では、そうした感覚のズレは、よくある話ではないだろうか？　私が逆風のなかで「アニメの少女の可愛らしさ」や「70年代風メイク」を切り口にした、日本人モデルを起用した「Beauty」ページ（94年10月号、94年12月号）をつくっていたころ、ホンマタカシさんと出会うことになった。

ストリート・ファッションといえばロンドンが本拠地で、そこから発信される雑誌『i-D』や『THE FACE』は、編集部が購読していたのでかかさず見ていた。ホンマタカシさんという名前を横文字で見かけた。日本人でも『i-D』に撮影している人がいるんだ。すごいなぁ。と思っていたら94年のある日、当時『花椿』で連載をしていたカズコ・ホーキさんの紹介でと言って、ホンマさんが編集部を訪ねてきてくれた。

ホンマさんは『流行通信』や『CUTiE』でもすでに仕事をしていて、いつかお仕事ができるといいな、と思っていたが、なかなか作家性の強い人にお願いできるページが『花椿』にはない。ホンマさんは、本当に素顔に近いような状態で女の子を撮影する作風なのに、資生堂の媒体であればそういうわけにもいかない。そのせめぎ合いのなかで、相談を重ねながら私が担当していたインタビューページの白黒ポートレート写真や、資生堂のメーキャップ・アーティストが作品的なヘアメイクをする「Beauty」で、少しずつ仕事を一緒にするようになっていった。

そのホンマタカシさんと『花椿』での初めてのお仕事は94年の夏、インタビュー欄での下條ユリさんのポートレート撮影（94年11月号）だった。恵比寿の事務所で、自分の絵の前で床に寝転んだユリさんを、ホンマさんは三脚を立ててとても短時間で撮ってくれた。

編集部の所属している企業文化部では同時進行的に、平山景子さんのザ·ギンザアートスペースのグループが、ナン·ゴールディンとアラーキーの写真展「TOKYO LOVE」を準備していた。ホンマさんは当時、その写真展のメイキングとして、ナン・ゴールディンの来日や2人の撮影現場の記録写真を撮る仕事を請け負った。またそのプロジェクトに触発されてホンマさん個人のプロジェクトとして、10代の女の子を街中で撮影する「東京ティーンズ」に着手していた。

若者たちに広がっていたモッズ・ファッション熱

1994年秋。ホンマタカシさんの『CUTiE』でのお仕事に興味をもっていた私は、ホンマさんがストリートキッズを撮影しに川崎にあるクラブチッタのモッズイベントに行くと聞いて、同行させてもらうことにした。そのころ自分がよく行っていた、下北沢のナイトクラブZOOにも、モッズ好きでモッズ・ファッションに身を固めた、恵比寿のヘアサロンで働く男の子たちが来ていて、その文化背景をのぞいてみたかったからだ。

クラブチッタのモッズイベントでは、まだ高校生だという、ひとりのオシャレな女の子を紹介された。モッズ・スタイルの古着を着て、大きなカメラを首にかけていて、ホンマさんもポートレートを撮影されたはずだ。つけまつ毛や黒いアイラインなどの、独特な60年代風のお化粧もしていた。資生堂ギャラリーではアラーキーが東京の女の子100人を撮影していた時期だったから、そのプロジェクトの被写体にならない？　という声が後日彼女にかかったのも、ごく自然な成り行きだった。

私はメイクもオシャレも大好きで、写真も撮る高校生の彼女に興味をもって、「こんどお化粧やファッションについて、お話を聞かせてもらえませんか？」とお願いしてみた。高校生なのにとても社交的で、自分の興味があることなどもどんどん、臆さず話してくれる彼女なら、「Beauty」ページの企画をたてる上で、とても参考になる話を、聞かせてもらえるんじゃないかな？　と思ったからだった。銀座の資生堂本社に来てくれたその人は、得意な絵をすらすらと描きながら、素敵だと思うオシャレのことなどを教えてくれた。高円寺の古着屋さんのスタッフが教えてくれた「60年代」が、音楽も大好きだしファッション的にも気分に合う、という話だった。

早速『花椿』のなかの巷の流行現象を考察する「Watching」というコラム（95年3月号）で、モッズに入れ込む若者たちのファッションを取り上げた。モッズ・シーンにいてオーダーメイドの60年代風スーツを着こなしているオシャレな若者たちのファッション・スナップは、その彼女に撮影してもらった。「わかる人にはわかる」ファッションのディテールや素敵さを、何も知らない大人のカメラマンが撮るより、このシーンにいる若者たちと日頃からつながっていて、彼らのスタイルに共感することができる人が適任だと思ったからだ。コラムのタイトルは、「『クラシック』志向とこだわりで、服を作る若者たち」。彼らの行きつけの店として、渋谷の「ボストンテーラー」を紹介する記事の撮影者に、「HIROMIX」というクレジットが載っている。当時は気づいていなかったが、これがヒロミックスの初めての雑誌仕事になった。また、「Beauty」ページに関する彼女へのヒアリングの内容は、95年6月号（60年代の「可愛らしさ」を象徴するマッシュルームヘア）、95年7月号（ちょっと大人の気分になれるつけまつ毛）ほかに集約されていった。

ところで、95年11月号の『花椿』の特集「モッズは僕たちの青春だった」は、私のヒロミックスとの出会いとはまた別の、平山景子さんが監修するザ・ギンザアートスペースのモッズ・ファッション展と連動したストーリーだった。展覧会でも紹介されたイギリス人のコレクターが所有するモッズ・ファッションの服を、イギリス人写真家とスタイリストのチームによって、イギリス南部で撮影したものだ。

東京のストリート・ファッションに興味があった私はヒロミックスにひかれていて、一方、パリコレが始まったころからパリ・モード取材をしていた平山さんは、そのころは80年代末にデビューしていたマルタン・マルジェラや、彼がデビュー前に師事していたジャン＝ポール・ゴルチェ、マドンナに衣装を提供していたティエリー・ミュグレーなどのモードこそファッションの醍醐味と心酔していた。そんなふたりが時を同じくして、95年ごろに60年代モッズに辿り着いていたのは、なぜだったのだろう。

客観的に見れば95年前半に、ヒロミックスが「Watching」コラムで東京のモッズ・ファッションを撮影している『花椿』誌上に95年後半、モッズ・ファッション展の特集記事があらわれれば、それはひとつの編集部の視点によるものかな？と思われるかもしれない。ところが、これは雑誌の「雑＝入り交じる」の良い例で、たまたま編集部にいたベテランと若手の両方が、まったく違うルートから同じトピックに辿り着いていた、という典型だったと思う。

『花椿』95年11月号のモッズ特集のテキストによれば、当時は「第3次モッズリバイバル」が訪れた、ということになっている（「…95年秋は、第3次モッズが登場している。モッズは、世界を純粋に我がものとすることができた60年代の若者たちの青春である。今、私たちは彼らの輝かしい青春にオマージュを捧げている」。特集本文より）。このテキストだけを読むと、もしかしたら95年に、大都市のファッション的なスポットに行くと、60年代風ファッションに身を包んだ人々があふれていた、という想像をしてしまうかもしれない。しかし、90年代のファッションを遡って考えると、決してそんなことはなかった。たとえばマルタン・マルジェラは、一部の前衛的なファッションに興味があったりアートに関わる仕事に従事したりするような人々に熱狂的に受け入れられていた、というように、時代を象徴するようなファッションの大流行というものが影をひそめ、代わりに一部の人が特定のブランドやスタイルを熱烈に指示する動きが同時進行的にいくつもある、という時代が90年代でもあったから。「グランジ」ですら、いくつかの動きのなかのひとつの傾向、であった。

当時エッジーなファッション・ピープルが注目していた、新しい時代の気分をまとったブランドといえば、ヘルムート・ラングとミュウミュウがあげられる。どちらも共通しているデザイン要素は、ミニマリズム。そして90年代に登場したA.P.C.というフランス発のストリート・ブランドもあった。これらのブランドは性差を感じさせないユニセックスの匂い、シンプルなミニマリズム、スリムなパンツスーツの提案などが共通項だが、そのインスピレーション源には、60年代モッズ・ファッションがあった。

平山さんはおそらく、モードの流れの裏側にある、ファッションデザイナーたちのインスピレーション源としてのモッズ・ファッションに着目したのではないか。そして、ヒロミックスのように90年代の東京でモッズ・ファッションを纏う若者達は、周囲の大多数の若者の装いとはあきらかに異なるルックを、あえて自分から選び取っていたこと、そのことに自分らしさを見出していて、ほかと違うことに自負があった。2000年にヒロミックスが木村伊兵衛賞を受賞したとき、私は『SPUR』誌の記事のために彼女をインタビューしたが、そのときの彼女は高校生のころモッズ・ファッションに出会った理由として「どんな格好をしてもみんなに真似されてしまう。だから、誰とも被らない古着を着ることになったんです」と語っている。そして、彼女の当時の60年代への嗜好は、ビートルズなどの音楽にもつながっている全感覚的なものだったこともわかる。

東京のストリートにあらわれていた、60年代イギリスの若者に流行したモッズ・ファッションを愛好する一部の若者たち。とくに若い男性の間で盛り上がりをみせていたその動向の中で、彼らは自分たちの集う場の熱気を、写真に収めていた。当時まだ高校生だったヒロミックスもそこに集まってきて写真を撮っていた若者のひとりだったのだ。

『smart』創刊号。95年10月に創刊された男性向けストリートファッション誌は、60年代ファッションを特集。当時のモッズ人気は、女性より男性の間で顕著な流行現象だった。

『STUDIO VOICE』誌が95年8月号で写真特集(シャッター&ラヴ)を組むにあたり、「何か執筆しませんか?」という依頼をいただいて、編集者と会うことになった。そのとき、私は編集者に、ヒロミックスのことを書いてみたいです、と言った。この時点ですでに彼女は、写真新世紀の

95年の審査員特別賞（荒木賞）を受賞していたから、記事をつくるのに良いタイミングだろうと思ったのだ(ヒロミックスは、その年の「写真新世紀」年間グランプリの受賞者にもなった)。

打ち合わせをした当時、まだヒロミックスの存在を知らなかったその『STUDIO VOICE』の編集者が、その一年半後には特集「ヒロミックスが好き」(96年3月号）を組むようになるとは。それはさすがに、予想を超えた出来事だった。写真新世紀の荒木賞受賞の地点では、高校卒業後の進路に悩む女の子だった彼女だが実際には卒業後、音楽雑誌『ロッキング・オン・ジャパン』誌をはじめとしてたくさんの仕事をこなす売れっ子に、あっという間になっていった。

『STUDIO VOICE』に私が書いた原稿の冒頭にはこうある。

「バンドをやるほど“60年代、モッズ”に入れ込んでいるヒロミが着るものは、ほとんど古着。グリーンやオレンジのカラフルなワンピースにブーツ、かっちりしたハンドバッグ。かなりおしゃれだ。とはいえ大部分は家の近くの高円寺の古着屋で買ったものばかり。プラスチックな東京のなかで、ヒロミの周りだけタイムワープしたような、独特な空気が拡がっている。パルコの写真展のオープニングのある日のこと、エレン・ヴァン・アンワースが彼女に目をとめた」

エレン・ヴァン・アンワースは粒子の粗い白黒写真で映

画のワンシーンのような動きのあるファッション・フォトを撮り90年代前半に一世を風靡した女性写真家で、『花椿』でも、89年の表紙を一年間撮影している。彼女が95年4月末、渋谷パルコで「エレン・ヴァン・アンワース写真展」を行った際に、人ごみのなかをいつもの古着姿で歩くヒロミックスに「あなた、可愛いわね。モデルさん？」と声をかけ、ヒロミックスはその場で自分の写真を見てもらい、「これ、いいわね」、などの反応をもらったというエピソードも、私はその記事に記した。

渋谷パルコに集まるような女性たちの、とても多くが写真を撮っていた時代だった。そして、パルコのギャラリーでは髙橋恭司、ジャック・ピアソン、ホンマタカシ、マーク・ボスウィックなど国内外の写真家による写真展が90年代半ば以降、多数企画されていた。そこに大勢集う若者のなかでも、ヒステリックグラマーやX-girlなど当時人気のストリート・ファッション・ブランドの装いとはまったく違う雰囲気の古着に身を包んだ彼女には、独特な存在感があった。だから、つねに被写体になりそうな女の子を目が追いかけてしまう、ファッション・フォトグラファーであるエレン・ヴァン・アンワースの目にも自然ととまって、声をかけられた、ということを物語るエピソードだと思う。

渋谷のパルコギャラリーは、当時の写真ブームを反映して頻繁に写真展を開催していた。左からジャック・ピアソン、髙橋恭司、マーク・ボスウィック、ホンマタカシが90年代に個展をしたときのフライヤー。

6　「リアル」が問われた時代にあらわれた、ジャパニーズ・ビューティー

音楽、雑誌、ファッション、写真がつながって素早く変化する街、東京

当時のカルチャー・シーンは、音楽と雑誌とファッションと写真が結びついて、いろいろなことがとてもスピーディーに動いた。ビッグミニでセルフ・ポートレートを撮影した若い写真家ヒロミックスは、セルフィーや自撮りの祖としても、写真史のなかでいろいろに語られるべき存在かもしれないが、『花椿』の「Beauty」ページを苦労しながら担当していた編集者として、ヒロミックスを振り返ったときに思い浮かべるのが、ソフィア・コッポラが監督した映画『ロスト・イン・トランスレーション』(2003年)で、映画の最後にスクリーンに大きく映し出された黒髪の、彼女の姿だ。東京を舞台にして、年の離れた白人男性と女性が出会う、淡い恋物語という映画の筋書きとはまったく無関係に、ヒロミックスは登場した。

2018年1月、映画監督になって20周年を迎えたソフィア・コッポラが、4年ぶりに来日し、トークイベントでこう語った。

「90年代東京のスナップショット・カルチャーに、私はとても影響を受けました。今こうして映画を監督しているのも、東京のスナップショット・カルチャーや写真に影響を受けたところが大きい。だから、東京にはとても感謝しています」

そういうコメントを、TSUTAYA 六本木での記者会見で述べたのだ。取材嫌いで知られるソフィアには、インタビューのチャンスがなかなかない。個別取材に時間をとれても、長くて15分。そこまで自身の発言を注意深くコントロールする彼女だが、その日はインスタ映えのするTSUTAYA 六本木という場にあらわれ、東京の書店という場所を懐かしそうに見回しながら、この一言は言っておきたい、という熱心さでマイクを手にして語ったのだ。その言葉から、少なからずの人々が連想したものは、『ロスト・イン・トランスレーション』のラストシーン、ヒロミックスへのオマージュの場面だっただろう。あのシーンは、90年代におけるヒロミックスという存在を、ジャパニーズ・ビューティーの象徴として、世界にあらためて強く、広く印象づける場面でもあったと私は思う。

今も昔も、美しい女性像というものをつくりあげる作業に、たくさんの人が関わっている。映画業界も、ファッション業界も、美容業界も、芸能業界や出版業界も、広告業界も、多くの人の心に訴える、美しい女性のイメージをつくりあげるために、それはたくさんの努力を費やしている。それも、世界中で。

世界に流通している美しい日本女性のイメージというのは、どんなものだろう？　という問いを考えたときに、海外の白人モデルを起用した女性像を美しいものとしてきた日本のファッション業界や美容業界が全力をあげてつくってきたイメージが、日本人を象徴する美として世界に流通した例はあまり思いつかない。

時代をさかのぼれば、ジャパニーズ・ビューティーといえば山口小夜子さんがいたかもしれない。けれどもパリコレのキャットウォークとか、ステージの上にいる女性ではなくて、「気がついたら自分の隣にいそうな女の子」のような存在感でケイト・モスがスーパーモデルになっていった90年代に求められた、本当に現実の風景のなかに存在している感じがする女性のイメージとは……？

自分が見たい自分の姿を、自分でつくりだす能動性

ヒロミックスの場合、現実の東京の風景の中に彼女がいたばかりでなく、それが自分で切り取ったセルフ・ポートレートのイメージである、ということに、意味を見出すことができるのではないだろうか。

90年代前半には髙橋恭司が『CUTiE』の表紙で日本人女性をモデルにし、ホンマタカシは95年に「東京ティーンズ」のシリーズを作品にした。93年にデビューした長島有里枝は、状況をセットアップし自分自身も登場するコンセプチュアルな家族写真でパルコの「アーバナート」でパルコ賞を受賞していた。

ヒロミックスは、高校生のころふと手にしたコンパクトカメラによるスナップ・ショットで自分の姿を切り取っていて、結果的にそのイメージは、世界に広く流通した。グローバルに通用するジャパニーズ・ビューティーに、自ら撮影した写真によって、彼女はなった。

映画産業もファッション産業も、ヒロミックスほど印象的な、日本人女性の美のイメージをつくり上げることはできなかった。そこにいくら、たくさんの資本を注ぎ込んでいたとしても。

木村伊兵衛賞のインタビューのとき、ヒロミックスにセルフ・ポートレートの秘訣を聞くと、「愛しい人を思いながら撮る」と彼女は語った。90年代、出版業界にいてよく耳にしたキーワードは「リアル」そして「リアリティ」だった。メーキャップにおいても、いかに素の魅力を出せるかに重きがおかれていて、表現はどんどんミニマルになっていった。資生堂はケヴィン・オークインのあと、ミニマルメイクで鳴らしたメーキャップ・アーティスト、ディック・ページとも契約し、2002年にINOUI IDという最先端のメーキャップラインを誕生させたように。

高校生のおわりに参加した公募展、写真新世紀で荒木賞を受賞したことをきっかけにしたデビューから、一年半。そんな時期に、たったひとりの写真家に捧げるカルチャー誌が出た（『STUDIO VOICE』96年3月号「ヒロミックスが好き！」特集）。そのことは90年代という時代のスピード感と狂騒を象徴していた。カメラの前にも後ろにも立った彼女だが、そこまでの狂騒を意図していただろうか？それに疲れてしまったのか、2000年に長島有里枝、蜷川実花とともに三人で木村伊兵衛賞を受賞したころから、ヒロミックスは第一線に出ることがまれになっていった。マネージャーがいたりギャラリーに所属した時期もあったがほんの一時期で、そうした存在とも長く距離をおいているようだ。

写真ブームと言われた90年代に出版された彼女の写真集をいま手に取ってみると、そのセンスの良さはやはり、際立って見える。現在もアメリカで名前を馳せた女性ブロガーたちが来日すると、ヒロミックスに自分のポートレートを撮影してほしい、と願う人が多いと聞く。90年代東京のカルチャーを、印刷物を通して見ていた海外のアーティストが本人に会いにくることも、よくあるそうだ。

2020年には長島有里枝『「僕ら」の「女の子写真」からわたしたちのガーリーフォトへ』が出版され、当時の文化情勢を当事者の立場から振り返り、異議を申し立てる言論が登場した。フェミニズムが注目される20年代の文化潮流だが、まだまだ聴かれていない声も多いのではないだろうか。

ヒロミックスとの出会いから7年後、木村伊兵衛賞受賞をうけて01年に『SPUR』で彼女を取材した。自分は資生堂を休職中で、離職前の鬱体験から回復しつつある時期であり、ヒロミックスも写真集を何冊も出してCDデビューまでしたあとの、仕事からすこし距離を置いている時期だった。当時のふたりの取材での会話を、一冊だけの簡易製本にして保管している。夥しい過去の取材のなかでも、そのようにして保管しているテープおこしは、このときの彼女とのものだけだ。そこには、日常生活から生まれたフェミニズムへの関心、周囲に合わせて自分が疲れてしまう性質、大学という制度を過信しない態度、身近なところから世界をもっとよくしたいという思いなど、私とヒロミックスに共通している性格や価値観から生まれた対話が見てとれる。『SPUR』に出た記事はその後の著書『拡張するファッション』に収録したが、そこには納められなかった会話の細部が興味深い。

「最近、女の人と一緒に仕事する機会が増えてきてうれしい。この間も打ち合わせにいったら、女の人が7人ズラリ。男性もいいところもあって、女性のいいところもあるから、お互いに助け合ってやっていくと、いろんなことが広がるのでは。女性も働く人が増えてきたから、バランスがとれてきたのかなと思う」

「女の人が男の人より強いのは、ひとりでいる時間が長いからじゃない？　男の人はサラリーマンとか、人と一緒に仕事する時間が多いけど、女の人はひとりでいる時間も長いから」

18歳からフリーランスでクリエイティブ業界をサバイブした、当時25歳の彼女の考え方を、企業で13年間仕事してきた当時35歳の私は興味深く聞いていた。前回会ったときに、女性と仕事する楽しさを語っていたことへの指摘に始まり、ヒロミックスの視点の面白さからくる会話の楽しさでしめくくられる、この共働構築的な取材録は、社会学で言うアクティブ・インタビューの好例といえるだろう。この冊子は今でも時々、手に取ることがある。

7　都築響一さんの編集姿勢
——誰も伝えないなら、自分が伝える場をつくろう

親密な関係性から生まれるコミュニケーションを伝える

この連載「90s in Hanatsubaki」(Web連載時のタイトル)の執筆が始まったとき、私は編集部にお願いをした。「過去の合本を見直すことはできますか?」。合本というのは一年分の『花椿』をまとめて一冊の本にしたもの。私が編集部にいたころは、編集部員一人に一冊ずつ、自分が仕事した年の合本が支給されていた。『花椿』は薄い冊子なので、一年分束ねてはじめて、背表紙のある一冊の本のようになる。過去の記事を参照するために、合本は頻繁に手にとるものだった。

こうして2018年秋から資生堂本社のある銀座に足を運びながら、『花椿』のバックナンバーを読み直す日々が始まった。私は会社員のころいつも、新橋駅から職場に通っていた。銀座という華やかな街の、後ろ姿から徐々に近づいていくような道のりが気に入っていた。だから今回合本を見るために編集部に通うようになったときも、この道のりを選んだ。現在、編集部が入っている建物は、銀座7丁目の本社ビル(執筆当時)。この建物は私が社員でいた90年代ごろとは外観が変わって、周囲の華やかさと釣り合うように、とても綺麗に装飾されている。当時の『花椿』編集部は、本社ビルの近くにある別の建物に入っていたのだが、現編集部はそのころの仕事場より、ずっとスマートな空間だ。もっとも私は、編集部にお邪魔するのではなく、編集部が用意してくれた会議室に入っていき、ひとりで作業をする。

久しぶりに再会した『花椿合本』のなかでも最初に手にとったのは90年代前夜、私が入社した年の88年の合本だった。自分が希望した『花椿』の仕事につけることになり、実際に銀座で編集の仕事が始まると、いつもワクワクした気持ちで眺めていた『花椿』。久しぶりに懐かしく開いたその合本でひきこまれたのは、都築響一さんが88年4月号から1年間連載された「密談」という対談ページだった。

この対談は私が担当したわけではなかった。入社したての私が担当したのはごく限られたページだけで、あとは皆さんのお手伝いだったから。都築さんのページは、のちに編集長になって93年4月号から紙質を変え、デザインをリニューアルさせた小俣千宜さんが担当していた。けれども、都築さんを対談連載に招いたのは当時の編集長、平山景子さんだったと思う。都築さんは平山さんとよく交流されていて、編集部にも頻繁に、海外のアーティストなどのお友達を連れて遊びにみえていた。私はそんなときにお茶を出ししたりしてご挨拶するだけだったが、分け隔てのない都築さんは新米の私にも、フランクに話をしてくださった。

都築さんといえば、若者の一人暮らしの部屋をポートレートのように撮影した分厚い写真集、名著『TOKYO STYLE』を出版されるのが93年。「密談」を連載されていた88年当時はちょうど、『ブルータス』や『ポパイ』に書かれるライターのお仕事から、現代美術の全集『ArT RANDOM』を京都書院から出されるなどの、ご自身の出版企画にシフトしていかれる時期ではなかっただろうか。「密談」を再読してあらためて痛感したのは、都築さんの編集者としてのセンスの鋭さ。そして、90年代を目前にしたそのころ、写真も扱う雑誌という情報メディアにおいて、本来は黒子のように表に出ない「編集」という行為が、「表現」になり出した時代、まさにそのころの時代性というものである。

この「密談」を『花椿』からぬきだして一冊の本にしたら、88年という時代の先端を走っていた人たちの意識を、ヒリヒリと手にとるように知ることができるだろう。そのくらい価値のある読み物だと思っている。ある月は、四国の宇和島に引っ越される直前の、大竹伸朗さんが出てくる(88年6月号)。ある月は、現代陶芸から現代美術に転じたギャラリスト、ギャラリー小柳の小柳敦子さんが出てくる(88年7月号　当時は現代陶芸を中心としたギャラリーの若き女性画廊主、と紹介されている)。ある月は、その後『花椿』で重要なエッセイストになっていくアルフレッド・バーンバウムさんが出てくる(88年8月号)。アルフレッドさんは村上春樹さんの小説を英語に訳したことでも知られる翻訳家であり、また料理の達人でもあり、たくさんの旅行やプロジェクトを手がけてきた多彩な人だ。

この連載の初回は『花椿』の側でセッティングした、スタイリスト安部みちるさんと都築さんの対談(88年4月号)。安部さんと都築さんは、この誌面が初対面だったと聞いている。安部さんは当時、もっとも先端的なイメージのあるスタイリスト。スポーツがわりにディスコ通い(「第三倉庫だとファッション屋さんが多くていやだから、トゥーリアやJトリップバー」)、朝はティップネスでエアロビクス、という話題が出るかと思えば、10年以上お茶のお稽古に傾倒していて、今のマンションでは茶室をつくれないことが悩み、などの話が繰り出される。お茶、歌舞伎などの日本の伝統的な文化に傾倒していることや、京都の一保堂の炒り番茶が大好きで、よく行く旅先は奈良や河合寛次郎記念館そして日本の高野山の宿坊、という話をされている。

当時は、インターネットはまだ普及していない時代だ。東京でカタカナ職業についた人のあいだでは、海外の人との個人的な交流や外国の雑誌を通して、さまざまな異国の都市の情報が行き交っていた。それらは誰もが手にいれられるものではなかったからこそ、人より一足早く知っているという「情報に到達する速度の差」が生まれ、「価値」はその人独自のルートで手にした情報からつくられた。

そして、つねに新しい感覚を求めている人たちは、自らの刺激を、海外最先端の都市から届く情報にはじまって日本の伝統芸能まで、幅広い世界から素早く、自由気ままに選びとっていた。それが新しい時代を生きる女性のイメージであり、幅広い選択肢を取り揃えた生活こそ、最先端だと思われていた。渋谷に現在のLOFTのもとになる「シブヤ西武ロフト館」がオープンしたのが87年冬。まさに90年代が花開く直前のこのころから、「あらゆるものを取り揃えること」こそが新しく、都会的で画期的だと迎えられていた。

この連載「密談」は、都築さんがパーソナルに交流している人々と、毎晩飲みながら話しているようなプライベートな雰囲気の会話を、誌面のために公開してほしい、という主旨の企画だった。もちろん編集部の感覚による人選も、なかにはあったかもしれないが、ほとんどはその後の都築さんのお仕事にもつながっていったお友達ばかり、とお見受けしている。都築さんだからこそ出会われ、その後も親しく交流された方々だ。それは日本全国の人が、名前や顔を知っているような人々ではないかもしれないが、それぞれのその後のお仕事の活躍ぶりがわかっている今となっては、とても豪華な顔ぶれだ。とはいえ、掲載当時のタイミングでは「知る人ぞ知る」という存在の面々だったことは、間違いないだろう。当時の言葉でいえば、都築さんも都築さんが対談に招いた人も「カタカナ職業の、ギョーカイの人々」ということになるだろう。90年代直前に、都会でそういった仕事につく一部の人々の、アンテナの鋭さや時代を先取りする感覚が、この連載にはとてもよく表現されていたと思う。

メディアが担うべき、新しい役割とは？

まだ編集部に入ったばかりの私が深く知ることではないが、当時編集部のなかでは、この連載に対して、異なる意見があるようだった。というのも「プライベートな会話」には、事前の下調べやリサーチは本来、必要ではない。その日出会ったその時の気分や関心事が、会話の内容に反映されていく。そうした機微をすくいとってこそ、より貴重な記事になる、という考え方がある。都築さんの「密談」の会話は、こういった観点からつくられているからこそ、とてもリアリティがあるし、30年たった今でもその場を貫いた問題意識はより、切実なものになっていることに気づく。

つまりプライベートな感覚で親密な相手との会話がふつふつと沸き上がる沸点の水面にあるものをしっかりキャッチ

した都築さんの「密談」は、とても早い時期に、的確に、さまざまな現代的な問題を提起されていたと思うのだ。

一方で、「今日のあなたの気分ではなくて、あなたの専門分野の情報を深く掘り下げて語ってください」という考え方もある。編集部のなかに異なる意見があった、というのは、このような異なる考え方が「雑」の部分として編集部内で共存していたということだ。「今日の気分」のような語りがずっと続いていること自体に意味を見出せない、それは深みがなく浅い話だと思う人もいた、ということ。けれども私はそうした見方には、同意できない。もし「今日の気分」の上澄みのもとをさぐっていけば、氷山の下の塊のように、大きな本質につきあたる可能性がある。現在の私は、そう考えている。

この論点をつきつめていくと、こういうことだ。プライベートな会話が、新聞などに書かれている公的な言論に比べると貴重なものではない、という考えに私は反対で、親密な信頼関係のもとに交わされる会話にこそ本質が宿る、と思っている。だからこそ、いま私が個人的に編集している個人雑誌『here and there』では同時代を生きる人たちと個人的で親密な対話から生まれたやりとりを保管しているような意識で編集しているのだ。

30年前のあのころ、都築さんがお友達をよんで『花椿』の誌上で展開してくださった貴重な話題——30年後の今も驚くほど、重要な問題ばかり——をここで、ざっと見ていこう。

「お茶をやった日は、やっぱり全然違うわよ。すごく幸せだもん。リラックスして、本当にいい気持になれるの」
「伝統っていうのは、アバンギャルドだと思うの。因習とは違って」
「東京にいると、つい仕事の電話をしたり。でも高野山では部屋に電話なんてないから、シャットアウトって感じ。(略)清まる思いがする。」
(安部みちる談)

「都市に恋焦がれる部分はあるけど、東京で何かが得られるとは思わない」
「坂本九が『スキヤキソング』でヒットチャートの1位になったのは、もう20年以上も前だけど、日本人が日本語で作詞作曲して歌って、全米ナンバーワンというのは、もう奇跡だよね。今、機材も情報も発達して、誰でも簡単に外国に行けるようになって、簡単にヒットチャートにのれそうじゃない。でも、できないってところがおもしろい。やっぱり、テクニックじゃなくて思いが世の中を変えて行くという、ひとつの例だと思う」
「自分の描く線と全く同じものは世界にない。どんなに似た人がいても同じ顔の人は一人もいない。これ、神様が暗黙のうちに人間のオリジナリティーを教えていると思うの。(略)だから、俺はこの世の中をまだまだ信じていられるんだ」
(大竹伸朗談)

「以前は『美術手帖』なんかも、「うちは布と土はやりませんよ」って言ってたけど、最近はクレイワークとかファイバーワークの特集を組んだりしている。(略)最近のインテリアデザイナーのなかにはファインアートを意識している人もいるし、いろんな分野がだんだんひとつになってきてると思う」
「作る人、売る人、買う人。この3人がいて初めて成り立つんだと思うのね」
「バリ島のウブドという村なんて、『朝、窓のこっち側にいた牛が夕方にはあっち側へ行ってた』というほかには何にも景色の変わらないようなところなの。自然の調和があって、一日中眺めていても飽きない。やはり、自然の中の生物、鳥とか、花とか、私もふくめて、神々によって生かされているのだ。『神に感謝』っていう言葉が素直に言えた。東京にいたらそんなこと絶対、考えられない」
（小柳敦子談）

「日本人は鉄筋コンクリートのマンションが好きだから、こういうところ（古い日本家屋）は外人しか住みたがらない。この家だって初めはすごいボロ家だったけど、棚をつけたり天井を張り替えたり、全部自分でやった」
「大学のころ、建築の勉強をしてて途中でやめたのは、新しいものを作るより今あるものを改造するとか保存するほうが意味があると思ったから。廃墟的なところに魅力を感じるんだ」
「僕の翻訳の仕方は、まず頭のスクリーンに状況を描いてみて、英米人ならどういうだろうと考える。いったん崩してから組み替えるという方法をとっているから、時間はかかるけど自然な英語になると思うよ」
「今まで英語で紹介された日本文学は、あまりにも暗くてしめっぽい谷崎潤一郎的な世界だから（笑）。それだけじゃな

いぞ、こういうのもあるよって伝えたい」

(アルフレッド・バーンバウム談)

地方と都市、欧米と日本、前衛と伝統、ジャンルを超えた表現、東京にいても手に入らないもの。さまざまなゲストが、自分の問題意識として語るそれらのことは、2020年を目前にした現在の私たちが抱く問題意識と驚くほど似ている。

都築響一さんは96年に刊行された『ROADSIDE JAPAN珍日本紀行』で木村伊兵衛賞を受賞された。その後も定期的にユニークな本を出版され続け、個人メールマガジンを発行されるなど出版の新たなあり方に果敢に挑戦されている。その勇敢な編集姿勢は、都築さんが93年に出版された初めての写真集『TOKYO STYLE』のあとがきに記されたテキスト「坐して半畳、寝て一畳」に集約されているのではないだろうか。敬意をもって引用させていただきたい。

「いままでたくさんのメディアが、日本の住まいについて語ってきた。けれどもそのほとんどすべては、実際に住んでる僕たちにとってはなんのリアリティももたない。単なるレディメイド・イメージにすぎない。「和風」という商品名にすぎない。

本書はテクノロジーも、ポストモダンもワビサビも関係ない単なる普通の東京人がいったいどんな空間に暮らしているのかを、日本を外から眺めている人たちにある程度きちんとしたかたちで紹介するおそらくはじめての試みである。

家賃を何十万円も払えない人々がどんなふうに快適な毎日を送っているのかを、僕はテクノロジーと茶室や石庭がごちゃごちゃに混ざったイメージ・オヴ・ジャパンがはびこるなかに情報として投げ込んでみたかった。」（都築響一『TOKYO STYLE』京都書院より）

誰も伝えないなら、自分が伝える場をつくろう。そういう姿勢を編集者になりたてのころの私は、都築さんのような先輩編集者を見ながら、感じ取っていた。30年前の『花椿』を開いて、そんなことを思った。

8　アルフレッドさんのスパイシーなニッポン談義

都築さんの「密談」(1988年8月号) でも紹介されたアルフレッド・バーンバウムさんは、90年代の『花椿』のテキストを語る上でとても重要な存在だ。

アルフレッドさんは89年4月号から91年12月号までの3年間、「KOKORO」という“外国人の目線から見た、なんとも変わった国、日本”についてのエッセイを編集部の依頼によって執筆していた (筆名はスペンサー・イスフリー)。来日まもない外国人が見る「フシギでオモシロイ日本」についての声を集めたNHK BS1の人気番組『COOL JAPAN～発掘！かっこいいニッポン～』は2006年春の放送開始だが、その先駆的なエッセイともいえる。

この「KOKORO」はアルフレッドさんのあとにリービ英雄、ケイト・クリッペンスティーン、レスリー・ポロックなどさまざまな方に単発もしくは連載で執筆を依頼し、93年3月号まで続いた。当時は毎年、1月号もしくは4月号で誌面をリニューアル、連載を見直していたから5年間続いたというのは、『花椿』のなかでも長寿の読み物のひとつになった、ということだ。

「KOKORO」をアルフレッドさんが書いていたころは平山景子さんが担当し、リービ氏以降は私が担当する読み物になった。90年代半ばになるとアルフレッドさんは東京を拠点にしながらも、タイやミャンマーによく旅するようになったため、その活動を反映した「アジア・スープ」という連載を執筆していただいた (96年1月号～98年12月号) のだが、ここではその前段でもあったアルフレッドさんによる「KOKORO」の連載をご紹介したい。

よく記憶しているのは、「KOKORO」の連載を担当していた当時の編集長、平山さんが私にアルフレッドさんを紹介するときに、こう話していたこと。「アルフレッドさんは、村上春樹の小説を英語に訳した人なの。時々アルフレッドさんの訳のほうが日本語の小説より良いという人もいるくらい、彼の翻訳には定評があるのよ」

80年代にアルフレッドさんの翻訳によって英語になった村上春樹さんの本には、『1973年のピンボール』(Pinball, 1973)(80年作品　85年翻訳)、『風の歌を聴け』(Hear the Wind Sing)(79年作品　87年翻訳)、『羊をめぐる冒険』(A Wild Sheep Chase)(82年作品　89年翻訳)、『ノルウェイの森』(Norwegian Wood)(87年作品　89年翻訳)などがある。90年代には『世界の終わりとハードボイルド・ワンダーランド』(Hard-Boiled Wonderland and the End of the World)や『ダンス・ダンス・ダンス』(Dance Dance Dance)をアルフレッドさんが訳した。

アルフレッドさんはアメリカ人だが、子ども時代を日本で長くすごした。ミャンマーをはじめいろいろな国にフットワーク軽く移動しているけれど、活動の拠点として日本で費やした時間はかなり長いはず。『花椿』のエッセイ「KOKORO」のなかでも、日本語の上手すぎる外国人は日本では好かれないということを自身の体験をもとにユーモアたっぷりに書かれているが、実際に会話をかわしてみるとこちらが腰を抜かさんばかりに彼の日本語は流暢だ。

アルフレッドさんが綴った日本は、面白く、おかしく、奇妙で、外国人に不慣れで、愛すべき、独特なカルチャーの国。そのような、“外から見た日本”についての言説を、誰よりも当の日本人である私たちが面白がるという感覚は、90年代前夜から顕著になってきたものであるように、いま振り返ると思えてくる。

2000年以降、東京で地下鉄に乗ると、英語だけではないさまざまな言語を話す観光客にたくさん出会うようになったけれど、当時は、おそらく京都をのぞけば、日本といえばわざわざ外国人が「観光」をしに来る場所ではなくて、ビジネスなどで仕方なく滞在する外国人が広尾の周辺にいるくらいだった。そのなかで日本固有の文化を面白がろうという視点をもっているアルフレッドさんのような人はごく一部。翻訳というお仕事を通して、昔のではなく同時代の日本人の感性を海外に紹介された功績は大きい。村上春樹の小説の英語訳というのはもちろん、現代の日本文化の世界にむけての紹介という側面からも非常に多くを貢献されたことに異論をもつ人はいないだろうし、都築響一さんの出版物の英語訳も、ほとんどアルフレッドさんが手がけられている。

アルフレッドさんの「KOKORO」の連載は私が編集部に入って1年後から始まった。「密談」は入社したその年の連載だったので、まだ勝手もわからないまま終わってしまった印象だが、私にとっては『花椿』でのさまざまな体験が味わいを増していく日々に併走してくれていたのが「KOKORO」の連載だったという意識がある。

私は今でも台所に立って料理をしていると、自ら料理の達人であり、異文化に通じていることから各国の料理の流儀を引き合いに出しつつ、その国の国民性を語ることもできてしまうアルフレッドさんが「KOKORO」の91年3月号で書いた、「日本人はなぜ〈灰汁（アク）〉を、親の敵のようにすくうのだろう？」という主旨のエッセイを思い出す。そして、料理のたびに律儀に「スープが透明になるまでアクをすくわなければ！」という脅迫観念から解放され、ちょっとホッとするのだ。それはとても小さなことかもしれないけれど30年間、日々欠かせない料理のなかの小さなプロセスを「まあ、別に目くじらたてて徹底することじゃないんだな」と気づかせてくれたことのありがたさには、もともとずぼらな私は計り知れない恩恵を受けていると思う。

またこの30年間、さまざまな地域にできた美術館や芸術祭に導かれるようにして地方に旅行することが増えたり、瀬戸内海の直島が外国人観光客の好む旅先になったりしたことで、日本人も日本国内の旅先について興味をもつようになったことは大きな変化だ。けれども「KOKORO」において、日本の地方都市をヨーロッパにあてはめると金沢はベルギーで、福岡はスペイン、仙台はフィンランド、和歌山はポルトガル……といった論調のエッセイ（90年7月号）を読んだときも、その発想力に膝をうったものだ。最近こそ脱都会志向があらわれ、地方の良さを見直そうという動きは盛んになっているものの、まだまだ都会志向だった90年代の初めに、日本のさまざまな地域の良さを別な角度から眺めてみようという提案が、彼のような都市生活者からなされたことは、とても新鮮だったことを記憶している。

アルフレッドさんのエッセイが、30年たった今でもとても興味深く読めるのは、彼個人のなかの日本体験が、血となり肉となっているから。そしてもちろん、アルフレッドさんのさまざまな旅先での経験がいろいろな風味のダシとなって、アルフレッドさんだけが書けるユーモアいっぱいのスープになっているからだと思う。

アルフレッドさんを筆頭にして、都築さんの「密談」最終回に登場した編集者のレオナルド・コレンさんや、『花椿』のアート欄で長く毎月コラムを執筆していたヴァルデマー・ヤヌスシャックさんなど、『花椿』の誌面の裏側には、日本と関わりの深い人たちがたくさん、有形無形に関わっていた。コレンさんはアメリカ人、ヤヌスシャックさんはイギリス人だが、おふたりとも日本人の奥様がいらっしゃるとうかがっていた。こうした方たちの日本への興味がまずあって、『花椿』の限りのある誌面に、質の高い情報が集まってきていたからこそ、「冊子」ではなく「雑誌」という存在感を保てたのだろう。

連載を担当していたころ度々うかがったアルフレッドさんの、外苑前のワタリウムの裏手くらいの、コンクリート製のマンションの小振りな一室で、エスプレッソを淹れながら執筆しているアルフレッドさんのたたずまいを思い出す。インテリアはすべてDIYで壁は黄色く塗られ、ユニットバスは取り外されてシャワーに変換されていた。自ら手直ししたその部屋は、いかにも『Elle Deco』で見かけそうな洒落た空間になっていた。ヴィンテージマンションに付加価値をつけて紹介するR不動産が登場するずっと前、日本で「リノベーションをした粋な部屋に住む」ことはごく一部の特殊な才能（？）の持ち主にしか実現できない夢のような憧れだった。

似たような話題でいえば、ベルリンの壁がくずれたのが1989年。東ドイツの空き物件に不法占拠して住まう「スクウォッティング」の居住スタイルを知ったのもこのころだったけれど、それは日本の住宅事情においては到底、不可能なことだと感じられた。私たちは、日本という島国だからか、勝手に諦めていたり、権利がないと思い込んでいることがたくさんある。その諦めていることの根っこには「自由」とか「尊厳」とでもいうべきものがある気がしていた。でもそれは、本当は手に入るものなんだよ、目をこらせば見つけることができるんだよというメッセージを、アルフレッドさんのように日本を血肉化しているけれど、同時に日本を外から見る目ももった人が、発してくれていた。それがアルフレッドさんの書く「KOKORO」の根底に流れる、私たちへのメッセージだったような気がしている。

9　ガーリーカルチャーからスーザン・チャンチオロに出会う

以前、アート欄に定期的に執筆していた雑誌『GINZA』から久しぶりに連絡があって、インタビューを受けた。「一生ものの、本と映画と音楽とアート。」という新しいコラムに呼んでいただいたのだ。自分にとって「一生もの」は何かな？　と考えるとき、映画や音楽は少し考えて決めたけれど、アートについて迷いはなかった。スーザン・チャンチオロ。1996年秋にニューヨークへ取材に行き、『花椿』97年2月号の特集「ニューヨークのニューな部分」に登場してもらった人だ。

当時は、新進ファッションデザイナーだった彼女も、2017年にはニューヨークのホイットニー・ビエンナーレの招待作家となり、所属ギャラリーも決まって、今ではしっかりと現代アートのシーンを軸足に活躍するようになった。長くファッションとアートの両方の世界にいて仕事をしてきて、領域を越境している人特有の不定形な魅力もあり、また苦労もたくさんあったと思うのだが、彼女はずっと、私にとっては、生粋のアーティストというべき存在だった。

「私にとってはアーティスト」という人が、身近にいっぱいいるな、ということに最近、気がついている。とくに90年代の、私がその後仕事をしていく上で重要な人たちに出会っていく段階で、とても魅力を感じた存在というのはほぼ全員が、必ずしも“現代アート”のアーティストとして活躍している人ではなかった。けれども、その人ならではの独創性、自由を愛する心、ジャンルを超えたボーダレスな活躍ぶりなど、「どう考えてもアーティストにしか思えない、私にとっては」という人たちと、『花椿』の仕事を通して何人も出会っていった。マイク・ミルズ、エレン・フライス、そしてスーザン・チャンチオロなど。

なかでもスーザンとの出会いと、その後彼女とした仕事は『花椿』を軸に展開していった。だから、ぜひここで書いてみたいと思う。まずは出会いの前の編集部の状況や、90年代半ばごろの自分の関心事について振り返ってみたい。

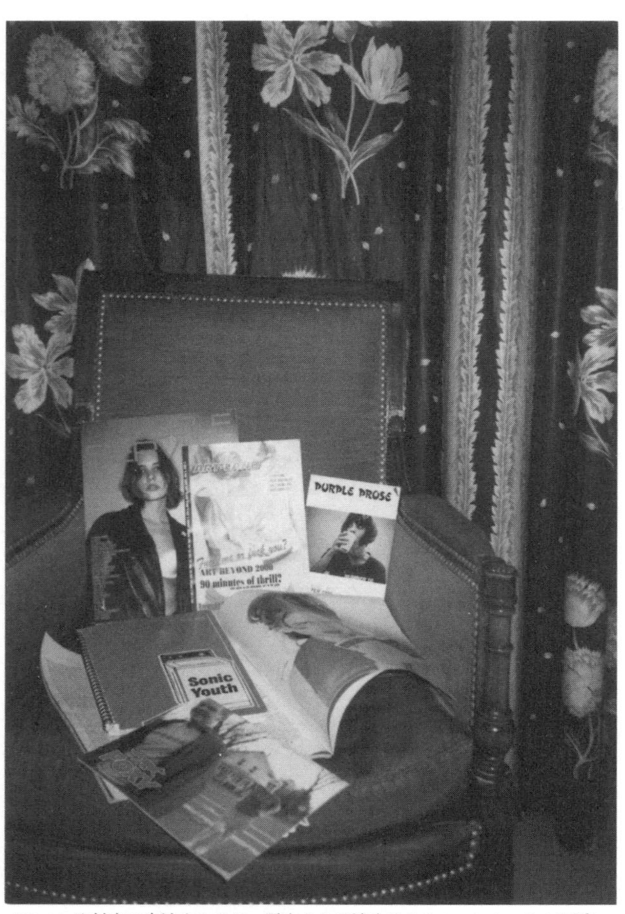

パリコレ取材中に宿泊するのは、平山さんの泊まるホテル・レノックスに近い、サンジェルマン界隈のプチホテル。パリらしい室内調度を実感するのが楽しみだった。昼間パリコレで見る物は自分の感性に合わないものも多く、夜になると部屋に好きなものを並べて写真に撮り、バランスを取っていた。

スーザンと出会いのきっかけには、90年代に私が興味をもった、ガーリーカルチャーがあった、といえると思う。『花椿』95年4月号のインタビュー欄で、ソフィア・コッポラを取材したころのエピソードに遡ってみよう。当時私は、海外の雑誌を読んでは面白かった記事を編集部内で報告する役割を担っていた。ある日、そこで見つけたのが、X-girlというブランドを、ソニック・ユースのキム・ゴードンが始めた、という記事。X-girlのことは『Vogue』や『Harper's Bazaar』から『Interview』などのカルチャー誌、ほかにも若者むけの音楽雑誌まであらゆる媒体に記事を見つけることができた。キム・ゴードンが所属していたソニック・ユースというバンドは、80年代にはオルタナティブ・シーンの知る人ぞ知る存在だったが、90年に彼らがメジャーのゲフィン・レコードに移籍して初のアルバム『Goo』を発売したころから、さまざまなメディアで名前を見かける存在になっていた。

私が『花椿』でソフィア・コッポラのインタビューページをつくることができたのも、ソフィアとキム・ゴードンのふたりがX-girlのファッションショーのために、川崎のクラブチッタに来日したからだった（キム・ゴードンもその機会に『花椿』の「萬有対談」で後藤繁雄さんに取材していただいた。87ページ参照）。キム・ゴードンはその取材の場で、これから注目するべき若い女性アーティストを惜しみなく紹介してくれたのだが、彼女は普段から雑誌などでも同様のコメントをしているようで、とくに90年代のアイコンでもあった（のちに自死してしまう）ミュージシャン、Nirvanaのカート・コバーンは、まさにソニック・ユースのサーストン・ムーアとキム・ゴードンによって紹介されて、瞬く間にスターになっていった存在だった。

キム・ゴードンが目をつけた人に間違いはない。そういう信頼のある人だった。事実、私はソニック・ユースのかなり昔の白黒のミュージック・ビデオで、まだ誰も話題にしていなかったころのソフィア・コッポラを見た記憶がある。ミュージシャン（ビースティ・ボーイズのマイクD）が運営に参加していたスケートボート・カルチャー・シーンのファッションブランド、X-LARGEの女の子版ができるからやらないか、という声がキム・ゴードンにかかったとき、キムがソフィア・コッポラをファッションショーのプロデューサーに招いた、という経緯も興味をひいた。そして、いろいろな記事を調べていくとほかにも、たくさんの気になる固有名詞が出てきた。マイク・ミルズ、クロエ・セヴィニー、リタ・アッカーマンetc.。ソフィア・コッポ

94年秋、日本で初のX-girlお披露目の場になったショーは、母体であるX-LARGEを営むBeastie Boysの、川崎クラブチッタでのコンサート中に行われた。音楽とファッションが一体になったイベントのバックステージには、ソフィアやキムをインタビューした『花椿』とともにカルチャー誌『SWITCH』やファッション誌『DUNE』も取材に入っていた。バンドFree Kittenなどでキム・ゴードンと交流が深く、モデルに呼ばれていたボアダムスのメンバー、ヨシミさんと私。

ラは93年のX-girlのファースト・ショーに関わったあと、自分でもファッションブランドを立ち上げる、と言って95年に、ミルクフェドを始めていた。

キム・ゴードンやソフィア・コッポラのスピーディーな動きに象徴されていたものは、D.I.Y.の精神だった。フォロワー数が多いから、有名人だからブランドも簡単に始められる、という感覚ではなく、やってみたいと思ったなら、人にどうこう言われるより前にやってしまおう、という、自分軸で生きていく女性たちの格好良さが伝わってきた。そしてそんな彼女たちの姿勢への憧れが、当時のガーリーカルチャーを引っ張っていた。私もそのうちのひとりで、ソフィア・コッポラがLAで構えていたミルクフェドの事務所（ソフィア・コッポラと友人で同僚のステファニー・ハイマンがたった2人でやっていた、マンションブランド規模のオフィス）まで、雑誌をつくっている友達と一緒に取材しにいってしまう、という行動力を発揮したくらい、そのカルチャーの流れが気になっていた。

Baby Generation展の会場で言葉を交わす、来日中のソフィア・コッポラと私。96年5月。

そんな90年代半ばの私の活動は、時に『花椿』の誌面に足跡を残すことができたけれど、最初のうちはとくに、『花椿』では記事をつくることができず、もっぱら同世代の友達と顔をあわせる部活で本当に好きなことをする、という感じで、友達の林文浩さんが手がけた『DUNE』というファッション誌に、ガーリーカルチャーについてのコラムを書かせてもらったりしていた。X-girlの周辺にいたことをきっかけに『花椿』でも取材した結果、強い興味を抱いた人物であるマイク・ミルズから、「ニューヨークにすごくおすすめなファッションデザイナーがあらわれたよ！　ぜひ取材するといいよ！」と言われた。それが、スーザン・チャンチオロだったのだ。

ソフィアの仕事場である、ミルクフェドのオフィスをLAに尋ねた。

『花椿』とアメリカン・カルチャーの距離

スーザン・チャンチオロと出会いの号になった97年2月号の『花椿』は、私がほぼ初めて自分自身で企画した特集を誌面で実現できた号だといえる。入社9年目にして初めて自分の企画が通るというのは、編集の世界では遅すぎたかもしれない。当時私のまわりには20代ですでに編集長をやっていた同世代がたくさんいて、自分の思うままに企画を組む自由を得ているようだった。もちろん制約もあったのかもしれないが、私には自由に見えていて、自分が面白いと思うことに堂々と誌面をさける彼らのことがいつも羨ましかった。

『花椿』は90年代に大きな変化を迎えていた。1960年代以来、長い間実質的な編集長を担ってきた平山景子さんに代わって、やはり『花椿』に在籍が長かった小俣千宜さんが編集長になって、93年4月号から誌面リニューアルをおこなっていた。ADは変わらず仲條正義さんだったから、外からはどう見えたのかはわからないけれど、編集部という雑誌の内側にいた自分にとっては、それはとても大きな変化だった。というのも、小俣さんはファッションを見ない立場の人だったから。編集長を退いてからも平山さんはファッション・ディレクターの立場で『花椿』に関わっていた。平山さんは長らくパリコレに通い続けてきた人だったし、そのパリコレ出張中に平山さんが築かれてきた人脈は、『花椿』の屋台骨になって、その質をしっかりと支えていた。小俣さんが編集長になって、パリコレ出張に私も連れていってもらうようになると、ヨーロッパは個人への信用からすべてが始まる社会なんだということを知り、日本とはまったく違う社会のしくみを垣間見た気がしたものだった。それだけ平山さんが個人への信頼によって築いてきた世界は、大きかったと思う。

とはいえ私たちで『花椿』をつくっていかなくては。という立場になって思い知ったことは、自分の個人的な興味と、媒体が提示する世界には距離がある、ということだった。当時の私が興味をもったのはストリート・ファッションで、『花椿』はパリコレのモードを報道していた。都市でいえばパリとロンドンの動向を追いかけるのが『花椿』だったが、私は当時LAから発信されていたユースカルチャーやオルタナティブ・シーンに興味があって、そこから辿り着いたキム・ゴードンやソフィア・コッポラ、マイク・ミルズといった人たちの活動に興味をもっていた。

そのシーンに「モード」があれば、『花椿』でもそれほど苦労しなくても、取材の対象になったかもしれなかった。けれども、そこにあったのはより消費に近づいたファッションであり、ジャンルを乗り越えて活躍しようとしているD.I.Y.的な個人の姿だった。

当時、ずっとキム・ゴードン、ソフィア・コッポラ、マイク・ミルズと言っていた私に対して、「なんで林さんはそんなにアメリカに興味があるの？」というのが編集部の空気だったと思う。私の志向は職場の常識からいったら、かなり的外れなことで、突拍子もないことだった。けれども、時代の勢いというものがある。97年、あの古くさいパリの街にコレットというセレクトショップが生まれた。ハイモードと同時にスニーカーや音楽、日本の雑誌や写真集も扱い、アーティストの本も扱うと同時に、注目の新しいファッションも扱うというブティックで、開店当時バイヤーのサラは

「パリにはオルタナティブ・シーンのレコードを買える場所がないからつくりたかったの」と言っていた。

SNS時代を迎え、コレットが2017年末に閉店した今、当時のサラの発言がどう読まれるのかはわからないけれど、「その時代その時代の当たり前や、新しいものはどんどんくつがえされていくし、変わっていく」ことの例証として受けとめてもらえたらいいのかな、と思う。このように、90年代後半には、アメリカから出てくるカルチャー・シーンに注目することは世間的にはそれほど逸脱的なことではなかったと思うけれど、モード志向でありヨーロッパ志向だった『花椿』においては、周囲の人たちに熱心に働きかけ、説得しないと実現できないことであった、ということだ。Instagramで即座に外国の人とつながっていく今は、カルチャーマップを国別に意識することなど、あまりなくなったのかもしれないけれど。

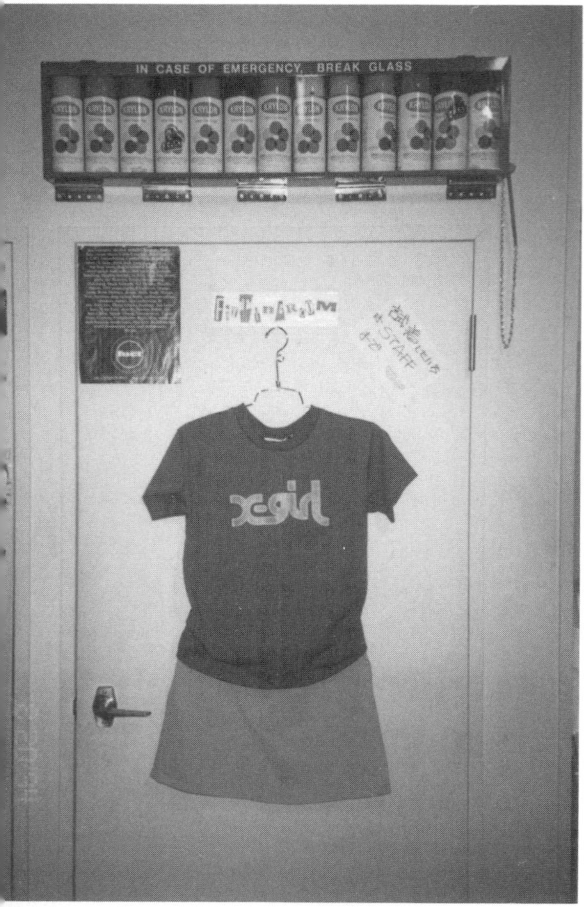

X-girlの日本で最初の店が大阪にできたときいて、写真を撮りに足を運んだ。

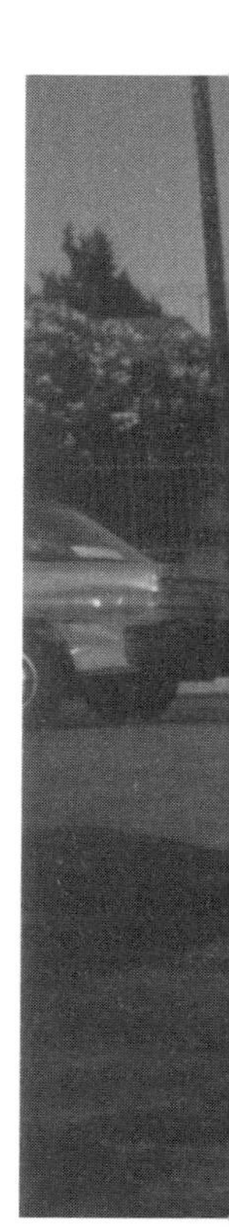

マイク・ケリーのアートワークを印刷したソニックユースのTシャツに、ピンクのX-girlのミニスカート。30歳前後の私の服装が、年相応ではないと揶揄されながらも、自分ではパリコレで見るファッションよりこちらの方がいいと思って着ていた。キム・ゴードンが提示したX-girlのスタイルは、女性の装いがつねに年齢やTPOに合わせることへの反動でもあった。実際のところ、家族や友人など、私のこの服装に難色を示した人も少なくなかったので、だからこそこうした服装がRiot GrrrlやGirlie Cultureとの接点たり得ていたわけなのだ。

キム・ゴードンにはげまされてきた女の子たちが、はたして世界にどれだけいるのだろうか。
ライオット・ガール周辺の女の子たちはもちろんのこと、タマラ・デイヴィス、キム・ディール、
ジュリー・カフリッツ、ヨシミ、デイジー・フォン・ファース、ソフィア・コッポラ、リタ・アッカーマン、クロエ
キムがいっしょにユニットを組んだり、プロジェクトを進めたことのある女性たちの名前をあげるだけでも、
すぐに軽く10人を超えてしまう。そして、普段は名前が出ることのない、無数の女の子たちがいる。
例えば「アルファベット・ガール」を書いてくれたエレンも、私と同じように、そうしたうちのひとりだ。
彼女はパリで、世界中から若い女性アーティストを探してきては記事を書き、彼女たちをはげましている。
キム・ゴードンの影響を受けたことのある女の子なら、大切なのは、はげましあうことだということを、
無言のうちに知っているのだ。カジュアルな服を着た可愛いアーミーが、今や世界中に分散して、
自分がいる場所で、ひそかに自分たちのアーミーをふやしている。

なぜだかわからないけれど、どうしても、女性が表現するものにひかれてしまう。
そんな自分に対する答えをどこかに探しているうちに、いつのまにか、からっぽの空間が
「BABY GENERATION」の展覧会になり、何もなかった机に、たくさんの写真を載せたこの本が現れた。
ここに集まった女性たちの部屋には、女の子の絵や、女の子の写真が、たくさん並んでいる。
親しい友達とのインティメイトな瞬間を映したソフィアの写真。
「女の子が表現するものを見てるのが、純粋に楽しいの」というタマラの映像。
カレン・クリムニクはスーパーモデルやＴＶの登場人物、自分に微笑みかけてくるアイドルの女性たちを
砂糖菓子のようなスウィートさで描き、失敗を重ねながら手探りで自分の手法を探している
アイオーネ・スカイのスモール・ペインティングもある。そしてキム・ゴードンが鮮やかな筆で描き出した、
女の子の「顔」……そんな眺めを見ていて思うのは、「どんな女性のなかにも必ず、女の子がいる」
「ひとりの女性のなかに、その女の子の存在を見つけるのは、楽しい」ということだ。
女が女を眺め、愛情をこめて、それを表現にする。そこに流れる幸福な時間は、例えば
タマラ・デイヴィスの映像に見られる1シーン……緑の芝生の上で、ポータブル・プレーヤーを囲んだ女の子たちが
音楽を聞いている……のように、エンドレスに続くように思われる。
いつかその輪から1人ぬけ2人ぬけ、別の人が入れ替わるかもしれないけれど、
一瞬でも長くその音楽を聞いていたい、と私は思う。

林央子
1996年4月、東京

『Baby Generation』序文より。のちにWebマガジン「She is」そして「me and you」を立ち上げた編集者の竹中万季さんは、この本の序文に私が書いた文章が後日、野村由芽さんとWebメディアを創設するきっかけのひとつになったと伝えてくれて、うれしく思った。

10　自分が本当にやりたかった企画
——アメリカの若者文化をとりあげる

95年、NY。マイク・ミルズの細長いオフィス。

私が外国人のクリエイターのなかでいち早く興味をもった人が、X-girlの初期のロゴをデザインしたマイク・ミルズだった。美大の卒業制作で自分の作品をつくらず、DJやイラストレーターを招いてパーティーを開催した、という記事を読んで強い興味をもったのだった。マイクがそこでしたことは主に、「編集」ともいうべき仕事だったからかもしれない。

当時、グラフィックデザイナーとしての彼の主な仕事は、予想外のものを自分の作品として提示するのが好きだと話していて、ミュージック・ビデオの映像監督としても仕事をしていた。スケートボードもするし、スケートボードカルチャーにいるアーティストたちを、現代アートや美術館の世界よりずっと好きだと言っていた（そういう彼の父親は、西海岸の街サンタバーバラにある美術館の館長だった)。

マイクはファッションや日本の『CUTiE』などの雑誌にも興味をもっていて、よくそんな話をした。ファッションショーに行くのが面白いというマイクと、「あんまり、そうは思えないな」と感じていた私が話をすると、ファッションの意外な面白さに目を開かされる気がして、楽しかった。スーザン・チャンチオロのファースト・ショーに行った感動を伝えてくれたのも、マイクだった。『花椿』にいてもニューヨークは出張先になることはないから、自分は彼女のショーを見られないだろうな、と思っていたけれど、自分が出した特集企画が幸いして、その本人に会えることになるとは予想外だった。

その企画は、マイク・ミルズへの興味から結実した、といってもよいものだった。すでに、『花椿』の外の世界の仕事として、ソフィア・コッポラと彼女の友人たちの作品を展示する「BABY GENERATION」という渋谷パルコを舞台にした展覧会の企画を手伝い、カタログを編集する仕事を、1996年春にしていた私は、そこで初めてソニック・ユースのCDカバーなどでそのデザインのセンスに憧れていた、マイク・ミルズと出会っていたのだった。

本来マイクは展覧会図録のADだったのだが、企画自体がマイクの友達であるソフィア、そしてそのソフィアの友人4人をまきこむプロジェクトであったため、実質はマイク・ミルズがその企画のキュレーターの役割をこなしたも同然だったのだ。そんな立場を兼ねることになる、日本からの突然な、かつ、急ぎの仕事の依頼に、彼が戸惑いを見せた瞬間もたしかにあったけれど(打ち合わせがその年の3月上旬で、展覧会はゴールデンウィーク前に始まった)、

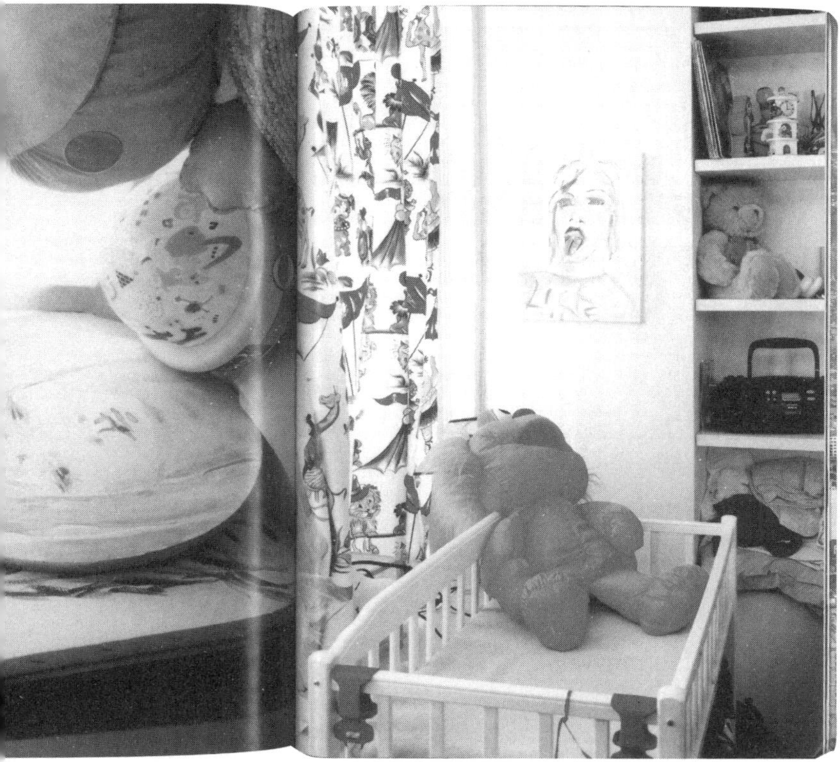

『Baby Generation』

一般書店で販売された、バイリンガルの展覧会公式カタログ。Baby Generation展には娘を出産したばかりのキム・ゴードンをのぞく全作家（カレン・キリムニク、アイオーネ・スカイ、タマラ・デイヴィス、ソフィア・コッポラ）とマイク・ミルズが来日した。マイク・ミルズがADをつとめたカタログでは、各作家の自宅をホンマタカシが訪問して生活のなかに作品のある風景を撮影した。カタログで編集を担った私はエレン・フライス、キム・ゴードンに寄稿を依頼し、自分でもテキストを書いた。キム・ゴードンは巻頭原稿で「この展覧会は、真摯に、そして優雅に、女の子であるという明白なことに触れ、考えている。明白なことは、あまり語られないことが多い。だからこそ、言うべきことや、見るべきものが多いのだ」と語った。今振り返れば、当時勃興していた第三波フェミニズムを検証する貴重な文献といえる。

ホンマタカシさんの恵比寿の事務所でくつろぐ、マイク・ミルズ。

参加者がみんな揃って東京に来ることができるということが、彼らにとっては心からの楽しみでもあったので、引き受けてくれた。

ソフィア・コッポラもマイク・ミルズも日本のファッションや雑誌文化、東京が大好きだった。当時は今ほど日本に外国人観光客がいなくて、ごく一部のクリエイターが日本や東京のカルチャーの面白さに注目しはじめたばかり、という時期だった。だからこのときの私の（『花椿』以外の）部活仕事は結果的に、非常に充実したものになった。展覧会の時期には出産後まもないキム・ゴードンを除いて、全員が来日した。

ヒステリック・グラマーのデザイナー、北村信彦さんの車に乗るマイク。

この仕事の前に、まずは『花椿』の小さなコラムのために取材していたマイク・ミルズ（最初の記事は95年4月号の「Subculture」コラム。80ページ参照）と、こうした部活仕事でも、より親しく交流するようになり、その交流のなかでスーザンの噂を耳にしていた。マイクが推薦する人なら、間違いはないだろう。「ナカコもきっと好きだよ」とマイクは教えてくれていた。けれどもモード重視の『花椿』がすぐに、ニューヨークのアンダーグラウンドシーンで注目されているひとりのデザイナーを取り上げるはずはなかった。

自分の好きな世界を企画にするためには、マイク・ミルズをふくめた、スケートボードやアートシーンの新しい胎動を紹介する、という企画を考えていこう、と思った。上司にプレゼンしたり仲條さんと話をするうちに、「Tシャツが鍵になる」と思い立った。そもそも労働者の下着だったTシャツが、衣料として市民権を得た国がアメリカである、ということができた。そして、当時人気だったニューヨークのファッションブランドであるアナ・スイは、ニューヨークを代表するイラストレーターの描いたイメージをTシャツにしていて、そのアナ・スイTシャツはそのころ、とても人気のファッション・アイテムになっていた。

アナ・スイの「顔」ともいえるイラストレーションを描いていたのがマイケル・エコノミーやジェフリー・フルヴィマーリといった人たちで、彼らはマイク・ミルズが、卒業制作のレクチャーシンポジウム「ヒッカップ」に招待したクリエイターでもあった。そんなことからも、彼らのあいだにつながりがあることを感じていたので、「X-girlのTシャツ」の背後にいたマイク・ミルズと、「アナ・スイのTシャツ」の背後にいたマイケル・エコノミー、そしてアーティストで自分の作品をTシャツにプリントしてドレスにしていたリタ・アッカーマン、こうした人とTシャツというメディアをからめて、彼らに着てもらいながら誌面に出てもらうことによって、ニューヨークの面白い、新しい動きを紹介できないだろうか。できるなら、この時代に勃興したスケートボードカルチャーもふくめながら……と。

リタは94年秋に来日したキム・ゴードンが「おすすめのアーティストよ」と、取材の場で教えてくれた女性のペインターであり、90年代にはニューヨークのアート雑誌の

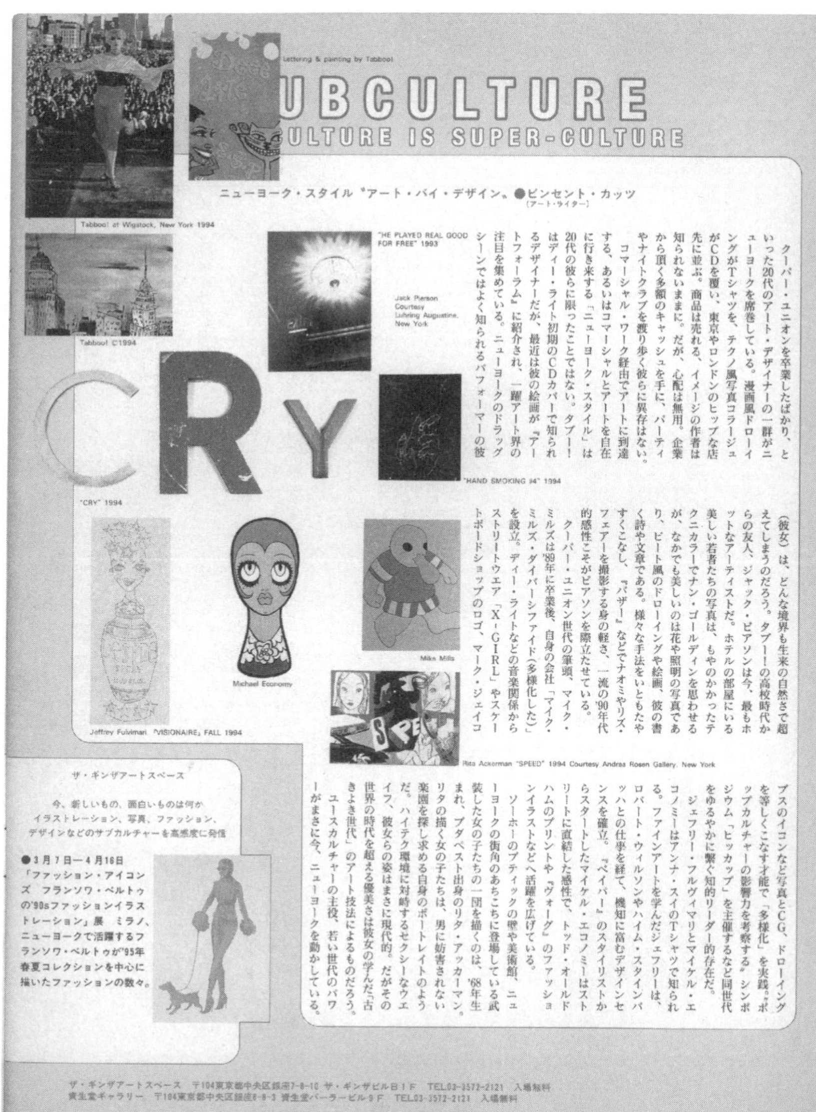

Lettering & painting by Tabboo!

SUBCULTURE

SUBCULTURE IS SUPER-CULTURE

Tabboo! at Wigstock, New York 1994

Tabboo! C'1994

ニューヨーク・スタイル〝アート・バイ・デザイン〟●ビンセント・カッツ（アート・ライター）

クーパー・ユニオンを卒業したばかり、といった20代のアート・デザイナーの一群がニューヨークを席巻している。漫画風ドローイングがTシャツを、テクノ風写真コラージュがCDを覆い、東京やロンドンのヒップな店先に並ぶ。商品は売れる、イメージの作者は知られないままに。だが、心配は無用。企業から頂く多額のキャッシュを手に、パーティやナイトクラブを渡り歩く彼らに異存はない。

コマーシャル・ワーク経由でアートに到達する、あるいはコマーシャルとアートを自在に行き来する「ニューヨーク・スタイル」は20代の彼らに限ったことではない。タブー！はディー・ライト初期のCDカバーで知られるデザイナーだが、最近は彼の絵画が『アートフォーラム』に紹介され、一躍アート界の注目を集めている。ニューヨークのドラッグシーンではよく知られるパフォーマーの彼（彼女）は、どんな境界も生来の自然さで超えてしまうのだろう。タブー！の高校時代からの友人、ジャック・ピアソンは今、最もホットなアーティストだ。ホテルの部屋にいる美しい若者たちの写真は、もやのかかったテクニカラーでナン・ゴールディンを思わせるが、なかでも美しいのは花や照明の写真であり、ビート風のドローイングや絵画、彼の書く詩や文章である。様々な手法をいともたやすくこなし、『バザー』などでナオミやリズ・フェアーを撮影する身の軽さ、一流の'90年代的感性こそがピアソンを際立たせている。

クーパー・ユニオン世代の筆頭、マイク・ミルズは'89年に卒業後、自身の会社「マイク・ミルズ・ダイバーシファイド（多様化した）」を設立。ディー・ライトなどの音楽関係からストリートウエア「X-GIRL」やスケートボードショップのロゴ、マーク・ジェイコブスのイコンなど写真とCG、ドローイングを等しくこなす才能で「多様化」を実践。〝ポップカルチャーの影響力を考察する〟シンポジウム「ヒッカップ」を主催するなど同世代をゆるやかに繋ぐ知的リーダー的存在だ。

ジェフリー・フルヴィマリとマイケル・エコノミーはアンナ・スイのTシャツで知られる。ファインアートを学んだジェフリーは、ロバート・ウィルソンやハイム・スタインバッハとの仕事を経て、機知に富むデザインセンスを確立。『ペイパー』のスタイリストからスタートしたマイケル・エコノミーはストリートに直結した感性で、トッド・オールドハムのプリントや『ヴォーグ』のファッションイラストなどへ活躍を広げている。

ソーホーのブティックの壁や美術館、ニューヨークの街角のあちこちに登場している武装した女の子たちの一団を描くのは、'68年生まれ、ブダペスト出身のリタ・アッカーマン。リタの描く女の子たちは、男に妨害されない楽園を探し求める自身のポートレイトのようだ。ハイテク環境に対峙するセクシーなウエイフ、彼女らの姿はまさに現代的。だがその世界の時代を超える優美さは彼女の学んだ「古きよき世代」のアート技法によるものだろう。ユースカルチャーの主役、若い世代のパワーがまさに今、ニューヨークを動かしている。

"HE PLAYED REAL GOOD FOR FREE" 1993

Jack Pierson
Courtesy
Luhring Augustine,
New York

"HAND SMOKING #4" 1994

"CRY" 1994

Mike Mills

Michael Economy

Jeffrey Fulvimari 『VISIONAIRE』 FALL 1994

Rita Ackerman "SPEED" 1994 Courtesy Andrea Rosen Gallery, New York

ザ・ギンザアートスペース

今、新しいもの、面白いものは何か
イラストレーション、写真、ファッション、
デザインなどのサブカルチャーを高感度に発信

●3月7日―4月16日
「ファッション・アイコンズ　フランソワ・ベルトゥの'90sファッションイラストレーション」展　ミラノ、ニューヨークで活躍するフランソワ・ベルトゥが'95年春夏コレクションを中心に描いたファッションの数々。

ザ・ギンザアートスペース　〒104東京都中央区銀座7-8-10 ザ・ギンザビルB1F　TEL03-3572-2121　入場無料
資生堂ギャラリー　〒104東京都中央区銀座8-8-3 資生堂パーラービル9F　TEL03-3572-2121　入場無料

40

『花椿』（95年4月号）「Subculture」コラム。20代の若手アーティストやデザイナーがNYで台頭し、コマーシャルな仕事を経由してアート的表現を行う。これがアートライター、ヴィンセント・カッツが記事に込めた視点。当時はまだ新しかった若い世代によるコマーシャル経由のアート活動という現象はSNS世代の今、日本でも議論を呼んでいる。

表紙を彼女の描いた女の子や羊の絵がかざるなど、当時とても注目されていた新進作家だった。

アメリカ

↓

Tシャツ

↓

その背後にいるクリエイター

↓

その人たちに注目しつつ、その国の被服文化にも言及

↓

特集企画として成立

『花椿』が特集企画を立てるときは、このようにいくつもの意味性を積み上げて、ひとつのストーリーが出来上がるのだった。おそらく、時代の熱気をもろにかぶって興奮している私のような若手編集者を前にして、たくさん経験を積んできた、世代の異なる編集長の小俣さんやADの仲條さんは、「今これが面白い」という情報を耳に入れても、それだけですぐ、特集を組もうというふうに、納得はできかねたのだろう。

通常の、過去に特集を一緒につくってきたパリやロンドンのカメラマンたちとの企画であったなら、「彼らの判断を信頼する」という前提がまずあるので、その人たちが「これがいい」と言っているのならば取り上げよう、という決断の早さがあった。けれども、今回のように、“『花椿』クリエイター人脈によるお墨付き”がなくて、熱中しているのは編集部では私ひとり、という状況では、その組み立てを、何としても確固たるものにしておく必要があったのだと思う。

ひとつ、その骨組みの支えになってくれたのは、当時「Subculture」コラムを書いてくれていたヴィンセント・カッツの言葉だった。「コマーシャル・ワーク経由でアートに到達する、あるいはコマーシャルとアートを自在に行き来する"ニューヨーク・スタイル"」。これが、95年4月号でヴィンセント・カッツに書いてもらったコラムの主旨だった。消費文化の中心地であるアメリカ、その国を代表する都市、ニューヨークには、ニューヨークならではのスタイルがある。そのことを、ニューヨーカーのヴィンセントが、コラムのなかで明快に言語化してくれていた。このヴィンセントにはかつての編集長、平山さんの紹介で出会っていたが、彼は私が興味をもつ対象をとてもセンスよく原稿にまとめてくれる、頼りになるアート・ライターで、90年代によく仕事をしていた。彼の父親は現代アートシーンでよく知られる、アレックス・カッツという大御所のアーティストだった。私ひとりの熱意ではなく、ヴィンセントという評論家からみても取り上げるに足る動向だとみなされたことが、編集

部のなかでこの企画を進めるひとつの決定要因だったのは間違いないだろう。

ヴィンセントはX-girlのロゴをデザインしたマイク・ミルズやリタ・アッカーマン、アナ・スイのTシャツの絵を描いているイラストレーターなどでひとつの記事をつくって

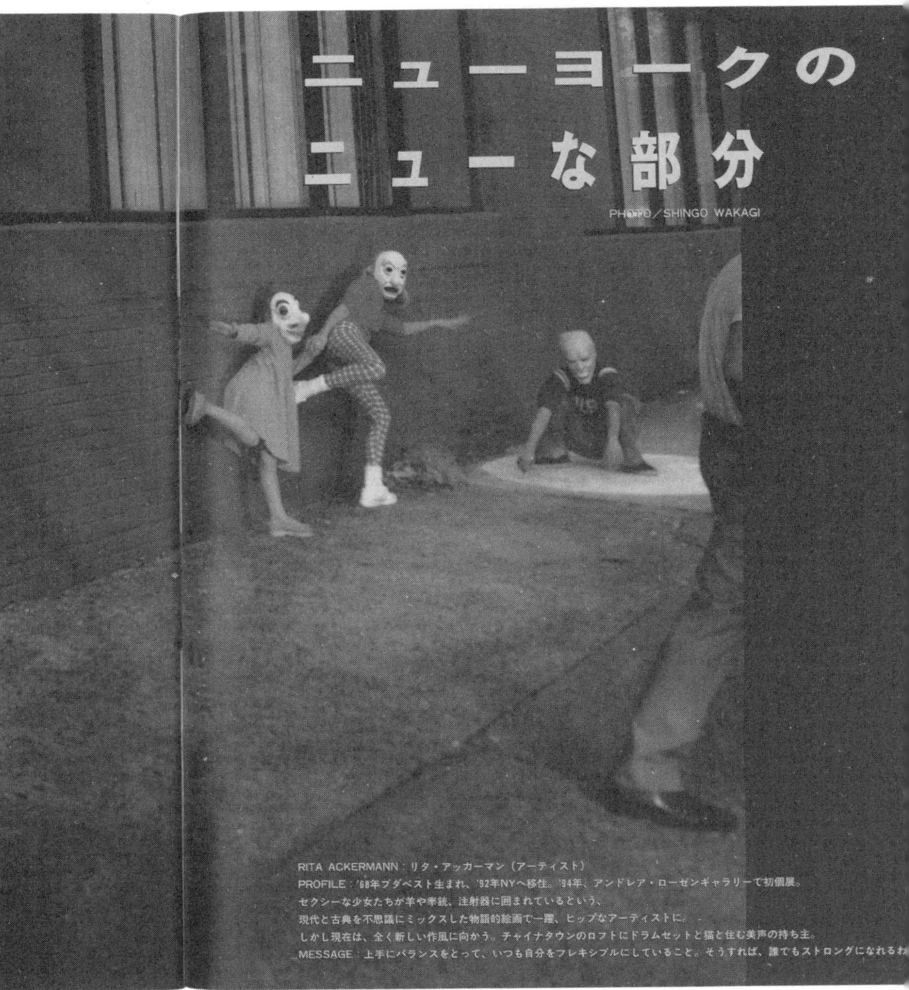
ニューヨークの
ニューな部分
PHOTO／SHINGO WAKAGI

RITA ACKERMANN：リタ・アッカーマン（アーティスト）
PROFILE：'68年ブダペスト生まれ、'92年NYへ移住。'94年、アンドレア・ローゼンギャラリーで初個展。
セクシーな少女たちが羊や拳銃、注射器に囲まれているという、
現代と古典を不思議にミックスした物語的絵画で一躍、ヒップなアーティストに。
しかし現在は、全く新しい作風に向かう。チャイナタウンのロフトにドラムセットと猫と住む美声の持ち主。
MESSAGE：上手にバランスをとって、いつも自分をフレキシブルにしていること。そうすれば、誰でもストロングになれるわ

『花椿』(97年2月号)。右半身が切れている男性が、ライターのヴィンセント・カッツ。

ほしいという私の依頼をしっかり受けとめ、上記の人々にジャック・ピアソンやLGBTのアーティストTabboo!を加えてひとつの紹介記事を書いてくれていたのだ。97年2月

号の特集「ニューヨークのニューな部分」は、この95年4月号のコラムが12ページに立体化した特集ともいうべき内容だった。

撮影の現場について話をすれば、ニューヨークに撮影に行ってみたら、ロンドンやパリの自由な空気とはうってかわって、カメラマンやモデルはもちろんヘアメイクの人、スタジオのスタッフなど現場にいる人にはすべて、撮影が夕方5時以降にのびると、エクストラの料金を払わなければならなかった。それだけビジネス的であり、働く人にとっては保証がある街ということだろう。しかしクリエイティブな空気のなかで、カメラマンがイエスというまで何時までも撮影がのびていく現場を、パリやロンドンで体験してきた私にとっては、驚きだった。そういう制作に関する風土の違いもあるものだから、ADである仲條正義さんが新しい場所での撮影に用心深くなるのは理由があることだと、今なら私も理解できる。

編集部にいて、長い準備と説得の期間を経て、ようやく自分が芯から実現したいと思う企画が実現できたのがこの特集「ニューヨークのニューな部分」だった。仲條さんの特集絵コンテが12ページ中10ページ分完成していて、撮影に必要なさまざまな物を日本で準備しておき、のこる2ページ分のアイデアは空白、という状況で、私たちはロケに出かけた。撮影をしてくれたのは、ニューヨークの大学から帰国したばかりの若木信吾さん。彼が日本でした、撮影の、ほぼ初仕事にあたるのがこのころの特集のロケだった。

ニューヨークに着いてから、撮影準備に奔走しているあいだに、リタ・アッカーマンの自宅の、チャイナタウンにあるロフトのアトリエに行って打ち合わせ、という機会があった。エレベーターを降りたらひとり、背の高い女性が立っていて一言二言、会話を交わした。その夜、仲條さんが「あとひとりは、ファッションの人がいいな」と言ったので、急いで、ニューヨークに着いてから買った雑誌を捲ったら、その特集のほかのページで出てもらう予定だったアレッジド・ギャラリーのキュレーターのアーロン・ローズが、彼のガールフレンドと一緒に紹介されていた。ファッションデザイナーだという。そういえばマイク・ミルズからも林文浩さんからも聞いていた、噂のデザイナーと名前が一緒だな。スーザン・チャンチオロ。

マイク・ミルズやエレン・フライスも信頼をよせていたギャラリスト、アーロン・ローズはアート業界とはまた別の世界をつくっていて、作家たちの信頼を集めていた。NYで訪ねた、アーロンのアトリエ。

「仲條さん、この人はどうですか?」。それでは、会いにいこうか、となって、アーロンに連絡先を聞いて、スーザンに電話をかけて、驚いた。アトリエがリタ・アッカーマンの住所と同じ。「昨日、そこに行きました」「そう。あなたたちと会ったわよね。私はリタとアパートをシェアしてるのよ」。そういえばあのビルで、エレベーターを降りたときに横にいた人が、スーザンだったんだ、と気がついた。
「アーロンから撮影の話は聞いているわよ。アーロンとか、マイクとかリタとか、素晴らしい人たちをたくさん取材しているのね。私のアトリエにも来てくれるなんて、光栄だわ」

こちらが取材したくても、時に気難しい人もいるものだから、この電話をするとき私は少しびくびくしていた。撮影まで時間もなかったから、すぐ決断しなければいけなかった。けれども、こんなに好意的な反応をもらったことで、かなりホッとして電話を切った。これが、その後25年経っても交流が続いていて、先日もメールをやりとりしたばかりのアーティストとの出会いだった。

最近ソウルメイトとか引き寄せという言葉をよく聞くようになった。私はそれほどその分野に明るくはないけれど、自分が心の底からしたいと思うことをしてみると、会いたい人に会える。そういうことなのかな、と思っている。

入社9年目にして初めて実現できた自分の企画を実践してみたら、その後長いあいだつながる友達に会えた。このことを今になって振り返ると、人と人の出会いにはやはり、なにかの法則があるような気がしてくる。人と出会うには、まずは、素の自分の想いと出会うための努力を、日々積み重ねる必要があるようだ。

（右ページ）『花椿』95年4月号。さまざまな出会いのもとになった97年2月号のNY特集のきっかけは、キム・ゴードンが94年に始めたX-girlにあった。媒体編集者として、自分の好奇心をコラム記事に反映していたころでもあり、キムの取材は編集者の後藤繁雄さんに、対談のページでお願いした。この記事に限らず『花椿』では、見出しやリードは、媒体が人や現象を取り上げた姿勢を示すためにも、編集者が書いていた。フリーになってライターとして各媒体に関わるようになると、ライターがリードも書くことが多いことを知った。一冊のもつページ数の違いからくる、つくり方の違いだろう。当時の私はこのキム・ゴードンの取材で、はじめて「エンパワーメント」という言葉を聞いた。

萬有對談

キム・ゴードン
後藤繁雄

キム・ゴードン　1953年生まれ。UCLAの学長を父にもち、LAのカル・アーツでアートを学ぶ。'70年代にNYへ渡り、アート誌に寄稿などしているうちに'81年「ソニック・ユース」を結成、以後音楽活動を続ける。

ごとう・しげお　1954年大阪府生まれ。編集と広告、両方のディレクターとして活躍。「独特編集」をモットーに写真集など数多く出版物を手掛ける。著書に『1990年のウエイスティッドランド』『東京広告写真』他。

あなたはアメリカのオルタナティブ・シーンで影響力のあるバンド「ソニック・ユース」のベートとして知られていますが、実は非常に幅広いクーションを行っています。音楽のほかにもフィルーキングをやったり、アートコラムを書いたり、ジュアルのディレクションなども積極的に行ってしたね。

そうね、ポップカルチャーを一つの表現形態とるというウォーホルの姿勢とか、'70年代ポップ・トにはかなり影響されたわね。昨年、私は「X-RL」っていうストリートウエアのラインを友人イジーと始めたんだけど、音楽より洋服づくりのその影響は現れてると思うわ。

「X-GIRL」は、Tシャツとかミニスカーどシンプルな構成で、女の子たちが朝起きた時にこれを着ればだいじょうぶ"って気持ちになれる服いています。コーディネートや体型とかに悩まなも着れるっていうのがコンセプトなんですね。

去年は新譜も出したし、娘のココが生まれるっう初の出産があったり、とにかく大事件ばかりのった。でも、洋服のビジネスは本当に大変よ。ニヨークでデザインしたものをロサンゼルスで縫製るので、やりとりとかやることがいっぱい!! 他にえることがあるから救われてるようなものね。

藤　インタビューも受けたりね(笑)。

ム　そうそう、服の話よね。とにかく小さなTシャ、値段の高い服しかない状況にはうんざりしてる。ージしてるものが見つからなかったり、なんかどっか違ってたりするわけじゃない。だから、とにかく私たちの基本は、私たちが欲しいな、着たいなって思うリアルライフの服ってことなのね。

後藤　「X-GIRL」っていうブランド名にもシンボライズされてますが、あなたは一貫して"ガール"ってことを大きなモチーフにしてきたでしょう? 女の子たちに「あるがままでいればいいのよ」「大人になったって少女のままでいることだってできるのよ」ってメッセージしてきましたよね。

キム　「ガール」って言葉は象徴的で、とっても重要だと思うわ。女性にとって「思春期」っていうのは自信にあふれてて、何かが起こる時期なの。分かるでしょ。つまり「目覚める時」なのよ。私も今その時期をふりかえると、本当に楽しかったわ。女性っていうものは、否応なく年のことを考えざるをえないわよね、実際に時間は過ぎ去っていくわけだから。でも、例えば40歳を超えていたって少女の頃の自分を保てると思うのよ。それは、何も「小さな女の子みたいになりなさい」って言ってるんじゃない。「年齢のことを考えない」って難しいことかもしれないけど、少なくとも私は考えたりしないわ。実際、自分が"41歳の女"だなんて考えたこともないもの。たまに年齢のことを言われてビックリって感じよ(笑)。

後藤　あなたは前に「バッドガールやバッドボーイみたいな反抗的な態度はたしかにロックっぽいけど、もっと自分をさらけ出して、傷つきやすい自分を出して行く方がエキサイティングだ」って言ってたでしょう。年齢をかさねていくと、いろんなことを体験したり、知ったりして"重く"なってしまうけど、自分に正直になってさらけ出していけばいいのかもしれない。

キム　「ガール」の頃って意識過剰で、世の中で言う「セクシー」なんてものより過激だし、そっちの方がもっともっと女性らしいと思うの。その感じを思い出すことが大切よ。

後藤　自分のまま生きてけばいいんだしね。

キム　この「X-GIRL」がうんと話題になって、みんなが"少女時代"を思い起こしてくれるといいわね。「ああ、あの頃はよかった」なんて悲嘆にくれるんじゃなくって、少女の頃のあのワクワクするような自由な気持ちを思い起こしてほしいな。今の自分に「頑張れ」っていう刺激を感じてほしいの。

後藤　ちょっと話がそれるけれど、あなたの「少女時代」の原形について話してほしいんですけど。例えば影響をうけた人とか作品とかは?

キム　そうね、15、16歳の頃って嫌だった。学校は嫌だったし、何かをするには若すぎたのね。兄がジャズのレコードを聴いてたからビリー・ホリディとか。ハイスクールの頃にはオーネット・コールマンにジャニス・ジョプリン。ゴダールの映画にはすごく影響を受けたわ。……他に誰がいるかな。いつもこの質問をされると思い出せなくて、後で思い出すのよ(笑)。そうそう、マリアンヌ・フェイスフルのレコード・ジャケットを眺めながら「彼女って何ってクールなんだろう」って思ってたわね。今は時代が変わって若い女の子たちは何でもできるわ、アートやオルタナティブ・ミュージックの世界で。私たちが少女の頃はそんな

エンパワーメント、つまり「強くなること」っていうのが'90年代のキーワードだと思うのよ。

あなたは「反抗的な態度はロックっぽいけど、自分をさらけ出す方がエキサイティング」って言ってましたね。

世界」はまだ、存在してなかった。

藤　僕はあなたとほぼ同じ歳で、同じものを聴いた見たりして生きてきたんです。でも同世代の友人たを見てると、何か「昔はよかった」みたいに好奇心ストップしちゃったり、やたら大人ぶってえらくなたみたいに「人生論」をしゃべったりするやつが出きたり、「ああ、嫌だな」って思ったりするんです。なたが自分に素直に生き続けてきて、ソニック・ユスを成功させ、若者を元気づけ、そして41歳で娘をむ。その態度が女の子だけでなく人々を元気づけてと思うんですよ。

ム　リアルライフのことを考えてればいいのよ。例ば"セクシー"ってことを考えたとするわ。世の中は、じゃじゃ馬娘だって、バルドーみたいなセクシだってあるわ。でも、セクシーっていうのは結局パワー」の問題だと思う。何かを始める、コントロルする、そういうパワーだと思うの。だから、世の性が言うセクシーっていうのも、社会がつくった服たいなもの、パブリック・イメージにすぎない。

藤　だから、つまりは自分自身や社会についてのパリック・イメージをどう破り続けられるかってこと大切ってことですよね。

ム　そうね。だから、私はエンパワーメント、つま「強くなること」っていうのが'90年代のキーワードと思う。みんなこの言葉をよく使ってるわ。エンパーメントがホットなのよ。力をつけて強くなりましう(笑)。

藤　アメリカの西海岸で出ている『リサーチ・マガジン』が二年ほど前「アングリー・ウーマン」と題して特集を組んだり、女性パンク作家のキャシー・アッカーが注目されたり、ジェンダー(社会的な性)の意識のもり上がりの中でフェミニズムの動きが再び活発になっていますが、あなたはどう思いますか?

キム　'70年代のフェミニズムは、作家たちによって乱用された形で静まってしまった。結局、現在も同じ展開になっている気もするわね。でも、以前と違うのは若い子たちがお互いに教育しあったり興味をもっていることね。良い悪いかは別にして、マドンナ以前は「女の音楽」なんてどうでもいいと思われてた。"セクシー"かどうかってことばかりが話題にされるだけだった。男のミュージシャンはそんな扱いは受けないんだから、不公平な話よね。「マドンナ現象」はとても興味深いわ。マドンナは、'80年代の大きな影響力の核になった。ちょうど'60年代のボブ・ディランに匹敵するようなね。私は、フェミニズム云々ってことより、音楽が一番面白いと思う。なぜって、ステージの上で何が飛び出すかわからないでしょう。ふつう女の子が「ファック・ユー」って叫ぶとすぐ非難されるけど、ステージなら何を言ってもいいんだから。

後藤　あなたは、コートニー・ラブがリーダーをつとめるバンド、「ホール」や、「ブリーダーズ」のプロデュースを手がけたり、それから「ボアダムス」のメンバーであるヨシミといっしょに「フリー・キトゥン」というプロジェクトをやったりしていますが、かつてパンクを経験してきた世代と若い世代に違いを感じますか?

キム　特に違いがあるとは思わないわね。ヨシミのことについてちょっとしゃべると、彼女は私が知ってる女の子の中でも数少ない"仲間"って思える人よ。"キュート"、だけど"プリティ"ってわけじゃない。いわゆる「かわいこちゃん」っていうタイプじゃないけど繊細な感受性とか、すごく自分に近いものを感じる。「私は『セブンティーン』でにっこり笑ってるタイプの女の子じゃないのよ」ってことを自覚してる子は今どんどんふえてると思うわ。

後藤　あなたを見てると「オルタナティブ」って言葉が単に音楽のジャンルを指すだけではなくて、生き方の態度みたいに感じられます。オーバーに言うと'90年代を生きていく態度っていうか。

キム　以前、私は、音楽のことを何も知らない人に「どんな音楽やってるの」って質問された時に、「ポストパンクよ」って答えてた。「オルタナティブ」って言っても漠然としていて何のことだかよくわからないみたいでしょ。でも音楽に関していうなら「オルタナティブ」っていうのはあなたが言うように、「他に依存しない自分たちの独自のもの」ってこと。MTVとかが「オルタナティブ」っていう言葉をよく使うけど、ジャンル分けなんかじゃない。

後藤　「オルタナティブ」って言葉が現れる前からもう人間そのものがオルタナティブなんだもんね(笑)。

キム　ねえ、ところでなにかの本で読んだんだけど、日本じゃ親が何を着たらいいかわからない時、子供の方が選んであげるって本当なの? それって、とってもクールだわ。

スーザン・チャンチオロのオフィスがあったNY、チャイナタウンのCanal Street。

萬里旅
259 CANAL ST. RM. 201. NYC
261 CANAL
WATCHES ELECTRONICS
CASIO
SEIKO
WATCHES
MERCHAND

FROM : TEL NO. : 0997142865 1996.10.29 11:45 P. 1

DEAR NAKAKO

NICE SE
IN TOKY
SEE YOU
JANUARY.
NEW YOR

mik

パルコの展覧会のために来日した後、マイクから私あてに届いたFaxメッセージ。

スーザン・チャンチオロとの出会いの号になった『花椿』1997年2月号の特集「ニューヨークのニューな部分」は12ページのなかに8人のアーティストを紹介する特集だった。その特集で私が書いた原稿の一部を紹介しよう。

リタ・アッカーマン（アーティスト）

66年ブダペスト生まれ、92年NYへ移住。94年、アンドレア・ローゼン・ギャラリーで初個展。セクシーな少女たちが羊や拳銃、注射器に囲まれているという、現代と古典を不思議にミックスした物語的絵画で一躍、ヒップなアーティストに。しかし現在は、全く新しい作風に向かう。チャイナタウンのロフトにドラムセットと猫と住む美声の持ち主。「上手にバランスをとって、いつも自分をフレキシブルにしていること。そうすれば、誰でもストロングになれるわ」

マイク・ミルズ（デザイナー）

66年サンタバーバラ生まれ。ディー・ライト、ソニック・ユースなどオルタナティブ系人気バンドのジャケット・デザイン、X-girlのロゴなどで知られるが、最近熱中しているのはバンド活動（BUTTER 08）と映像制作、スノーボード。NYとLAの往復を中心に、10日おきに飛行機に乗る慌ただしい日々。いつもFAXの調子が悪い。「NYは通過地点。でも10年住んじゃったら、トロピカーナ・オレンジジュースのないほかの街には住めなくなるかも」

アーロン・ローズ（キュレーター）

69年生まれ、西海岸育ち。18歳でNYへ。グラフィテイやスケートボード・ペインティングを扱う「アレッジド・ギャラリー」を主宰する。95年に行ったグループ展ではフィル・フロストやマーク・ゴンザレス、エド・テンプルトン、ラリー・クラーク、リタ・アッカーマン、マイク・ミルズ他によるスケートボード150点を展示。子供のころのあだ名「フラッシュ」（落ち着かない子）が今も、背中にタトゥで刻まれている。「ここで楽しくやるこつは、人のいいところだけ見ることさ」

アレッジド・ギャラリーを率いるインディペンデント・ギャラリストのアーロン・ローズと、権威主義を嫌うマイク・ミルズは、90年代からの親友だった。奇しくも2000年ごろに来日時期が一致したとき、東京の居酒屋でのふたり。

ほかにはグラフィティ・アーティストのフィル・フロスト、イラストレーターのマイケル・エコノミー、ビデオアーティストのアレックス・バッグ、ドラッグクィーンでアーティストのタブー！、そしてスーザン・チャンチオロが登場している。

この特集の撮影では、彼らの作品を取り入れながら（服の場合は着てもらうなどして）ニューヨークらしい状況をセットアップして、アングルを決めて撮影する。外国人フォトグラファーによる特別な撮影を除いて、通常、アートディレクターの仲條正義さんが描いたラフの絵コンテ通りの状況を再現して撮影するのが当時の『花椿』の流儀だった。

このなかで一番大規模だったのはマイケル・エコノミーの撮影だった。彼が描いた女の子の顔の絵がプリントされたアナ・スイの黒いTシャツを着ているマイケルがニューヨーク名物であるイエローキャブにひかれて路上に倒れているという設定。そのタクシーにはもう一台、反対方向から来たタクシーがもぶつかっている。2台のタクシードライバーたちは、事故に反応して大げさな身振りで静止している。この2台のタクシーの天井には、2台の屋根を覆うくらいにたっぷり拡大されたTシャツと同じマイケルのドローイングが覆いかぶさっている。この事故の状況を、上から見る目線で写真が撮られている。

90年代のアートシーンではジェフ・ウォールの、映画のスチールのようにセットアップして撮影された写真作品が注目され、評判をよんでいた。仲條さんは特集の打ち合わせをするとき、彼の作品集をよく見ていた。この特集以外にも、90年代の『花椿』の特集ではジェフ・ウォールの作品をインスピレーションにした特集がいくつかあった。

広告の制作場面でアート作品が引用されることに関してはいつの時代も、批判のまなざしが注がれる。それは直接的すぎる引用であったり、模倣にすぎない場合があるからで、仲條さんの場合、アートの引用はあくまでも創作のインスピレーションであって、誌面で表現したいことをどう読者に伝えるかの方法だった。

当時、編集長だった小俣さんは『花椿』の使命を「ヴィジュアル・エンターテイメント」と定義していた。もしかしたら毎月、会社の人たちにしてみればなぜこの特集を？　と首をひねるようなテーマが、『花椿』では組まれていたかもしれない。それは長年このメディアを、ある制約のなかでも最大限の媒体効果に高めて発揮しようと積み上げてきた経験と知識、そして不断の努力から送り出された企画の数々だったのだが。

ともかく限られたページ数と制作予算のなかで良いものをつくろう、届けようとする媒体の姿勢を集約していたのが、アートディレクターである仲條正義さんの選択眼でありディレクションであった。ときにびっくりするような発想も出てきて、現場で制作に関わっている私も、仲條さんの意図をはかりかねることもあった。

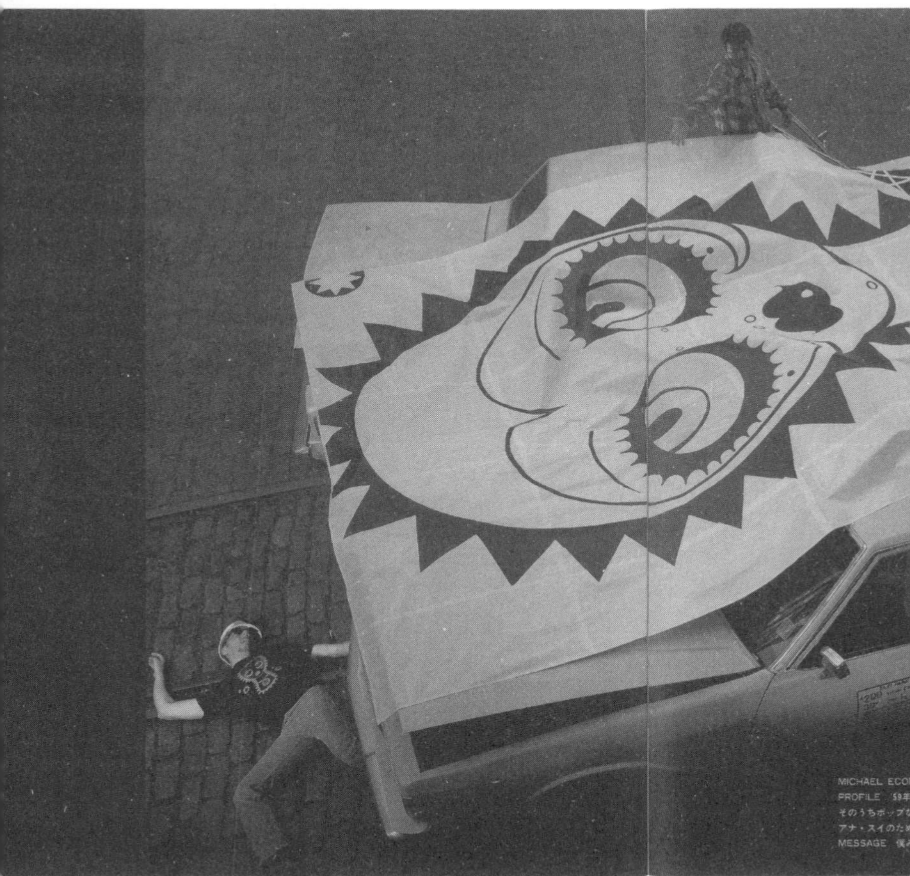

MICHAEL ECO
PROFILE '59年
そのうちポップな
アナ・スイのた
MESSAGE 僕

『花椿』（97年2月号）

このイエローキャブの衝突場面の撮影は、街中で一定時間車の通行を止める許可を警察にもらうという映画の撮影のような現場だった。『花椿』で私が体験した撮影のなかでも、かなり大規模なセッティングをした例のひとつであり、その現場で高く組まれた骨組みの上で写真機を構えているのが、当時まだ20代の若木信吾さんだったこともとても印象的だった。

この撮影の実現のために私は日本で、マイケルが描いたイラストを拡大した紙を用意しておいた。機械で印刷できる限りのサイズに引き延ばしてもそんなに大きな面積は覆えないので、縦5枚×横5枚、合計25枚にひとつの絵を分割して拡大印刷した用紙を張り合わせて、その巨大な絵を作ったのだった。今となっては記憶もあやしいが、おそらくそのたくさんの紙を張り合わせる作業は、ニューヨークに着いてから現地でしたはずだ。

NYC TAXI
(イラストレーター)
は雑誌 ペイパー などでスタイリストとして活躍するが、
ルを確立、人気のファッションイラストレーターに
有名、スウィートな膝の双子座
いることが、この島で生きてく秘訣なんだ

マイク・ミルズの撮影にも工夫があった。今は映画監督としても知られる彼だが、当時の職業だったグラフィックデザイナーという仕事は、ヴィジュアルで紹介するのが難しい。そこで仲條さんは、仮のTシャツ工場というシチュエーションを設定した。マイクにTシャツの絵柄をデザインしてもらい、それを数百枚撮影のために刷っておいてアメリカに送り、それらをダンボールでつくった工場めいた場所に並べ、撮影に来たマイク・ミルズにそこに立ってもらう、というものだ。これもマイク本人の意思というよりは、雑誌が用意した撮影のために

必要なシーンに入ってもらうお願いをした、という流れだった。

マイクの背後に、若木さんの友達で撮影に顔を出してくれていたマイク・ミンに登場をお願いすることになったのも、現場での仲條さんの指示だった。すでに私とは個人的に友人関係があったマイク・ミルズはその場面設定から、ジェフ・ウォールの有名な作品である、路上で通りすがりの白人男性がアジア人男性にむけた人種差別の手ぶりを引用した作品「Mimic」を連想させかねない役割を自分が演じることに気乗りがしない様子を見せていた。仲條さんの、すなわち媒体の意図とはいえ、そこで彼に与えた役柄に、「僕がこの役をやるの？」と彼としては不満な気持ちがあることを私はすでに聞いてしまっていたのだ。彼の性格や考え方を尊重していただけに、役割上その役を彼にお願いすることになった私も、とても複雑な心境になり、辛い体験だった。

マイク・ミルズが納得しきれなかった設定の撮影現場に、複雑な心境で立つ私。

撮影のために状況をつくる、その状況がかなり大掛かりなものばかりだったので、とにかくこの現場は大忙しだった。私の役割は、みんなのお弁当の手配などもあったけれど、編集者的な任務といえば、先に引用した写真につけるキャプションのような記事を書くことだった。撮影の日に来てくれた彼らに、用意しておいた用紙にコメントを書き込んでもらう、あるいは聞きながら私がメモしていく。それは、本誌のなかにあるインタビューや対談のような、大きなページをさく読み物ではなく、その大掛かりな撮影に添える一情報としての取材だった。

毎日大規模な撮影が続いたなかで、最後に待っていたスーザン・チャンチオロの撮影では、とあるオフィスの屋上にあるロフトを撮影に使うことにしていていた。ロフトにはハンモックを吊るし、そこにスーザンに座ってもらう。ハンモックの奥には摩天楼が見通せるが、そこにはなぜかUFOと思われる物体を吊るしておく、というのが仲條さんの指示だった。そして、ハンモックに座るスーザンの脇にはウォール街を歩いていそうな帽子をかぶったスーツ姿の黒人5名に立っていてもらう。なぜ、スーザンやマイクにこうした設定が必要なのか？　撮影の前から、あるいはあとから彼らと友達関係ができた私は、仕事をしているなかでそう思う瞬間がたくさんあった。

このとき撮ったスーザンの写真に添えるためのキャプション的な原稿は、このようにまとめた。

スーザン・チャンチオロ（ファッションデザイナー）

69年ニューイングランド生まれ。中学・高校は陸上選手、

美大では絵画と彫刻を専攻。95年秋、ファースト・コレクションをソーホーの路上で行う。水着やランニング・クローズからのインスピレーションをいかした「抽象的、構造的で脱構築的」な服は手作り。バッテリー・パークでのジョギングを欠かさない。「自分のなかから沸いてくるものを、形にする手段はひとつじゃないはず。自分に正直に、リラックスしながら前に進むの」

この原稿を書くためのやりとりを、撮影前の打ち合わせのときに、アトリエで聞かせてもらっていた。一生懸命聞き留めた言葉だったけれど、当時の自分が彼女の言葉を理解できたかどうかは、この段階では、まったく自信がなかった。「インタビューはするものの、相手がまったく自分が理解できないことを話している気がする体験」というものをその後、私はたびたび、積み重ねるようになっていくのだが、そのたぶん最初の体験が、このときのスーザンだったのではないかと思っている。

私はこういった雑誌におけるキャプションのような情報を、すみずみまでくまなく読むタイプの人間だった。雑誌や印刷物における小さな活字ほど読むのに価値があると思っているところがある。マイク・ミルズに興味をもったのも、なんとなくひかれるCDジャケットをよく見て、端のほうにそのデザイナーとしてのクレジットにMike Millsといういつも同じ名前があるな、という気づきから始まっていた。ソニック・ユースなどのジャケットで見ていた名前が、X-girlのロゴやTシャツをデザインしていると雑誌の記事で読んで重なって、『花椿』でも一度記事にしたいからニューヨーク在住のライターであるヴィンセント・カッツに、この人の記事をつくりたいんだけど……と相談する。そうするとヴィンセントが私の気づきに、彼がニューヨークにいて手に入る情報を接続してくれ、記事のアイデアにふくらませてくれる。そんな日々のやりとりが、いつもの編集業務のなかにあった。

キム・ゴードンやソフィア・コッポラという、雑誌に頻繁に登場している人たちのコメントにはいつも新しいアイデアのヒントが隠されていたから、そういう人たちの記事を見つけるとやはり、すみずみまで読んだ。そうすると、その人がそのとき一番の興味がある人物は誰かなどの情報をしっかり見つけることができた。そういう情報を自分なりにつなげて想像のなかで人物関係図をつくっていて、マイク・ミルズとソフィア・コッポラとキム・ゴードンが互いに友人関係にあり、またマイク・ミルズがとても価値をおいている友人がアーロン・ローズであることなどもわかってきていた。

私はもともとひとりの人の興味関心のあり方というのにもとても興味があった。

一見バラバラのジャンルにいる人たち、ミュージシャンとアーティストと小説家などであっても、その人の興味ある人物として見てみると、彼らの共通項がすけてみえたりもする。みんなが普段から目にしている雑誌やCDを情報源にすれば、気になる人の最新の、時にはパーソナルな情報までしっかり把握できるし、それを見つけるのは自分だけの宝探しのような気がして、雑誌を読むことが大好きだった。記事本文も読んでいたけれど、インタビュアーがその人に聞いて直接記した情報がそのまま出てくるような、キャプション的な小さな文字の情報のほうに、私にとっては大事なメッセージがあることが多かった。

だから、自分が書くキャプションのような短い原稿も、スーザンという人物を知る上でヒントがたくさん隠れたものにしたい、と思って書いていたと思う。もともと長く書けるような場所ではないから、書き手の印象や情感をこめるような余地はない。それでも、取材させてもらった人から出てきた貴重な情報を、私の主観でまげることなく、なるべくその人の口から出た言葉そのままに、ピンで留めるようなものにしておきたい。そう思っていた。また、スーザンからもらったプレス資料に書かれている言葉もすべて読んで、参考にした。

それにしても、「美大では絵画と彫刻を専攻」？　「水着やランニング·クローズからのインスピレーション」？　「抽象的、構造的で脱構築的」？　それらの言葉の意味は、出会って20年以上がすぎる今となってはとてもよく理解できるものだが、ふつうに新進ファッションデザイナーを取材したときに出てくる言葉とはずいぶん、違っていた。その違いに出会ったときに、そこから自分が理解できる情報だけをピックアップして発信してしまうこともできないことはない。けれども、「キャプション情報は宝の地図」だと思っている私は、なるべくヒントになるような言葉は端的に記しておきたいと思っていた。ただ、そのとき私が彼女の言葉からうかべた感情は、この短い原稿からはみえてこないはずだ。

12 人への興味から企画が生まれる

1996年から2001年までスーザンが展開したRUN コレクションを夢中になって取材した私は、スーザンのインタビューを何度もさせてもらったけれど、毎回取材のあとにのこるものは大きな「？」なのだった。前回の「？」を胸に抱きながら、また次の取材に足を伸ばす。その活動を続けてきて、2001 年にスーザンがRUN コレクションをいったん停止する決断をしたとき、私も資生堂を離れて自分で『here and there』という個人的な出版物を立ち上げようとしていた。その創刊号には、それまで取材してきたスーザンの、「？」に導かれるようにして重ねた取材をつなげて、まとめて記すインタビュー原稿をつくってのせた。

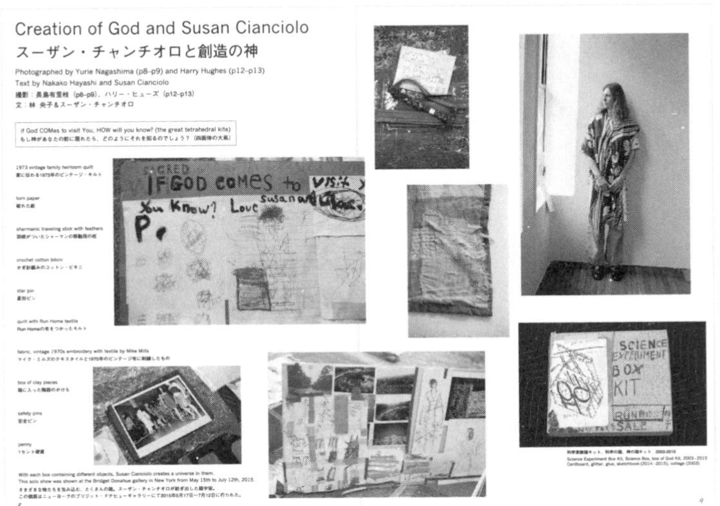
Creation of God and Susan Cianciolo
スーザン・チャンチオロと創造の神
Photographed by Yurie Nagashima (p8–p9) and Harry Hughes (p12–p13)
Text by Nakako Hayashi and Susan Cianciolo
撮影：長島有里枝（p8–p9）、ハリー・ヒューズ（p12–p13）
文：林 央子＆スーザン・チャンチオロ

if God COMes to visit You, HOW will you know? (the great tetrahedral kite)
もし神があなたの前に現れたら、どのようにそれを知るのでしょう？（四面体の大凧）

1973 vintage family heirloom quilt
家に伝わる1973年のビンテージ・キルト

torn paper
破れた紙

sharmanic traveling stick with feathers
羽根がついたシャーマンの移動用の杖

crochet cotton bikini
かぎ針編みのコットン・ビキニ

star pin
星形ピン

quilt with Run Home textile
Run Homeの布をつかったキルト

fabric, vintage 1970s embroidery with textile by Mike Mills
マイク・ミルズのテキスタイルと1970年のビンテージ布に刺繍したもの

box of clay pieces
箱に入った陶器のかけら

safety pins
安全ピン

penny
1セント硬貨

With each box containing different objects, Susan Cianciolo creates a universe in them.
This solo show was shown at the Bridget Donahue gallery in New York from May 15th to July 12th, 2015.
さまざまな物たちを包み込む、たくさんの箱。スーザン・チャンチオロが紡ぎ出した箱宇宙。
この個展はニューヨークのブリジット・ドナヒューギャラリーにて2015年5月17日〜7月12日に行われた。

Science Experiment Box Kit, Science Box, box of God Kit, 2003–2015
Cardboard, glitter, glue, sketchbook (2014–2015), collage (2003)

8 9

『here and there』(15年 vol.12)。「拡張するファッション」展(14年)のために来日した翌年、NY のギャラリーに所属が決まったスーザン。現代アートに軸足を移して初めての展覧会を紹介した記事。

here and there

『here and there』（02年 創刊号）。96年の出会いからRUNコレクション休止までの5年間にわたるスーザンとの対話を掲載。

スーザン・チャンチオロとの対話

(September 1996 〜 January 2001)

取材に訪れる前日に、質問を考えながら書いたメモ

〈ファースト・コレクション、1996年春夏。ソーホーのアンドレア・ローゼン・ギャラリーで／ニューイングランド生まれ／兄弟はいない／8歳のころから、枕カバーを切って、腕と袖をつくり、ドレスに仕立てていた／11歳のころからバービー人形のドレスをつくる／パーソンズで美術史とファッションを専攻。ペインティングもする／ハンドメイド／過去に、バーナデット・コーポレーションとのコラボレーション／RUN：逃げること／「ファッションデザイナー」とは？／何でもある時代。いろいろなジャンルから、なぜファッションを選んだのか／ここニューヨークで、毎日見ているものは？／時代の動きとの関連／フレキシブルvs ストロング／ヨーロッパ／自分の美を見つける／ファッション・ワールドと自分を保こと／インディヴィジュアル／信念／運動は好き？〉

彼女のアトリエは、チャイナタウンのビルの隙間、中国人のおじいさんが居眠りしている細い通路を、身体の向きを変えながらやっと通り過ぎて、ガタガタいいながらすすむ古い鉄製のエレベーター（ときどき扉が開いて見えるのは、今世紀とは思えない縫製工場の一場面。ジェフ・ウォールの作品で有名な、あのアジアの工場シーンが浮かぶが、この目で見た現実の迫力には負ける）が、やっともちあげた「6N」のフロアにあった。スーザンはアーティストのリタ・アッカーマンとこのフロアをシェアしている。

中国人の働く縫製工場が多く入居していたスーザンのアトリエのビルには90年代後半、何度となく通った。

1996年9月　ニューヨーク

「一回目のショーは、路上のファッションショー。二回目は屋外の駐車場を使ってショーをしました。空っぽの空間が美しいと思ったんです。車や飛行機など、スピードが早く動いているものに強くひかれます。私の服には、いろいろな要素が入っています。新しいものから古いものまで、すべて。デニムスカートのような既成の服を、自分でつくりかえることもします。シェイプをつくって、人の体の上にのせる、という行為が好きです」

「ずっとスポーツをしていました。中学・高校時代はランナーでした。スキーも、水泳も、エクササイズもします。ニューヨークでは毎朝、バッテリー・パークでジョギングをしています。自分をある限度までプッシュする、というスポーツの行為が好きなんです。また“人間の動き”という点において、スポーツも美とつながってくると思います。スポーツウエアのデザインにも美しいものがたくさんありますし、インスパイアされることもあります」

「彫刻、絵、ドローイング、そのすべてに均しく興味がありました。かつてはドローイングだけに絞ることも考えたのですが、いつの間にか、本能的にファッションを選んでいました。毎日必ず、ドローイングやコラージュをしています。そこから服へ、考えを発展させていきます。これはずっと続けている作業で、これからも続けていくと思います。グラフィックをとても愛しているのです」

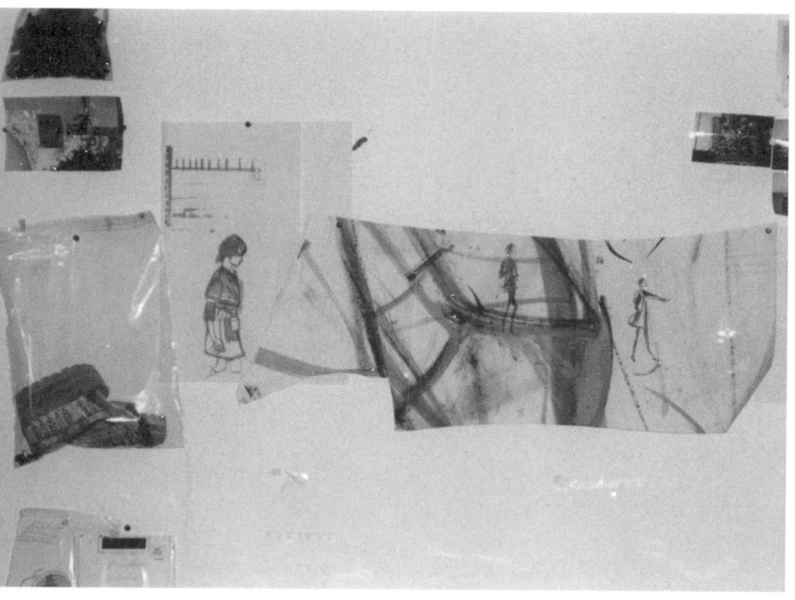

「でも、この秋に行う3回目のコレクション『RUN3』では動きのある表現をしたくなったので、ショーをせずに映画でプレゼンテーションすることにしました。いつも、自分の内側から出てくるものを正直に“表現”にします。それしか道はないと思っています」

「ニューヨークは恐ろしいほど、情報が集まってくる街。自分らしさを守りながら、自分の力を出していくためには、リラックスできる方法を学ぶことも重要です。そうでないと、自分が壊されてしまう。極端に強い意見をもっている人がたくさんいるので、この街でサバイバルしていると、どうしてもハードな感情を抱いてしまいがちです。だから、柔らかさややさしさは、自分で築くしかないのです。毎日毎日、リラックスして自分らしくいよう、といいきかせながら、前進していくのです」

「私が信じているのは、自分を表現するためには、たくさんのメディアをもつべきだということ。ひとつに限定しないで、つねにいろいろな方向に行ける状態に自分をもっていくこと。それは、今という時代のクリエイティビティーのありかたの鍵だと思います」

先に引用したキャプション的な原稿は『花椿』の誌面のために書いたもの。一方こちらは、その後何度も取材を重ねた彼女とのやりとりを、薄い一冊の本を書くような気持ちで、出会いの5年後に、取材ごとの印象ややりとりをまとめ、自分なりのスタイルで書き綴ったものの一部だ。当時、何度もニューヨークまで出張できたわけではないから、そのときたった一回のアトリエでの打ち合わせと、取材当日に聞いたことをミックスさせて後日、書いたものだ。スーザンの言葉は取材者である自分の言葉や質問で遮らず、そのままに引用符でまとめる。けれども取材にいく前に自分が考えていたことは、取材ノートにあった言葉の羅列をそのまま冒頭に抜き書きして、記した。

キャプションのような原稿も、これだけ長く記した原稿も、どういう媒体にどういう形で情報を発信して届けていくか、という書き手の意識によって書き分けられる。もちろん後者のほうが、その人物をよく知っているという経験知があるから、出会頭に発信できるキャプション的情報とは質も量もかわってくるのだが。

この特集は私にとって、そのころ一番つくりたい企画であり、そんなストーリーを『花椿』の特集にすることは、生まれて初めて実現できた快挙だった。『花椿』にとってもニューヨークでのロケは初めてのことで、現場では毎日、モデルの着替えや食事、実費精算などに気を配りつつ、スタッフのなかで最年少でもあった私は日々、文字通り走り回っていたのだった。

アトリエでの出会いから数日後、『花椿』特集のこのとき最後の撮影が、スーザンの場面だった。その日、スーザンはびっくりすることを私に言った。「取材のお礼に洋服をあなたにプレゼントをしたいけど、何がいいかしら？」

スーザンからのこの申し出は本当に驚きだった。いつもこのような申し出は、私にではなく、私の近くにいた、業界ではよく知られた存在の上司たちや仲條さんに、むけられていたからだ。なぜこの人は私に価値を置いてくれるのだろう？　という純粋な驚きで頭をいっぱいにしながら、アトリエで見た彼女のアヴァンギャルドな服を思い出し、一番自分が生活のなかで着れそうな服を思い出して「デニムスカートがほしい」と言った。日本に帰ってしばらくしたら、本当にその服が送られてきた。2度しか会っていないのに、サイズは私にぴったりだった。

2000年にスーザン特集でNYを訪れたとき、電話をかけている仕事中のスナップ。96年秋に取材ではじめて会ったスーザンのデニムスカートをはいている。いつも荷物が多い。

スーザン・チャンチオロのデニムスカートに施された、特徴的なステッチは、有機的なボディシェイプに布を添わせるため。機械では補えない人の手ならではの創造物。

その後20年以上にわたり交流が続くことになったスーザン・チャンチオロとの出会いはそれほど印象的で、私はいつまでも忘れないだろうと思う。そして印象的な出会いというものは、いつも自分がその相手を見つけにいくというよりは、相手が自分を見つけてくれるということもあるものだ、と思い知ったのである。

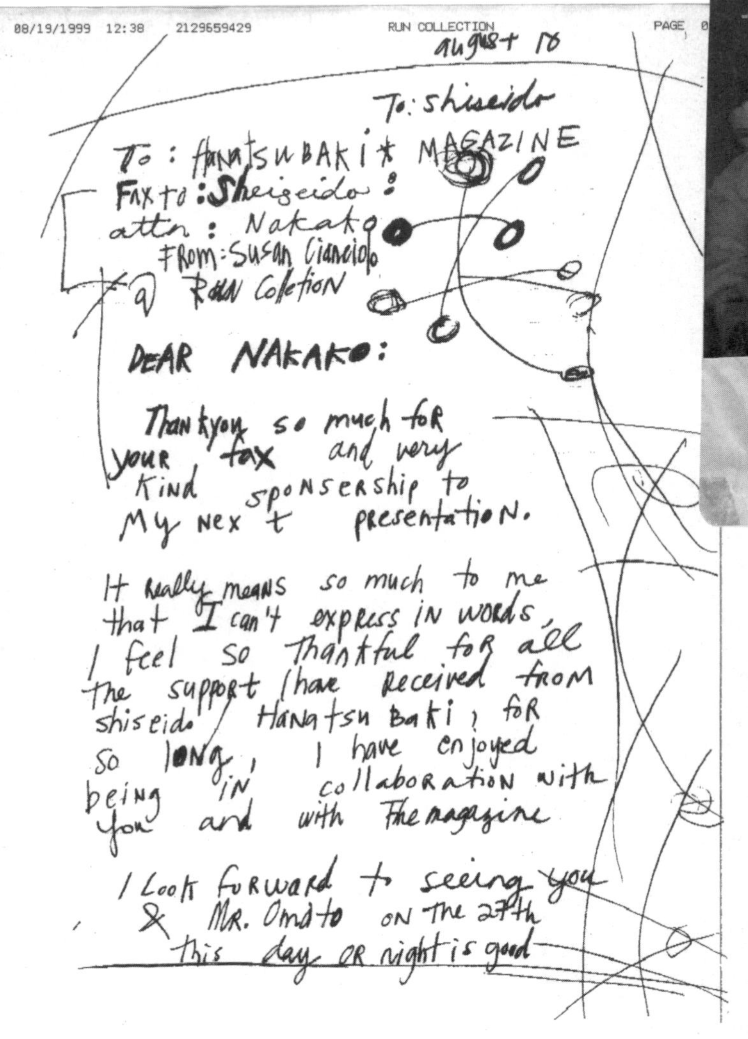

08/19/1999 12:38 2129659429 RUN COLLECTION PAGE

august 18

To: shiseido

To: Hanatsubaki MAGAZINE
Fax to: Sheiseido:
attn: Nakako
FROM: Susan Cianciolo
@ RUN Colletion

DEAR NAKAKO:

Thankyou so much for your fax and very Kind sponsership to My next presentation.

It really means so much to me that I can't express in words, I feel so Thankful for all the support I have Received from shiseido Hanatsu Baki, for so long, I have enjoyed being in collaboration with you and with the magazine

I Look forward to seeing you & Mr. Omato on The 27th this day or night is good

スーザンがファッションショーを行うとき、花椿編集室を経由して、資生堂からスポンサーシップを取り付けたことが何度かあった。そのお礼にスーザンから届いたFAX。

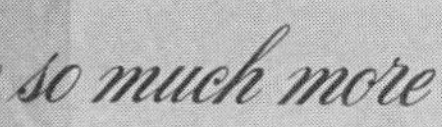

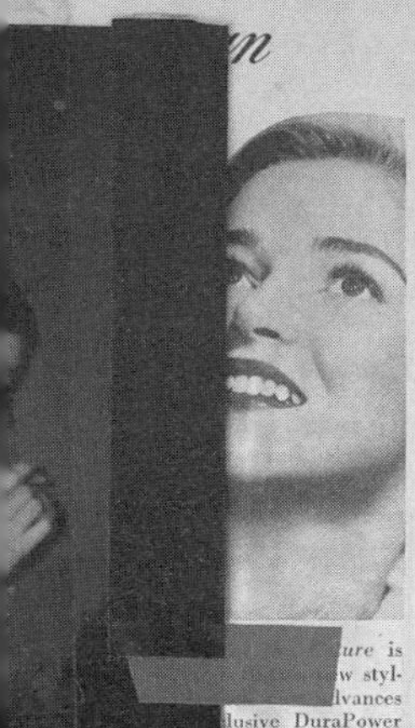

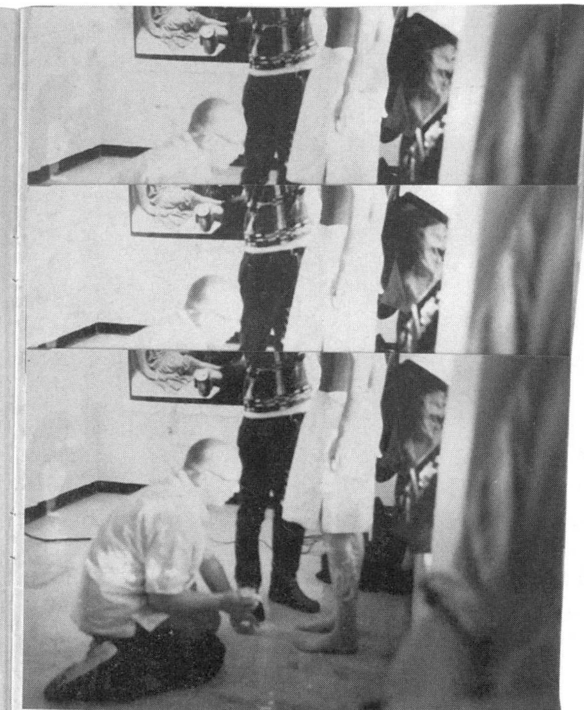

B. Franklin Bunn, '07
Marshal M. H. Dana, '32
Erdman Harris, '20
Walter E. Johnson, '15
Howard Menand, Jr., '36
William R. Stuhler, Jr., '23
7

取材するうちに、服と並んでスーザンが制作していたzineを集めるようになった。RUN2（96年）のころ、スーザンが制作していた手製のアートブック。

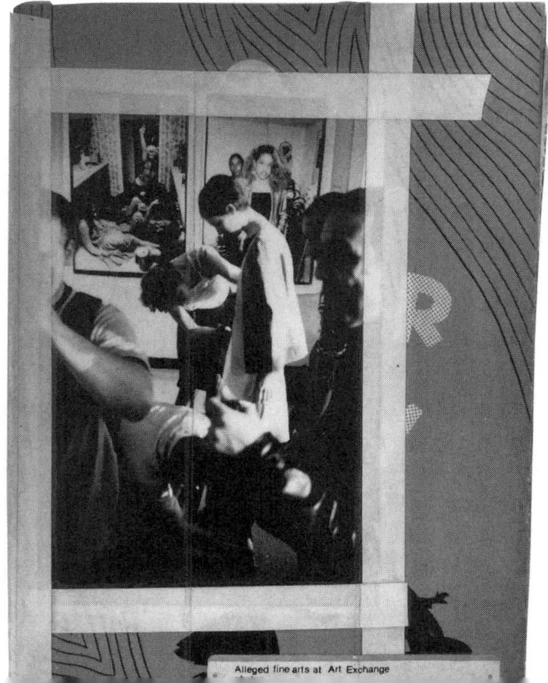

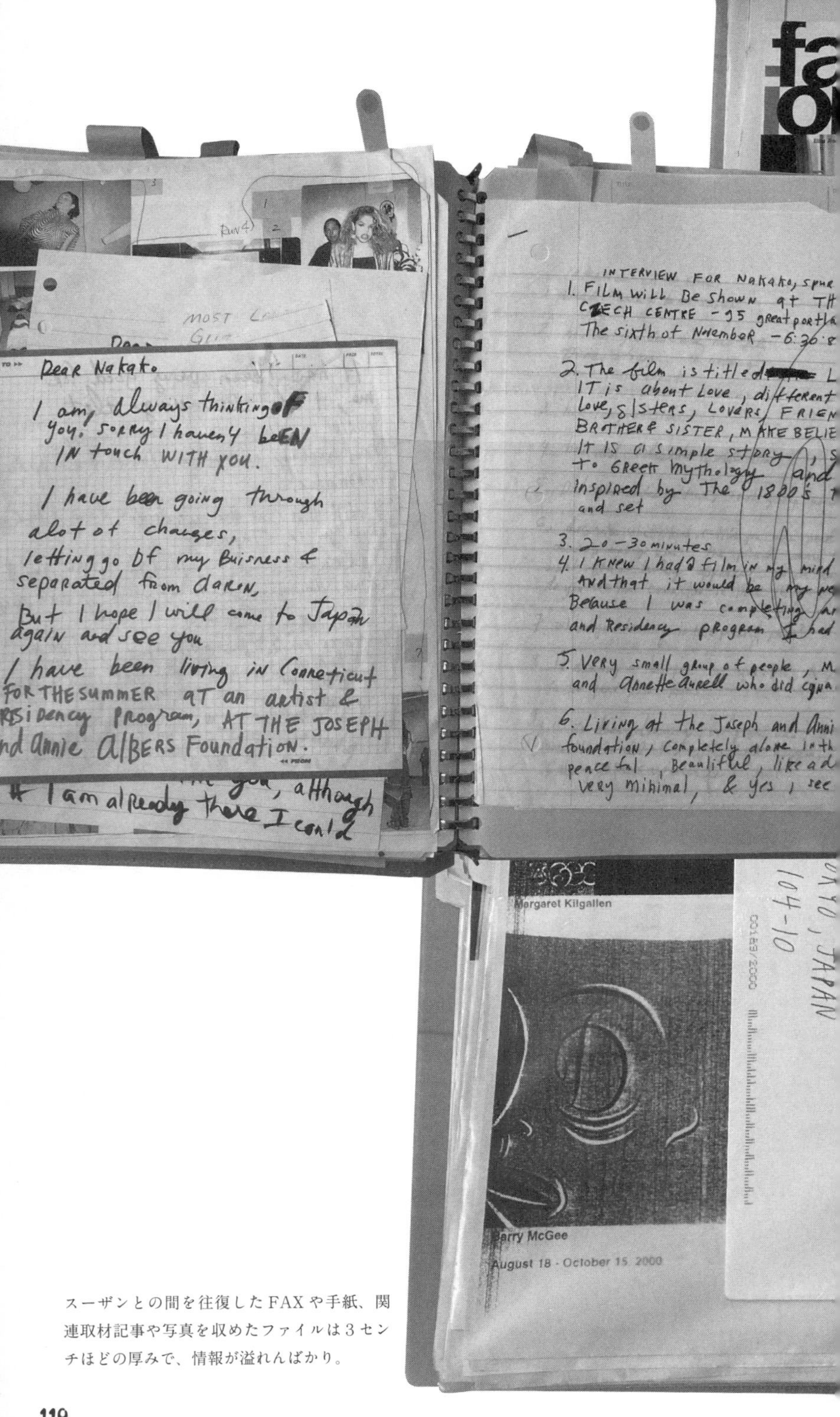

Dear Nakato
I am always thinking of you. sorry I haven't been in touch with you.
I have been going through alot of changes, letting go of my Buisness & separated from Daren,
But I hope I will come to Japan again and see you
I have been living in Connecticut for the summer at an artist & residency program, at the Joseph and Annie Albers Foundation.
I am already there I could
INTERVIEW FOR Nakako, spur
1. FILM WILL BE Shown at TH
CZECH CENTRE - 95 great portla
The sixth of November - 6:30
2. The film is titled
IT is about love, different
love, sisters, lovers, frien
brother & sister, make belie
It is a simple story
to Greek mythology and
inspired by the 1800's
and set
3. 20-30 minutes
4. I knew I had a film in my mind
And that it would be
Because I was completing
and Residency program I had
5. Very small group of people
and Annette Aurell who did
6. Living at the Joseph and Anni
foundation, completely alone in th
peaceful, Beautiful, like a
very minimal, & yes, see
Margaret Kilgallen
Barry McGee
August 18 - October 15, 2000
104-10
KYO, JAPAN

スーザンとの間を往復したFAXや手紙、関連取材記事や写真を収めたファイルは3センチほどの厚みで、情報が溢れんばかり。

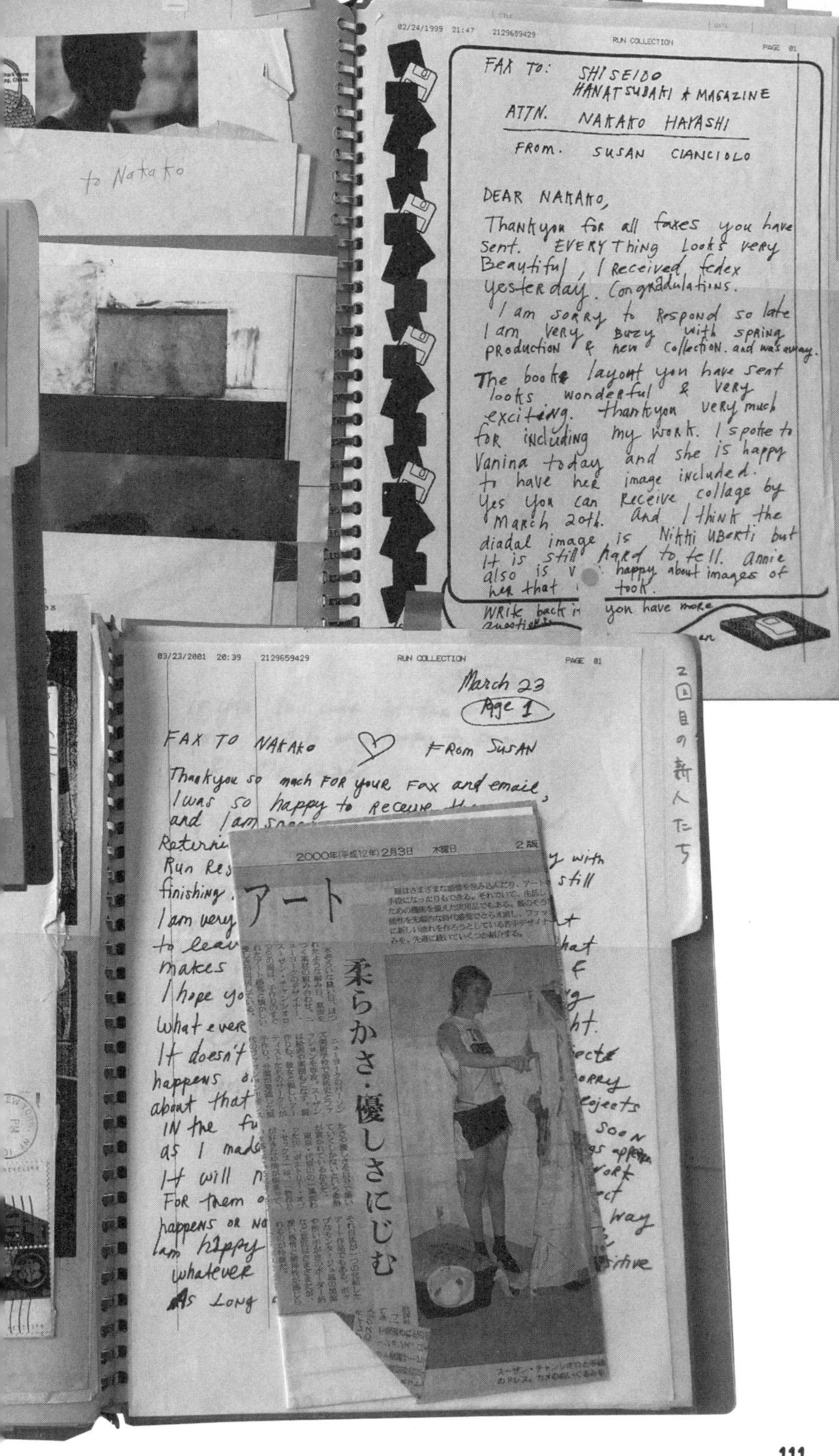
to Nakako
02/24/1999 21:47 2129659429 RUN COLLECTION PAGE 01
FAX TO: SHISEIDO HANATSUBAKI MAGAZINE
ATTN. NAKAKO HAYASHI
FROM. SUSAN CIANCIOLO
DEAR NAKAKO,
Thankyou for all faxes you have sent. EVERYThing Looks very Beautiful, I Received fedex yesterday. Congradulations.
I am SORRY to Respond so late I am very buzy with SPRING production & new collection. and was away.
The book layout you have sent looks wonderful & very exciting. thankyou very much for including my work. I spoke to Vanina today and she is happy to have her image included.
Yes you can Receive collage by March 20th. And I think the diadal image is Nikki UBERTi but it is still hard to tell. Annie also is v happy about images of her that took.
WRITE back i you have more
03/23/2001 20:39 2129659429 RUN COLLECTION PAGE 01
March 23
Page 1
FAX TO NAKAKO FROM SUSAN
Thankyou so much FOR your Fax and email,
I was so happy to Receive
and I am
Returni
Run Res
finishing
I am very
to leav
makes
I hope yo
whatever
It doesn't
happens
about that
IN the fu
as I made
It will
FOR them
happens OR NO
I am happy
whatever
As Long
2000年(平成12年)2月3日 木曜日 2版
アート
柔らかさ・優しさにじむ
2回目の新人たち

2002年春。私は資生堂を退職し、スーザンはRUNコレクションをクローズした後、ふたりで京都を旅した。そのとき見た光景は今も創作のインスピレーション、とスーザンは語る。

13 『拡張するファッション』の刊行、展覧会のキュレーション、そして、美術史を学ぶ——ロンドン留学ノート

4月、5月、そして6月に入ってまでも、コートが手放せない天候が続いた2021年のロンドンも、ようやく2週目ごろから日中の気温が上がり、晴れた日には公園でも水着姿で日光浴にいそしむ人々が目立つようになった。

私は19年10月末から、息子とロンドンに引っ越していた。ふたりとも、こちらの学校で学ぶことになったのだ。私は最初の1年は語学学校に通い、20年秋からは美術大学、セントラル・セント・マーティンズ（CSM）の大学院で研究の日々が続いていた。

2011年に発行した『拡張するファッション』という本が14年に水戸芸術館と、丸亀市猪熊弦一郎現代美術館において展覧会「拡張するファッション」になったことで、美術館で展覧会をつくるというプロセスに携わる機会を得た。

その後20年にも「写真とファッション　90年代以降の関係性を探る」という、東京都写真美術館における展覧会の監修にも声をかけていただいた。2010年代に2つの展覧会が立ち上がるさまに身を置いて、展覧会というものを研究してみたくなった。CSMには展覧

会研究、Exhibition Studiesという学部があり、そこが展覧会というものを研究する数少ない場であることに気づいて、受験準備をして、合格。2020年秋から、晴れてその志望学部で学べることになった。

入学してからの忙しさは、入る前には想像できないものだった。授業に備えて読む英語の文献の山に閉口しながらも、授業内容の面白さにぐいぐいひきこまれていった。私のように仕事経験があり、育児をしながら大学院に通うアルメニア人のガヤと友達になって、彼女と何でも話せるようになったことで、コロナ禍における留学生活の苦しさも紛れていき、お互いに励ましながら、日々進んでいけるようになった。

入学から4ヶ月後に、論文2つの締め切りがあった。普通、雑誌や仕事の締め切りは厳守するタイプの私だけれど、この時期にはさまざまな事情が重なって、1つ目の論文は締め切りの日にやっと書きはじめた次第だった。2つ目は締め切りの1ヶ月後にやっと提出ができた。まわりを見渡すと、じつは自分と同じような状況で提出している同級生も結構いることもわかった。

そんな状況でも、論文を書くのは楽しかった。自分がいつも考えてきたことにひきつけて書くことができたからだと思う。それもつきつめれば、日本の仕事やそれを通して交流している人たちによって得られた経験、彼らとの日々のつながりのおかげだったと思う。ここでは、論文を書いているプロセスで面白かったこと、気がついたこと、それからふとしたところで、『花椿』の誌名に出会って驚いたことなどを書いてみたい。

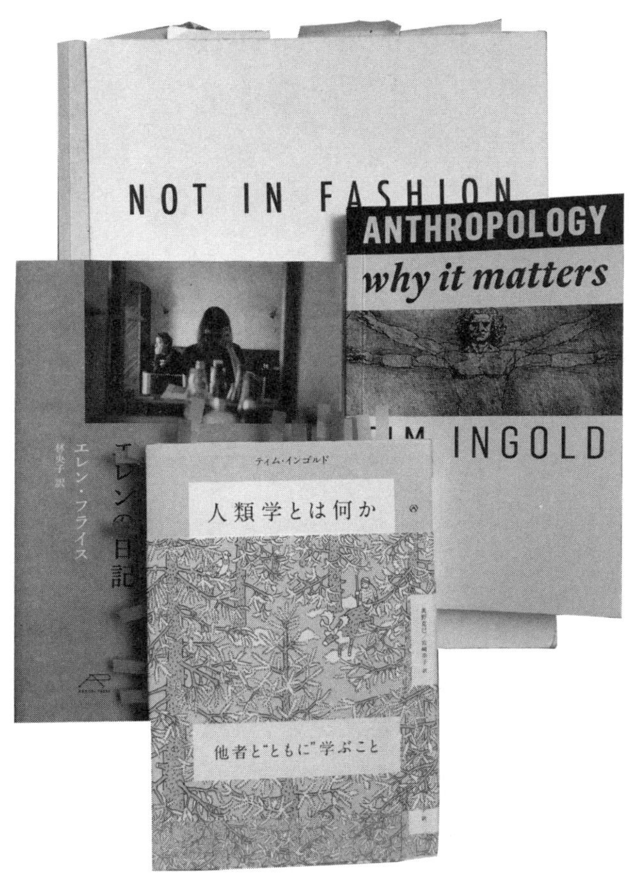

右から順に、『ANTHROPOLOGY: why it matters』Tim Ingold 著、『人類学とは何か 他者と“ともに”学ぶこと』ティム・インゴルド著、『エレンの日記』エレン・フライス著、『NOT IN FASHION』図録。

道を外れて、道に出会う

最初に書いた論文は、苦手だった方法論の授業の課題だった。授業で読んだ文献から、方法論について論じるというもの。同級生に聞いても、課題で問われていることがよくわからないという人が多かった。先生も複数いるので、質問すると皆違うことを言うので余計混乱していた。

課題で読んできた文献は西洋哲学史の文献で、ファッションと展覧会の関係を学ぼうと思う私にとっては古臭いと思えるものや、自分が追求したいテーマとの関連性が見えないものが多かった。どこかには関連があるかもしれないけれど、なかなか接点が絞り込めない。そんな悩みを抱えながらも、ある時期までに、自分が論じたいテキストを授業で読んだもののなかからひとつ選ばなければいけない。冬休みに入って通常の授業が終わると、それまで日々、英語の文献を読むことに辟易していた私は、日本語の本を取り寄せて読み漁った。英語より日本語で読むとすっとわかるものもあれば、英語のほうが意味がダイレクトに伝わると思えるものもあった。それでも日本語の訳を読みながら文献を読むことは、英語を読むだけよりはかなり理解の助けになった。

それでも、授業で読んできた文献から何かを選んで論文を考えることは、至難の技だと思った。そのことをふと、『エレンの日記』の編集でお世話になってきた、『花椿』にいたころからの長い知己でもある編集者のAさんへのメールでもらすと、その返信に、ティム・インゴルドの『人類学とは何か』を最近読まれたこと、その本に書かれている「参与観察」と私の取材行為に重なりが見えるということを指摘いただいた。ティム・インゴルドの本は日本にいたときから何冊か読んでいてとても興味があったので、早速冬休みにその本、『人類学とは何か』を取り寄せて読んでみた。英文で読んでも、授業で読んできた哲学者の文献とは違い、すっと頭に入ってくる。おそらくは、この本がこれから学びたい分野を探す高校生を対象に書かれた本だからではないかと思うけれど、それだけ平易な語り口で「人類学とは」と書かれているのが新鮮で、それはまた、さまざまな分野に応用が可能な思想なのではないかと思えた。

年始の方法論の授業では、講師がそれまでの男性から変わって女性の先生になったためか、珍しくクリスも冒頭に参加していた。クリスは映像と展覧会研究と哲学というCSM大学院の3つのコースを統括するリーダーでもある。そのクリスが「何か質問は？」と言ったときに、思い切って私は聞いてみた。「日本語で翻訳が出ている文献でないと、私の場合は論文を書けないと思います。授業でやってきたものはほとんど翻訳が見つからない。でも授業ではやらなかったけれど、翻訳が出ていて、自分もとても興味のある本があるので、それで論文を書けないでしょうか？」

それまで授業を受けてきた男性講師には何度も、授業で扱った文献から1つか2つ選んで書くように、と言い渡されていた。でもその日はリーダーのクリスがあらわれたので、思い切って聞いてみたのだ。すると彼は大いに肯定してくれて、ティム・インゴルドの本なら良いんじゃない？と言ってくれたので救われた。じつはすでに、自分のコースのリーダーからも許可を得ていたけれど、方法論は別のコースとの合同授業だった。しかしその責任者はクリスで、その彼がYesと言ってくれたことが心強かった。正規のルートを外れることにはなるけれど、自分なりの冒険に乗り出せる気がしたのだった。

その授業のあとで、ガヤが、「ナカコはrebeliousな道を選んだのね」と褒めてくれた。rebel とか rebelious というのは反逆する、反逆心のあるというような意味で、自覚する限り、こう言われたのは2回目だ。最初にその言葉を私にむけたのは、エレン・フライスで、『拡張するファッション』のあとがきに寄せた文章で、私のことをそう書いてくれた。自分ではさほど自覚はなくて、いつでもどこでも、ただただ必死だっただけなのだけど。

この論文は最初に提出できたので、今は教授からのフィードバックが返ってきている。無我夢中で、敷かれた線路から外れて書いてしまったものだけに、フィードバックには、アイデアはとても良いけれど論文の書き方としては、いろいろと改善の方向性も考えられる、と示唆されていた。今後それらの指針を取り入れて、書き直していくこともできるだろう。でも、まずは、わからないなりに、自分なりに、自分だからできることを、ともかくやってみたことは良かったと思う。課題は自分が成長するためのものだから。最初から道を外れたけれど、おかげでここから先に進んでいきたい自分だけの道が見えてきた、と思っている。

14　編集者から研究者へ
――ロンドン留学の意外なところで『花椿』と出会う

ティム・インゴルドの著作をもとにした方法論の論文を、3月3日に提出してからは、今いる大学院の学部である Exhibition Studies（展覧会研究）らしいテーマに移っていった。次の課題は、自分が足を運んだことはないけれど、歴史的に重要だと思う展覧会についてひとつ選んで評論をする、というもの。

この課題で書こうと思った展覧会を選ぶことは、たいして難しくはなかった。2011年にフランクフルトの美術館 MMK で開催された「Not in Fashion」展。スーザン・チャンチオロやブレスといったファッションのつくり手、アンダース・エドストロームやマーク・ボスウィックといったファッション・フォトグラファーが参加していて、ほかにもメゾン マルタン マルジェラやコム デ ギャルソン、ウォルフガング・ティルマンスなどといった顔ぶれが参加していた。展覧会を見にフランクフルトまで行こう、とまでは至らなかったけれど、カタログは買っていた。「Not in Fashion」展の前の年にマーク・ボスウィックが Rizzoli 社から出した写真集と、展覧会名がまったく同じ名前だったことが印象的だった。

スモールサークル・オブ・フレンズ

時間が経ってから90年代という時代を振り返ってみると、私がもっているこの年代のファッション写真を扱ったいくつかの写真集は、編集の偏りが強すぎてあまり納得ができない気がしていた。けれどもこの展覧会カタログは、そうした偏りを感じず、自分が体験してよく知っている気がする90年代のファッション写真の流れが俯瞰されているな、と思える内容だった。

開催から何年か経っても時々、当時からファッションとそれをとりまく世界のつくり手として関わっていた私の友人たちは、この展覧会のことを話題にしていた。2010年代後半になって、コム デ ギャルソンやマルタン マルジェラの活動を回顧する展覧会が欧米で開催される流れになって、あらためて考察すると、1990年代のファッションの面白さは、個々の活動というよりむしろ、いろいろなデザイナーや写真家たちがあちらでも、こちらでも、同じような顔ぶれが一緒に活躍しているという仲間感、サークル感だったと思う、という文脈で。

2000年代以降、ファッションのグローバル化が進むと、かつてのようなつながりの感覚は消えて、個別にそれぞれの活動がある、というように分断されてしまったけれど、90年代の面白さは、あのつながりの感覚にあった、としばしば友人たちと話し合っていた。

「Not in Fashion」展のコンセプトはまさに、このような、90年代のファッション界にあった、なんとも言えないつながりの感覚を提示することにあった。現代アートの美術館で開催されたファッション写真の展覧会として、当時『i-D』や『The Face』、『Purple』などの印刷媒体に発表された写真を美術館空間に合わせて、作品として展示したのだ。

論文を書くために当時のキュレーターのソフィ・ヴァン・

オルファースに取材すると、意外な事実につきあたった。この展覧会が開催された年は、金融街フランクフルトにできた現代アートの美術館の20周年にあたる年で、さまざまなアートのコレクションを保有する美術館の、現代写真のコレクションをリサーチして新たな観点からの写真についての展覧会が企画されていた。それに関わるチャンスが、新米キュレーターだった彼女に訪れた、というのだ。当時の写真部門のリーダーは、アート作品のほかにもたとえば、当時エイズの蔓延などへの社会的主張をこめて制作されたベネトンの広告写真を美術館のコレクションとして購入するなど、意欲的にコレクションの枠を広げていたらしい。

その写真コレクションを見て彼女が衝撃を受けたのは、荒木経惟さんの作品だったそうだ。美術館の保有しているアラーキーのコレクションのほとんどが、大量の印刷物だった。写真家のオリジナルプリントではなく、雑誌などの印刷物となった物としての写真の放つ魅力というものに、それらを見た彼女は、目を開かれた。そこから着想したのが、90年代にファッション誌上に最初にあらわれた写真を展覧会にする、という「Not in Fashion」展の発想だった。

私たちが日本にいて、「こんな展覧会があるらしいよ」と噂していた、そんな注目の展覧会が、じつは日本の写真文化や雑誌文化に触発されたものだったとは。展覧会の企画に関しても彼女は日本の写真家にも興味があったのだけれど、つながりがなく、声をかける機会が得られなかったと説明していた。

そんなことをいろいろ話すうちに、またびっくりする話題がでてきた。今はキュレーター職を離れ、フランスの田舎の一軒家を親から受け継いで、子どもを育てる生活をしているという彼女とskypeで話をしていたとき、私は展覧会のカタログを開いていた。すると彼女は、「このカタログは、『花椿』のデザインにインスピレーションを受けたの。家に一冊あったから」と言った。展覧会カタログはおもて表紙、裏表紙ともに観音開きになっていて、たしかに、『花椿』は私が在籍していた1993年にデザインリニューアルをした際、表紙を一枚折りたたんで広げられる観音表紙の仕様になっていたのだった。

観音表紙は複数の写真を掲載できて、表紙の情報量を増やす効果がある。当時の『花椿』は表紙撮影のために海外ロケを行っていたので、そのロケの舞台裏を見せるようなショットを折りたたみ箇所に掲載していた。このカタログにおいては、主要な展覧会イメージを一点にしぼらず、グループ展のなかから複数の写真を表紙に掲載できるメリットがあっただろう。

ほかにも、一般的なファッション誌にはグロッシーな上質紙が選択されることが多いけれど、『花椿』は再生紙のようなザラっとした紙を使っていた。それでも、写真の再現性にはこだわりながら。そこにも彼女は目を留めていて、カタログも『花椿』同様マットな紙を選択したのだという。

20年以上前に自分がしていたことが、いろいろな経緯を経て辿り着いた今いるこの場所、そしてこの取材によって、つながった。過去と今が接続された、不思議な瞬間だった。

15　マーク・ボスウィックとワークショップ
――非日常を日常へ転回する

フランクフルトにある現代アートの美術館、MMKのキュレーターだったソフィ・ヴァン・オルファースに取材をすませて、2つ目の論文、「Not in Fashion」展についての執筆を終えた。ソフィに話を聞いたことで、美術館がこの展覧会のあと、マーク・ボスウィックのインスタレーションを買い上げたことや、それまでMMKはファッションのコレクションを行っていなかったけれど、スーザン・チャンチオロの仕事を認識したことで、展覧会以降スーザンが行ったプロジェクトも、美術館が買い上げた経緯があることなどを知った。パリコレ取材のときも思ったけれど、ヨーロッパはこうして人が紡いだ縁から、いろいろなことが動いていることを実感することが多い。組織ありきではなく、人ありき。

90年代のファッション写真や雑誌文化について考える論文執筆と並行して、大学院では新しいプロジェクトが始まっていた。ソーシャリー・エンゲージド・アートの実践について考えるという学びだ。

生徒たちは、The Showroomというロンドンにあるギャラリーの2010年代の活動に関するアーカイブを調べ、自分なりの切り口を見つけて、6月半ばまでに論文を書く。そのプロジェクトの立ち上がりで、資

ロンドンのギャラリー、The Showroom。

料に目を通しているうちに、「ワークショップ」を切り口にした論文にしよう、というアイデアが湧いた。

The Showroom に関わった作家で私にとって印象深いのはクリスチャン・ニャンピータという、ここで初めて出会ったアーティストだった。彼が3年間 The Showroom で数々のプロジェクトに携わったのち、仕上げた彼自身の作品は、イラストレーションと写真と文字を組み合わせたコラージュだった。たまたまその作品に接したとき、私は最初に提出した論文執筆の追い込みをしていた時期だった。

当時私のパソコンは、こちらの画面でマーク・ボスウィックの展示風景を見て、あちらではクリスチャン・ニャンピータの資料を開いている、という状況だった。その行為を経て、いくつかのワークショップを通して近隣の住民たちと関わったあとに仕上げたニャンピータのコラージュと、美術館やギャラリーという場所に作品が展示されるときも自宅の一角のような親密な空間をつくってしまうマークの展示に、似た要素があるな、と気がついた。

マーク・ボスウィックとは『Purple』のパーティーなどでエレン越しに顔をあわせることはあったけど、シャイな性格の彼とは、90年代後半に『花椿』の特集（98年5月号）を撮影してもらうために一緒に仕事をしたときから、親しく話すようになった。

自分の家族との休日のピクニックの一場面の風景をファッション誌に寄稿する写真としてしまうように、マークには撮影という、一般的には「仕事の場」を、生活の一場面にサラッと置き換えてしまうようなラディカルさがあった。ファッションも生活を構成するひとつの要素である、ということが、マークの作品に一貫する主張である気がした。その対比としては、撮影スタジオにおいて、劇的な非日常性をうたいあげるような特殊なライティングで、服の素材を際立たせる撮影手法でつくられる、一般的なファッション写真の制作プロセスがあったはずだ。

マークが携わった『花椿』での特集「Design Today」の撮影は、パリの発信する新しいデザインとして、マルタン・マルジェラやブレスなどの服と建築や家具、家電品などを併置して紹介するという目的のあるストーリーだった。だから、自然光のもとで撮られたピクニックの一場面のような写真は入らなかったけれど、モデル撮影のときに、被写体へのヘアメイクもマーク自身が行ってしまうような、ファッション写真の制作プロセスにマークが介入して、それを異化する作業を、あたかも自然なふるまいとして行っていたことが記憶にのこっている。

自然光の入るパリのスタジオで、マーク・ボスウィックと98年5月号の特集撮影。

美術館やギャラリーで作品を発表するアーティストが、ワークショップをその手法に取り入れることは、作品を開かれた場にするための、民主的な方法だと思う。ニャンピータがThe Showroomで行ったプロジェクトには、現代アートに縁のない移民が大半を占める周辺住民に開かれたギャラリーにするという大きな目的があった。

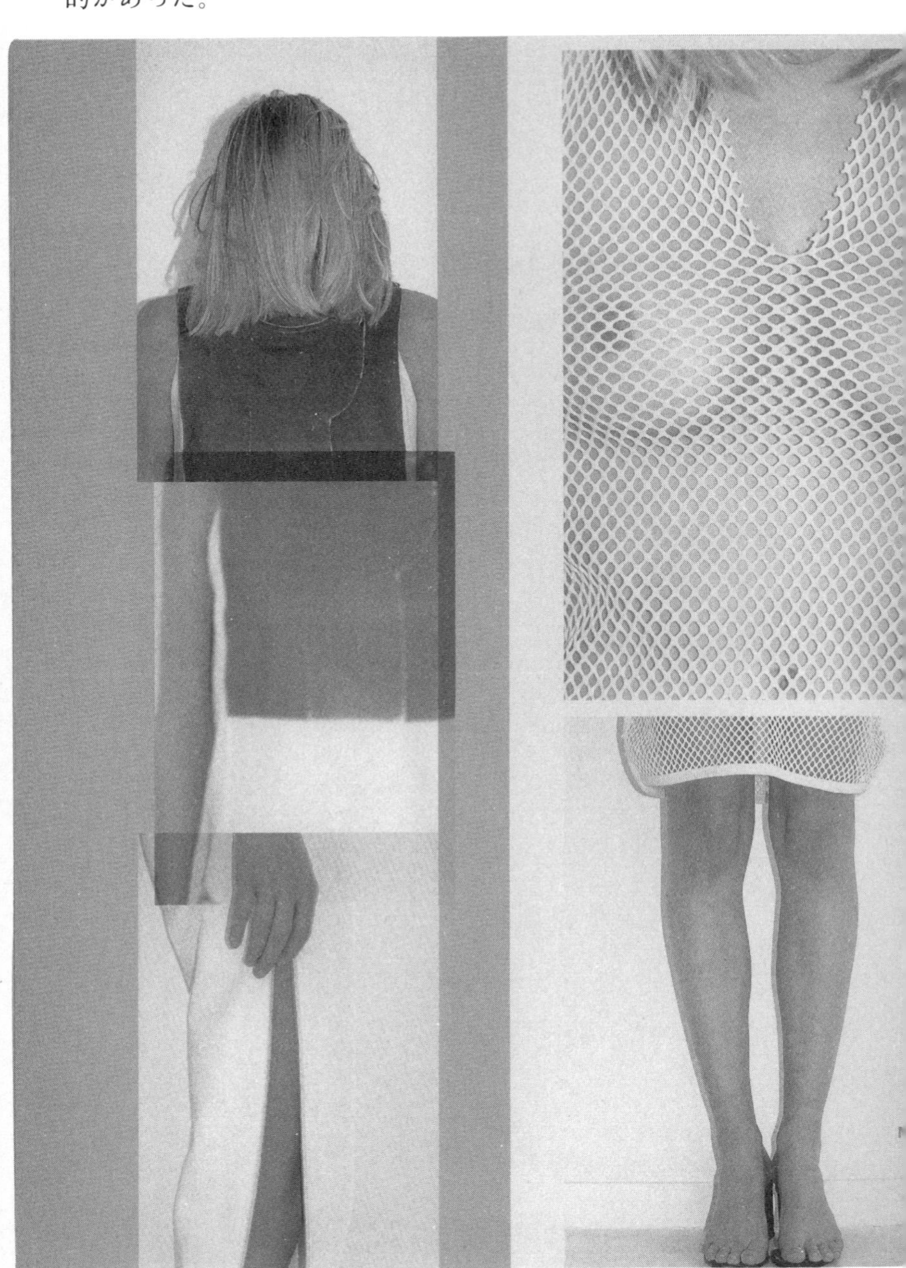

『花椿』（98年5月号）

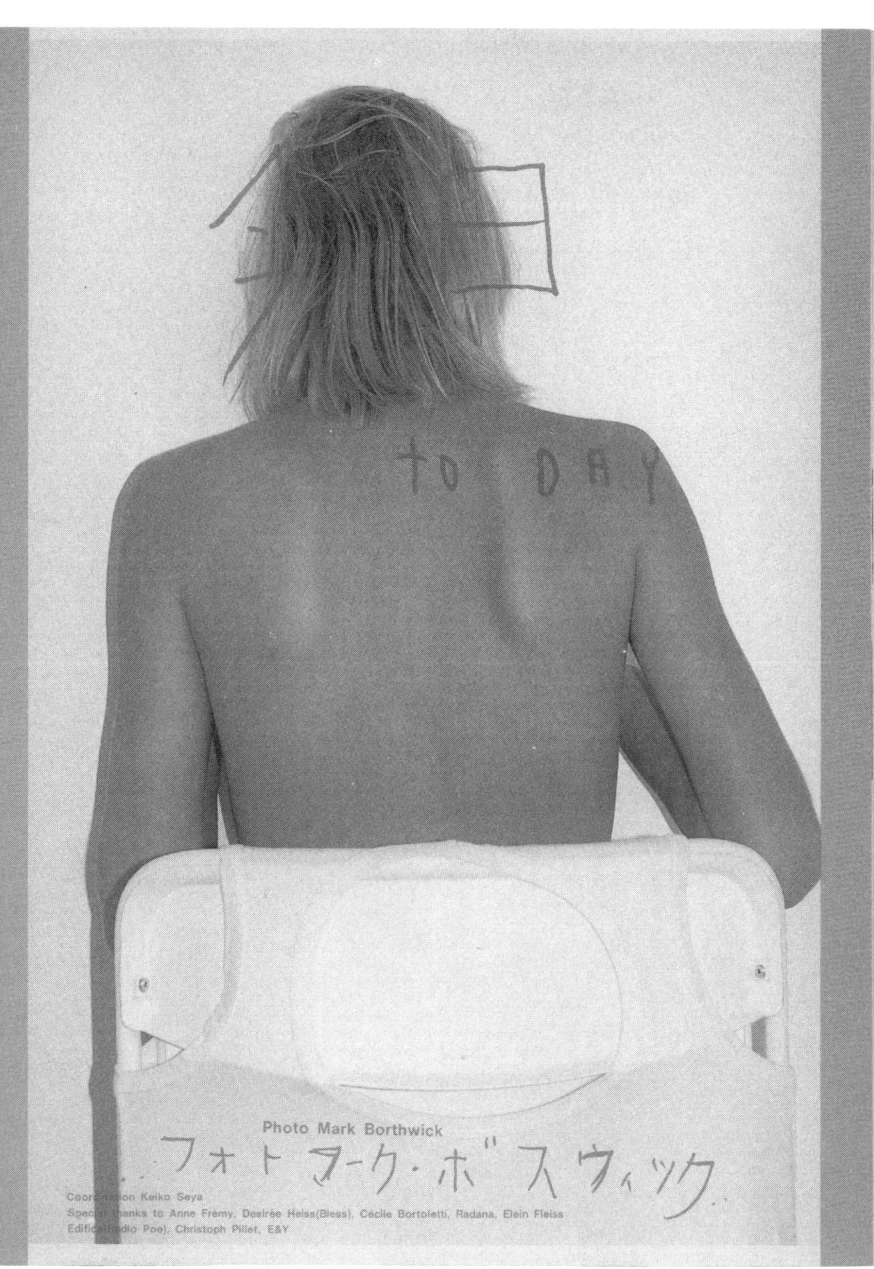

Photo Mark Borthwick

Coordination Keiko Seya
Special thanks to Anne Fremy, Desirée Heiss(Bless), Cecile Bortoletti, Radana, Elein Fleiss
Edifice(Radio Poe), Christoph Pillet, E&Y

それと同じように、日常とは縁のないファッション写真を、より生活に開かれたものに転換するという貢献を、マークは、彼のキャリア全般を通じて行っていたと思う。論文のために集めた展覧会におけるマークの設営場面の写真には、たくさんの写真を壁に貼って展示するとともに、瓶に刺した花や言葉を記したメモ用紙が併置されていた。そこには、出来上がった写真一枚を切り取って見せるだけではなく、写真が生まれるプロセスを観客に見せる意図もあるといえるだろう。かつて、展覧会のため東京に来日したとき、オフタイムを一緒にすごすことになり、海を見たいという彼の希望で、鎌倉を案内した。すると、そこでの散歩の道すがら撮影していたスナップを、あとで私に渡してくれた。海沿いの散歩という日常の一瞬が、見事に「マークの写真」になっていた。

プロジェクトのプロセスを見せるのがワークショップであるとすると、マーク・ボスウィックの写真もワークショップ的であるということができるだろう。展示の場で自分自身がギターをならして歌ったり、食べ物やお菓子を観客に振る舞ったりして、その行為の痕跡を展示に取り入れるマークの流儀は、観客が自然とその展示に参加できるような空気をつくる。ニャンピータが行ったように、ある場所や空間を、たくさんの人に開かれたものにする行為を「ワークショップ」だとするなら、マーク・ボスウィックの写真もまたワークショップ的だった、という気づきは、自分の興味の対象は、意外なところでつながりがある、ということの実証に思えた。

特集撮影以後、交流を深めたマーク・ボスウィック。2000年前後、来日時に鎌倉の海に出かけたときのスナップ。

資生堂月報

チエンストアー組織に就いて

吹出物の手當

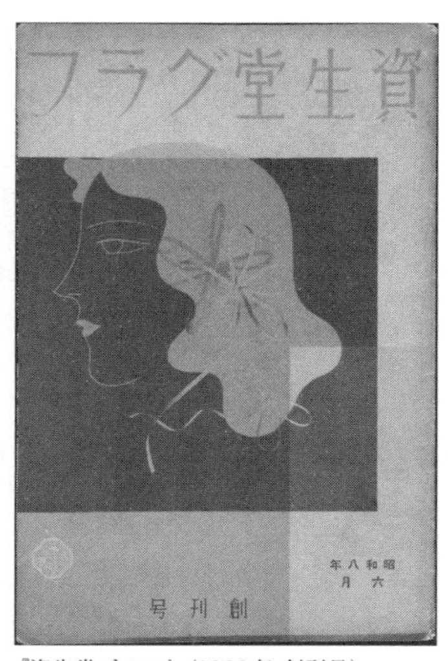

『資生堂月報』（1924年 創刊号）　『資生堂グラフ』（1933年 創刊号）
ともに資生堂企業資料館所蔵。

2021年10月、秋晴れの日の午後に、銀座7丁目から汐留に移ったという資生堂花椿編集部に出かけていった。ロンドン留学からの帰国後、初めての連載打ち合わせのためだ。現役編集者の戸田さんと私が、それぞれこれまでの連載を読み直し、気になることなどをまとめ、打ち合わせにのぞんでいた。私は1988年入社。戸田さんはファッション業界紙『WWDジャパン』を経て2012年に入社、お互いがそれぞれ関わった、あるいは関わっている『花椿』というものの姿を言葉にしようという思いを、やりとりしていた。気がついたら日が沈んで、夕方になっていた。この打ち合わせにふたりが費やした時間を支えていた思い、それが『花椿』の正体である気がした。

「『花椿』とは何か？」。現役編集者だったころの私の頭には、いつもその問いがあった。企業の発信する媒体であり、売り上げを問われるわけではない『花椿』は、その発信行為に企業が価値を見出すということが存在理由だ。前身の『資生堂月報』『資生堂グラフ』から数えて約100年続く媒体の歴史のなかで、その灯火が消えかけたときが幾度となくあったことは、私の実体験でも知っている。企業のなかでそれをつくる一人ひとりが、その意義を自問自答しながらつくる媒体。『花椿』の編集行為は、自らの価値を自分たちでつくり続けることでもあった。

1966年から『花椿』のデザインに携わるグラフィックデザイナーのひとりであり（このころは複数のアートディレ

クターが制作に関わっていた）、1982年から2011年までただひとりでアートディレクターをつとめた方に、仲條正義さんがいた。じつは、この原稿を書いた直後に私は仲條さんの突然の訃報を耳にしたのだが、その仲條さんは、『花椿』といえばMr Nakajo、というように多くの人に愛された、媒体の精神を象徴する存在だった。私が88年に入社したときから2001年に退社するまでもずっと、『花椿』は仲條さんが40ページ強の誌面の細部まで目を光らせている媒体で、それほど長い年月、ひとりのつくり手が、ファッションにも精通したアートディレクターとして深く関わったという歴史を背負った出版物は、類を見ない。

2021年の初めに、その仲條さんの作品集が出版されたことで、仲條さん人気が巷で盛り上がっている、と打ち合わせで聞いていた。その稀有な活動歴が知られれば、より広い世代に仲條さんの功績が受け入れられるだろうことは、想像に固くない。とはいうものの、雑誌のデザインはグラフィックデザイナーやアートディレクターがひとりでつくるものではなく、編集部との丁々発止によって生まれるものでもある。当時の編集部の空気を回顧することで、見えてくるものは何だろうか？

私と『花椿』の関わりを、時系列で見ていこう。

88年に資生堂に入社し、『花椿』編集部に入った私に最初に与えられた仕事は、資生堂の企業方針を取材して外の世界にむけて紹介するとても短いコラムや、化粧品の新製品カタログなどだった。そのほかに、編集長だった平山景子さんが担当していたファッション要素の強い「Beauty」ページの撮影には入社当初から参加していて、素顔のモデルが瞬く間に、ファッションとヘアメイクでドラマティックに変身していくさまをつぶさに見ていたし、『花椿』の精神を体現しているといえそうな「In Fashion」ページの、撮影前のスタイリストとの打ち合わせには毎回参加していた。編集長や先輩編集者がさばくファッションページに、まぶしい憧れをもってみていた。

そして『花椿』のファッションといえば、春夏と秋冬の年二回のプレタポルテのファッションショーをレポートする、コレクション特集がある。創刊直後はパリのジャン・パトゥ社との提携で流行情報を紹介していたが、時代を経て、70年代にはパリに住むファッション・ジャーナリストだったメルカ・トレアントンさんに寄稿いただくスタイルになっていた。私の入社から5年後の93年春、編集長だった平山さんがファッション・ディレクターに、それまで副編集長だった小俣千宜さんが編集長に交代した。それにともなって、まずは先輩編集者でその後『VOGUE JAPAN』の編集長になる渡辺三津子さんが、その後は私自身も93年10月からパリコレに取材に行くようになった。

渡辺さんがフリーになった90年代後半からは私が「In Fashion」と表紙の撮影も担当するようになっていった。このような変動にともない、パリコレ・レポートを、私がひとりで書いた号もあった（98年3月号）。編集長でいるあいだは平山さんが自らレポートを書くことはなかったが、編集長の立場から変わって、ファッション・ディレクターとしての関わりになっていった93年からは、平山さんも執筆という形で『花椿』に関与することになり、98年9月号からは平山さんと私がそれぞれ6ページずつ、合計12ページのパリコレ特集を分担するシステムが出来上がっていった。

そういった経緯もあり、この時代は、『花椿』の姿が変遷するなかで、異世代と異文化の声が、薄い『花椿』の冊子に厚く集約されていた時期だといえるだろう。

その後、私自身が社内での『花椿』をめぐる政治的な状況に疲れ、会社を離れたのが2001年。当時のファッションの動向に目を移せば、アナ・ウィンターのUS版『VOGUE』が先陣をきって、ファッションショーのWeb配信を始めたのが2000年だった。打ち合わせの前日に映画館で観ていた作品『マルジェラが語る“マルタン・マルジェラ”』でマルタン・マルジェラがいみじくも語ったように、ファッションが変貌していく変化の始まりの、きっかけがファッションショーのWeb配信だった。それはファッションデザイナーたちがこれまでとは違うニーズを求められるようになり、ファッションの現場のエネルギーが失われる何かの始まりであり、大きな変節点だったのだ。90年代の服づくりにおいても、メディアとのコミュニケーションにおいても、ファッションを脱構築する実験的な行為を重ねたマルタン・マルジェラは2008年、20周年のファッションショーの日に、誰にも告げずにメゾンを去った。その行為によってさらにマルジェラは神話化され、その謎めいた存在が伝説となったのだ。

その前年の2007年に発行された『The Last Magazine 世界の最先端マガジンアンソロジー』という本は、アメリカの広告代理店に勤務していたデヴィッド・レナードが「我々が雑誌だと思っているものは、今にも消えようとしている」という導入文とともに、絶滅寸前の雑誌文化の輝きを放つ媒体として、インディペンデント雑誌のアンソロジーを編んだものだった。その本の出版当初はまだ、彼の予言にそれほど真実味を抱けないでいた私も、月日が経つうちに、『流行通信』(07年)『STUDIO VOICE』(09年)『high fashion』(10年) などの休刊が現実になり、雑誌が消滅する時代という言葉を実体験することになった。

その『The Last Magazine』には私の個人雑誌『here and there』も紹介された。私にとっての恋人のような存在だった『花椿』の編集部を離れた失意の日々のなかで、「では、本当に自分がしたいことは何だろう?」という思いから、友達のエレン・フライスが『Purple』でやっているような自由な編集の実験をしたい、とつくりはじめたこの媒体は、私にとっての自由で個人的な部活動のようなもの。そのかたわらで『SPUR』や『Ginza』などのファッション誌のアート欄でライターの仕事をしていた。このような商業雑誌に携わることで、あらためて『花椿』とはなんだったかということを考える視点も得た気がする。

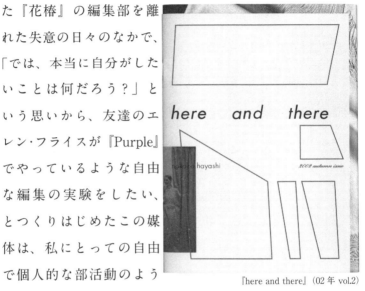

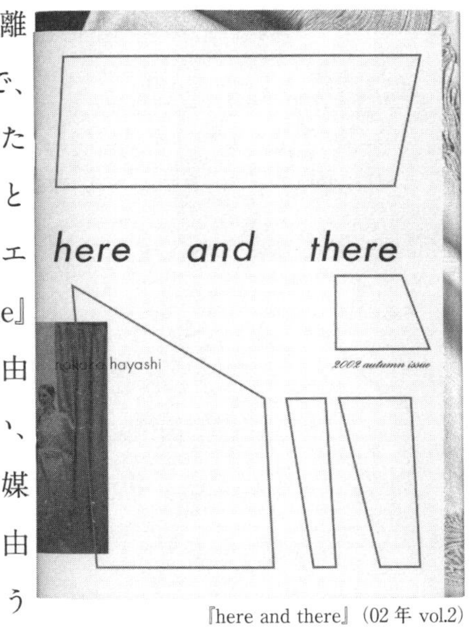

『here and there』(02年 vol.2)

もう一方で、『花椿』全体としての流れはどうだったかというと、戸田さんの分析と、質問はこうだった。『花椿』は従来、美しい生活文化の創造と、女性の教養を高めることを目標に、一般女性にむけて1937年に発行された。バックナンバーを見ていくと、インターネットのない時代、日本女性のニーズにあわせて媒体の姿は変わっていった。60年代、70年代には日本が海外の情報に開かれていった様子を『花椿』からたどることができる。80年代に入ると、発信対象を高感度層に絞りこんでいき、90年代には、より

『花椿』(1937年 創刊号)
資生堂企業資料館所蔵。

ファッション面で研ぎ澄まされていった。清恵子(せいけいこ)さんが連載した「東欧通信」(1994年4月号から1996年12月号まで連載)のように、世界の果てまで果敢に出かけていくような、ひとりの女性の姿を追いかけたり、アジア映画を定期的に特集したり、一般的な欧米中心主義から一線を画す掘り下げの深い記事も多かった。

『花椿』を通して知る90年代は、「ファッションが文化になっていった時代」といえるのではないか。そして、今も「『花椿』が大好き」という読者層は、この時代、90年代の『花椿』体験を指していると思われる。戸田さんはこうも言った。「そんな『花椿』をつくっていた当時の編集部では、世の中の趨勢とは一線を画した、編集者一人ひとりが共有している『花椿』魂のようなものがあったのでしょうか?」

その大きな問いを前にして、記憶をたぐっていこうとしたとき、きっかけの扉をくれたのは戸田さんの「In Fashion」の見出しへの指摘だった。80年代から『花椿』で始まったこのコラムには"イン・ファッション　ライバルは知らない"という言葉がページの端に踊っていた。この見出しはつまり「あなたのライバルが、まだ知らないような最先端の情報は、ここにある。ほかとは違う、際立っ

た私になるための、とっておきがここにある」という、メッセージだったのだろう。

まだスマホが普及していないころ、雑誌から得る情報が自分の価値を高めてくれると多くの人が信じていた時代のことである。私の『花椿』編集者時代の体験のなかでも、「In Fashion」にまつわる仕事や、紙の雑誌という、今は文化のなかで主役の座を退いてしまったメディアにまつわる思い出は、背骨にあたる存在といえる。その記憶をゆっくりと紐解いていきたい。

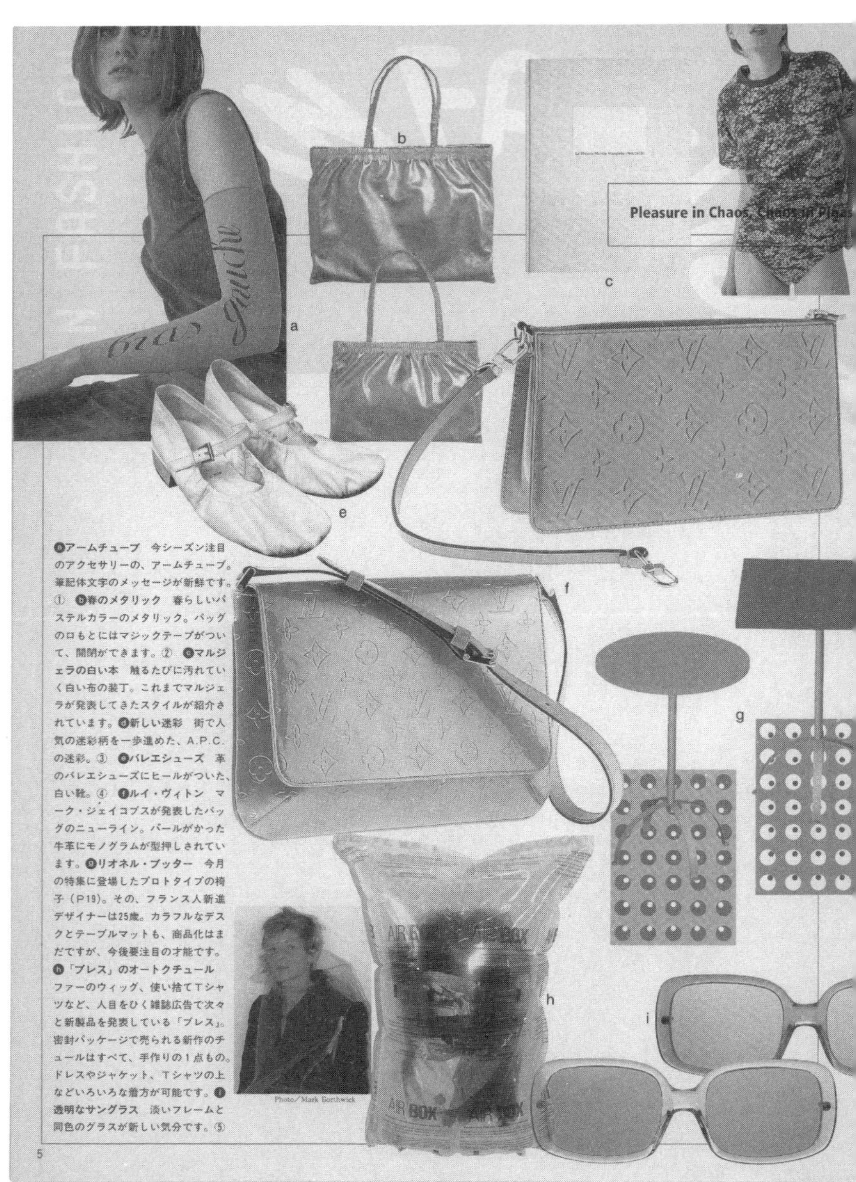

ⓐアームチューブ　今シーズン注目のアクセサリーの、アームチューブ。筆記体文字のメッセージが新鮮です。①　ⓑ春のメタリック　春らしいパステルカラーのメタリック。バッグの口もとにはマジックテープがついて、開閉ができます。②　ⓒマルジェラの白い本　触るたびに汚れていく白い布の装丁。これまでマルジェラが発表してきたスタイルが紹介されています。ⓓ新しい迷彩　街で人気の迷彩柄を一歩進めた、A.P.C.の迷彩。③　ⓔバレエシューズ　革のバレエシューズにヒールがついた、白い靴。④　ⓕルイ・ヴィトン　マーク・ジェイコブスが発表したバッグのニューライン。パールがかった牛革にモノグラムが型押しされています。ⓖリオネル・ブッター　今月の特集に登場したプロトタイプの椅子（P19）。その、フランス人新進デザイナーは25歳。カラフルなデスクとテーブルマットも、商品化はまだですが、今後要注目の才能です。ⓗ「プレス」のオートクチュール　ファーのウィッグ、使い捨てTシャツなど、人目をひく雑誌広告で次々と新製品を発表している「プレス」。密封パッケージで売られる新作のチュールはすべて、手作りの１点もの。ドレスやジャケット、Tシャツの上などいろいろな着方が可能です。ⓘ透明なサングラス　淡いフレームと同色のグラスが新しい気分です。⑤

『花椿』（98年５月号）

17　企業がファッションの力を借りる
——ファッションへの信頼

『花椿』編集部に入った当時、はっきりとメンバーのなかで共有されていた意識があるとしたら、それは「新しさ」の希求だったと思う。「新しくなければいけない」という意識があり、そこにリーチするためのツールの主軸がファッションだったのだ。編集部では平山景子さんも、小俣千宜さんも渡辺三津子さんも、もちろん私も、その信念を共有していた。当然、アートディレクターの仲條正義さんも。

その概念がどのように紙面化されていたかを、入社当時、平山さんが監修し、渡辺さんが実務を担っていた「In Fashion」ページを例に取って振り返ってみよう。ライバルは海外、という意識で編集を行っていた『花椿』だが、日本で毎月スタジオ撮影を行うという現実からすると、東京で借りられるファッション・アイテムは、パリやロンドンのプレスルームほど撮影用に借りられる服に多様性がない。情報の鮮度をあげるため、海外の情報をコンスタントに入手し記事に組み込む努力が注がれていた。そうした編集者目線で選び取った情報は必ずしも服や靴に限らず、当時はまだ銀座４丁目交差点付近にあった洋書店「イエナ」で借りてきた書籍だったり、海外で人々が注目しているアーティストや展覧会のニュースであったりもした。

編集部のメンバーのあいだに「林さんは英語ができるから」という美しい誤解もあったためか、海外雑誌を読んで面白そうな話題を、平山さんや渡辺さんと共有する、という新しい仕事が生まれていた。アメリカの『TIME』や『Interview』、イギリスの『i-D』や『The Face』に加え、アメリカの『Vogue』や『Harper's Bazaar』などのファッション誌などから、面白そうな話題を見繕って提案する編集会議が組まれた。面白いと思うのは、目を通す洋雑誌はファッション雑誌だけでなく、たとえばアメリカの人物ゴシップ誌『People』も含まれていたこと。これは、じつは女性週刊誌も大好きという平山さんの、人への興味からきていた選択だったのではないかと思う。ここで読んだ話題がいつ、誰の記事に役立つのか、どれだけ誌面に貢献できたかはわからない。個人的には、この業務を通してアメリカの雑誌からカート・コバーンの話題やX-girlの登場、まだ映画を撮りはじめる前のソフィア・コッポラが写真を撮りはじめていることなどに気づけたことが大きかった。その後私自身のキャリアにも関連していく興味の世界を広げていく体験になったのだ。

「In Fashion」の情報鮮度を上げるために、NYとロンドン、パリから毎月定期的に、先鋭的なファッション情報をセレクトして、写真と文章を添えて『花椿』向けに情報を送ってきてくれる現地のジャーナリストと契約していた。一番情報の鮮度が高かったのは、毎月ロンドンからチェリータが送ってくる分厚い封筒だった。70年代にヒッピーでならしていたというチェリータの経歴は謎に包まれていけれど、いつもA4の紙に綴られた英語の手書き文字、文章量も一定ではなく、良いと思ったものを気ままに選んで思いの丈を書き送る、というような、書き手の情熱がほとばしる原稿を眺めるのは楽しかった。NYのジョンとパリのセリアは毎月、話題は5件ずつでタイプ打ちの原稿だった。よりプロフェッショナルかもしれないが、ビジネスライクな感じがした。それでも現地のジャーナリストから、メールではなく毎月郵便で届く情報の束は、このページの生命線だという気がしていた。

彼らの選んだ情報を、掲載するかどうかは、編集部で決めていた。毎月、1日がかりで撮影するたくさんのファッション写真も、せっかく撮ってもかなりの数は没になり、掲載されるものはごく一部だった。それが『花椿』ならではの贅沢さだとよく外部の人に言われていたけれど、私にはこの膨大な無駄はなんとかならないものか、という疑問がつねにあった。モデルやスタイリスト、ヘアメイクやカメラマンを総動員して1日がかりで行う大掛かりなファッション撮影は、もっと身軽で身近な行為にできないのだろうか？それは、いわゆる「ファッション写真」というものへの疑問だったと思う。

その後ホンマタカシさんと1999年、2000年に『花椿』の表紙撮影を行ったのは、そうしたファッション撮影全般への違和感が、撮影のカット数がごく少なくあっという間に終わってしまうホンマさんの撮影では無縁だったことも大きかった、と今になって思う。ホンマさんとは94年以来、「Beauty」や「Interview」など、当時の私が采配できたページでまず仕事のきっかけを得られ、その後時間をかけて、表紙や特集撮影をするまでに発展できた。パリやロンドンのファッション・フォトグラファーたちの流儀と、瞬時に撮影を終わらせてしまうホンマさんの方法の違いは際立っていた。

ファッションはどこからくるのか？

当時の編集部員や仲條さんのあいだに共有されていた魂の正体は、「新しさの希求」とともに、「ファッションへの信頼」であったと思う。そもそも、資生堂が『花椿』の前身である『資生堂月報』を創刊した当初から、川島理一郎などパリに住む画家がレポーターになって日本の女性たちにむけて綴る「巴里通信」（パリのご婦人方のモード情報）があった。パリ・モードは、資生堂というブランドを維持するための重要なファクターとする会社の決断があったはずだ。アート、ファッション、ビジネスの三者が手をつなぐという、近代的な着眼点が当時からあったことは、今考えても慧眼と言えるのではないか。

1960年代にプレタポルテのファッションウイークが始まると、平山さんは自分も出張させてもらえるように、上司を説得したと聞くが、それは資生堂自体がファッションを重視して、パリ在住のフリーランスのファッション・ディレクターである、もとロシア貴族のメルカ・トレアントンと契約をしていたり、メルカの助力により1977年にパリ・モードを日本に紹介するファッションショー「六人のパリ」を実現するなど、会社としての流れも後押ししていたはずだと思う。メルカは1979年から『花椿』にパリコレ・レポートを寄せていて、私がパリコレに出張を始めてからも、彼女のパリコレのレポートはずっと誌面を飾っていた。そういう存在に敬意はもちろん抱いていたけれど、93年からパリコレに出張するようになった私自身は、権威的で旧時代的な側面もあるパリのモードというものへの反発を次第に感じるようになっていった。

『花椿』のなかでは、仲條さんや平山さん、そして93年からの編集長の小俣さんですら、「モードはヨーロッパからくる高貴な文化で、日本のストリートにはないもの」という強固な信念があったと思う。平山さんと仲條さんの時代の『花椿』は、私が88年に入社したころにはすでに主軸をパリのモードに置き、時に日本の現象も取り上げる、という目線だった。80年代の『花椿』には「花椿衆」と題して、一般の人たちが被写体になるファッション特集が折に触れて組まれたけれど、これはのちに『CUTiE』(89年創刊)のような媒体が出てくる時代の先駆けと言えたかもしれない。巷では、91年ごろから渋谷系の音楽への支持が広がり、95年に男性用ストリート・ファッション誌『smart』が創刊されるなど、ストリート・ファッションが日本独自の盛り上がりを見せていた。一般の人々を取り上げる企画をつくってはいたものの、リアルピープルのなかから生まれる流行現象を緻密に見ていく、というスタンスは当時の花椿編集部にはなかったので、私はそうした街や文化の変貌を受けて、『花椿』も伝統的なつくり方から、少しずつ変えていく必然性を感じていた。

★この日から ベルンハルト★

10/5土

~~10:00 Linda Loudermilk~~

10:00 (usha?) ホテル

12:00 Bernhard Willhelm

59 rue de charonne

Ⓜ Charonne Ⓜ Sèvres ⇒

~~14:00 Alexander Herchcovitch~~

1530 バレンシアガ Ⓜ Odeon

17:00 Ann Sofia Back (バープル)

19:00 Jurgi persoons

★ Claude Leveque ★

★ エレン★

フリーになってからは、パリコレの招待状を整理袋に分類し、日毎の予定を記した。本書146ページの『花椿』編集者時代のカレンダーに比べ、スケジュールが緩和されたことがわかる。

18　パリコレと私

年二回のパリコレ取材は重労働だった。ファッションショーは1時間遅れが普通だし、ルーブル地下のメイン会場から、さまざまなデザイナーが街に出て自分の理想とする会場を選び取っていたから、ファッションショーの期間は一日中移動が大変だった。人気のデザイナーのショーであれば見たい人が大勢いて競争になるけれど、デザイナーがみんな、大規模な会場を借りるとは限らない。

たとえばヘルムート ラングは90年代半ば、3区のrue commines にある会場で毎回ショーを行っていたけど、たいして大きな会場ではないからいつも、ショーの前後には車道にも人があふれて、ヒヤヒヤさせられた。日本だったら安全性が疑問視されたり、許可がおりずに実現できないのではないだろうか、と思えるショー会場もたくさんあった。

ネットでショーが配信されるようになる前のことだ。日本もデザイナーズブランドのブームが訪れた80年代以降、新しいデザイナーがパリコレで話題をよぶと、必ずといっていいほど、日本人が主要な顧客になった。ジャン＝ポール ゴルチェも、ロンドンからキャリアをスタートさせたヴィヴィアン ウェストウッドもそうだった。

それでも、パリコレ会場で日本人のバイヤーやジャーナリストに与えられる席は末席だった。ショーのあと、平山さんがいつも同行しているお仲間たちとファッションショー談義になった。彼女たちが「素晴らしい」というモードの良さが、私には全然わからないことがよくあった。

30/9/99

CALENDRIER DEFINITIF DES COLLECTIONS
PRET-A-PORTER PRINTEMPS-ETE 2000
DU 3 AU 10 OCTOBRE 1999

Samedi 2 Octobre

20h00 - INES DE LA FRESSANGE	Union centrale des arts décoratifs, 109, rue de Rivoli, 75001
21h00 - PIERRE CARDIN	Espace Pierre Cardin, 1-3, avenue Gabriel, 75008

Dimanche 3 Octobre

10h00 - YOICHI NAGASAWA	**Le Carrousel du Louvre - Salle Gabriel**
11h00 - ISABELLE BALLU	Le Foyer de la Madeleine, Place de la Madeleine, 75008
12h00 - KOJI TATSUNO	**Le Carrousel du Louvre - Salle Soufflot**
13h00 - STELLA CADENTE	**Le Carrousel du Louvre - Salle Gabriel**
14h00 - BALMAIN	Union centrale des arts décoratifs, 109, rue de Rivoli, 75001
15h00 - CHRISTIAN LE DREZEN	**Le Carrousel du Louvre - Salle Soufflot**
16h00 - THIERRY MUGLER	6, rue aux Ours, 75003
17h30 - MARC LE BIHAN	Espace Austerlitz, 30, quai d'Austerlitz, salle n°1-Ariane, 75013
18h30 - THIMISTER	Espace Austerlitz, 30, quai d'Austerlitz, salle n°1-Ariane, 75013
20h00 - YOHJI YAMAMOTO	POPB - côté Parc de Bercy, Porte 27, 75012
21h30 - JEAN-CHARLES DE CASTELBAJAC	B.H.V. - Rayon Electroménager 52, rue de Rivoli, 75001

Lundi 4 Octobre

09h30 - HERVE LEGER	**Le Carrousel du Louvre - Salle Delorme**
10h15 - ERIC BERGERE	**Le Carrousel du Louvre - Salle Soufflot**
11h30 - YVES SAINT LAURENT	**Le Carrousel du Louvre - Salle Le Nôtre**
12h30 - GASPARD YURKIEVICH	Espace Eiffel Branly, 29-55, Quai Branly, 75007
13h30 - MOON YOUNG HEE	Espace Eiffel Branly, 29, Quai Branly, 75007
14h30 - LOUIS VUITTON	Serres du Parc André Citroën - 75015 Paris
15h30 - ISABEL MARANT	La Cigale, 120, boulevard de Rochechouart, 75017
16h30 - ISSEY MIYAKE	Ecole Nationale Supérieure des Beaux-Arts,14, rue Bonaparte, 7500
18h00 - COSTUME NATIONAL	Union centrale des arts décoratifs, 107, rue de Rivoli, 75001
19h30 - HERMES	24, Faubourg Saint Honoré, 75008
20h30 - DRIES VAN NOTEN	Musée du Cinéma,9, avenue Albert de Mun, 75116
21h30 - OLIVIER THEYSKENS	POPB - Salle Marcel Cerdan, 8, boulevard de Bercy, 75012

Mardi 5 Octobre

08h45 - LUCIEN PELLAT-FINET	1, rue de Montalembert, 75007
09h30 - VALENTINO	**Le Carrousel du Louvre - Salle Delorme**
10h30 - JUNKO SHIMADA	Le Palace, 8, rue du Faubourg Montmartre, 75009
11h30 - JUNYA WATANABE	50, avenue du Président Wilson, La Plaine St Denis, Plateau 206
12h30 - CHRISTOPHE LEMAIRE	Fondation Icar, 159, Quai de Vamy, 75010
13h30 - COLLETTE DINNIGAN	Opéra Comique, Place Boïeldieu, 75002
14h30 - CHRISTIAN DIOR	Galerie Nationale du Jeu de Paume, 1, Place de la Concorde, 75001
15h30 - DICE KAYEK	**Le Carrousel du Louvre - Salle Gabriel**
16h30 - MICHEL KLEIN	**Le Carrousel du Louvre - Salle Soufflot**
17h30 - JEAN COLONNA	Elysée Montmartre, 72, Bld de Rochechouart, 75018
19h00 - PACO RABANNE	Salle Wagram, 39, avenue de Wagram, 75017
20h00 - COMME DES GARCONS	60, rue de Richelieu, 75002
21h30 - VERONIQUE BRANQUINHO	Espace Austerlitz, salle Appolo, 93, quai d'Austerlitz, 75013

Mercredi 6 Octobre

09h30 - MASAKI MATSUSHIMA	Galerie Saint Germain, 83, boulevard Saint Germain, 75006
10h30 - CHLOE	Musée du Petit Palais, avenue Winston Churchill , 75008
11h30 - VERONIQUE LEROY	**Le Carrousel du Louvre - Salle Soufflot**
12h30 - EMANUEL UNGARO	**Le Carrousel du Louvre - Salle Delorme**
14h00 - GIVENCHY	**Le Carrousel du Louvre - Salle Le Nôtre**
15h30 - NINA RICCI	Ecole Nationale Supérieure des Beaux-Arts,14 rue Bonaparte, 75006
17h00 - MARTINE SITBON	Union centrale des arts décoratifs, 103, rue de Rivoli, 75001
18h30 - AF VANDEVORST	160, rue Oberkampf, 75011
20h00 - ANN DEMEULEMEESTER	Elysée Montmartre, 72, Bd de Rochechouart,75018 Paris
21h00 - OCIMAR VERSOLATO	10/12 place Vendôme, 75001

99年10月のパリコレスケジュール。1日に異なる場所で開催される8つ前後のショーに出席し、公式カレンダーにのらない、面白そうな予定も書き込んだ。選りすぐりのショーを目撃するため、どんな小さな情報も見逃さない。

もちろん例外もあって、マルタン マルジェラや、コム デ ギャルソンには感動した。けれども、パリコレのショーの数はとても多く、そのような実験精神にみちたエキサイティングなショーばかりではなかった。いつの世も、どのジャンルでも、人と違うことをするのは、勇気がいることなのだ。

社内では、「パリコレに連れていってもらえるなんて」という羨望のまなざしもあったし、なにより、贅沢をしているんじゃないかという誤解を受けることもあった。でも、パリコレに行くにつれて、反動のように渋谷の街で見る日本人の若い男女のストリート・ファッションに夢中になっていく私がいた。

渋谷系といわれる音楽が90年代初頭からブームになって、日本人のバンドの音楽をファッショナブルなものとして、日本人の若者が聴くようになっていた。これは新しい現象だった。それまでの時代は、おしゃれな若者が聴くのは洋楽だと決まっていたからだった。音楽の聴き方が変わってくると、日本人ミュージシャンが被写体になった写真を見ることになり、日本人にとって日本人が憧れの対象になる流れが自然に出来上がっていた。並行して1989年に創刊された『CUTiE』など、岡崎京子の漫画にインスパイアされたような、日本人の女の子を表紙にした、新しいタイプのファッション誌も登場していた。この勢いを無視して、「パリのモード」だけを信奉し続けることが、時代にそぐわないのではないかと私は思っていた。

ファッションが文化になるまで

そんな思いは、編集部のなかでは異質なものだった。平山さんはつねにパリ・モードこそもっとも見るべきものとしていたし、仲條さんや小俣さんにとってみても、ストリート・ファッションの台頭は受け入れ難いものだったと思う。私は編集会議などではよく、モードとカルチャーを一体視していると批判された。編集会議などで、仲條さんは、諦めたような口調でよく言った。「林さんはアヴァンギャルドだから」。私自身にしてみれば「あの仲條さんにアヴァンギャルドと言われるなんて。私のどこがアヴァンギャルドなんだろう？」という感じだったのだけれど。もちろん、『花椿』らしい価値観を共有しているフォトグラファーの筆頭のようなシンディ・パルマーノによるファッションのスタジオ撮影に、ロンドンで立ち会うときなどは、そのセンスと現場の空気に圧倒される自分もいた。それでも、“日本人としてファッションを考える”という視点は、私にとって大事なものだった。

当時の編集部には上に書いたような空気があったので、『花椿』のなかでは、日本のユースカルチャーやストリートカルチャーを、特集など大きな規模で扱うことは、ご法度だった。それならば、アメリカの文化はどうなのか？と考え、それが1997年2月号の特集「ニューヨークのニューな部分」という企画になっていた。

当時はMTVの隆盛とスケートボードカルチャーの興隆によって、西海岸の文化が輝いて見えた時代でもあった。新しいユースカルチャーがあらわれたけれど、前の世代はそこを視覚化できるビジュアル言語をもっていなかったから、必然的に若手がMTVの監督になっていった。そうした流れも後押しして、若者が音楽表現のみならず、映像やファッションなどの周辺のカルチャーを含むメディアの主体になっていったのが当時の音楽シーンで、ミュージシャンのビースティ・ボーイズが91年に、Tシャツを主体にしたストリート・ファッションのブランドX-LARGEの経営を始めていた。そこにあらわれていたような、あらゆるカルチャーが一体化した流れは、とてもエキサイティングに思えた。そうした意識から、マイク・ミルズにスケートボードカルチャーを体現するエド・テンプルトンについて、後日彼がエドの短編映画を制作したタイミングで「Subculture」コラムに執筆してもらったりもしていた。

そう思って追いかけていると、94年のある日、X-LARGEの女の子版のX-girlが登場する、というニュースを知った。こういう現象はすべて、パリコレのように、自分の生活に無関係としか思えないモードの世界とは違い、自分が買えて、着られる Tシャツ、というリアリティがあった。「文化も、生活全体もファッションとする」という領域を超えていくファッションという視座はモードの世界からかけ離れていたからこそ、モードを刷新していくには必要な視点だった。1997年にプレタポルテに参入したラグジュアリー・ブランドのルイ ヴィトンが2000年代、村上隆とコラボレーションしたことはファッション界に衝撃を与えたけれど、マーケット主導のアプローチだからこそ、このような領域の拡張は必然的な流れだったのだろう。現代では、2021年に急逝したヴァージル・アブローがIKEAの家具もデザインするなど、ファッションデザイナーの仕事がグローバルな展開であれば価格帯を問わず、かつ領域を超えていくことが、もはや当たり前のことになっている。

異世代との仕事のなかで見つけた、『拡張するファッション』への視点

異質だった私の興味関心は、日々向かい風を受けながらも少しずつ、小企画のなかにあらわれていった。

最初のうちは、1995年4月号のソフィア・コッポラのインタビューページ（2〜3ページ参照）や、後藤繁雄さんの萬有対談でキム・ゴードンに登場してもらう（87ページ参照）といった編集企画などだった。

それが次第に、1997年2月号の「ニューヨークのニューな部分」のような、特集記事の規模までふくらんでいった。

ファッション撮影に関しても、1999年、2000年の表紙撮影のように、日本人の女の子をモデルにして、パリコレの新人デザイナーから撮影のために直接日本へ服を送ってもらうという企画に実現できたのは嬉しかった。ホンマタカシさんによる撮影現場は、数カットで撮影が終わってしまうという短時間の、ゆえに緊張感でいっぱいのスタジオ撮影だった。

現在の『花椿』編集部員の戸田さんの質問にもどって、世代の違う編集部員や仲條さんのあいだに、一冊の雑誌をまとめる編集魂のようなものがあったのか？と考えると、それはたしかにあったと思う。それは、ファッションを信じる精神であり、変化や変化を予感させるものを信じる、ということだった。けれども、一人ひとりのなかで、ファッションの定義が異なっていた、ということも真実だった。

2021年夏、ロンドン留学中の最後 Fashion in the expanded fields（≒拡張された領域でとらえるべきファッ

ション）のプラットフォームMODUSを2018年に立ち上げたゴールドスミス・カレッジで教える、ルビー・ホエットに会った。彼女は「FashionはFashionsというべきで、複数形なのです」と言った。さまざまな定義の、概念の、ファッションがある。このことがもっと常識になっていくといいと私は思う。この視点は消費行為から離れて、ファッションが思考の対象になった、と論じた2011年の私の著書『拡張するファッション』にも体現されていたと思うけれど、そもそもそうした意識は、世代の異なるアートディレクターや編集者のあいだで、異なる意見を交わした編集会議やパリコレ体験から、自然に育っていった考えだったと思う。

人を信じることから、マーケティングを超えた企画へ

もうひとつ、特筆すべきことがある。『花椿』が、当時は月刊誌とはいえど、40数ページしかないA4の冊子なのに「雑誌」と自称する上で、あきらかに特徴といえたものは、「人を信じる編集」だった。

メルカ・トレアントンのパリコレ・レポートは、『Elle』や『Vogue』のパリコレ・レポートではない。メルカさんというひとりの人が見た、判断した、感じた、考えた、パリコレ・レポートだった。「そこに人がいる」ということ。「その人を信じる」ということ。それは、「ワイン・アンド・キュイジーヌ」の増井和子さんであり、「東欧通信」の清恵子さんでありシネマのレポートをする宇田川幸洋さんやダニエル・エイマンであったりした。

この『花椿』流の編集に、私は多くを学んだ。仲條さんや平山さんが築いたこの花椿メソッドは、今も学ぶことができ、多分野に転用できる方法論だと思う。ひとりの人の

なかには必ず、複雑さや矛盾が内包されている。それは、マーケティングが先行するグローバリゼーションの時代に対抗し、消費されずに生きていくための確実な方法なのだ。人を切り口にすることによって、わかりやすさが要求される世界に対抗し、複雑さをとどめたまま、情報を伝えていくことができる。

平山さんが編集長の時代に培われた人脈には、『暮しの手帖』編集部を経てパリに渡り、フードライターになった増井和子さんや、パリのシネマ通であり映画評論家の山田宏一さん、『太陽』編集長を経て20世紀パリのカルチャーをはじめとする評論で知られる海野弘さん、若くしてイタリアにわたってローマ人の歴史を綴る傍ら『花椿』にエッセイを書き続けた塩野七生さん、80年代ロンドンのミュージックシーンでデビューした「フランク・チキンズ」の法貴和子（カズコ・ホーキ）さんがいた。そうした華やかな人脈の原稿を享受する一方で、私はエレン・フライスやマイク・ミルズやスーザン・チャンチオロや清恵子さんを『花椿』に連れてきたし、文化を主導するNYや東京ばかりが発信地ではないと、大阪やLAの発するオルタナティブな動きにも目を光らせた。複数形のファッションズのなかでは、さまざまな概念が同居することができるのだ。

『花椿』(96年10月号)。当時注目されていた大阪発のブランド、20471120を筆頭にした「大阪オーラ」特集は、若木信吾さんと撮影。

90年代にはボアダムスへの興味から、オルタナティブな大阪発信の文化にも入れ込んでいた。

人と違うことを恐れない編集

40数ページしかない月刊誌の『花椿』が雑誌の顔をするためには、世の中のほかの雑誌と同じテーマや人を取り上げていては、勝てないことを自覚した上で、「違うことをする」姿勢、人が選ばない選択肢を選ぶ姿勢があった。

「人と違うことを恐れない」編集といえば、『花椿』らしいフォトグラファーを考えたときにまっ先に思い浮かぶ、シンディ・パルマーノとの仕事にも、その遺伝子があった。シンディを見つけてきたのは平山さんと仲條さんで、80年代半ばにロンドンで話題を呼んでいたふたりの新人写真家がニック・ナイトと、シンディ・パルマーノだった。世間の人の多くはニック・ナイトに飛びついたけれど、『花椿』はシンディを選んだ、と平山さんに聞いたことがある。

『花椿』(88年2月号)

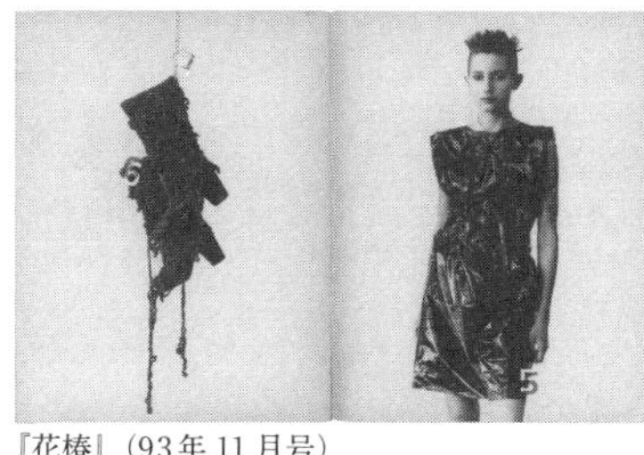
『花椿』(93年11月号)

シンディは87年から88年にかけて『花椿』の表紙を撮影していたし、その後もパンク・ファッション特集（1993年11月号）、ヴィヴィアン・ウェストウッド特集（1993年1月号）など、『花椿』にとってのちにエポックメイキングとなるような特集は彼女が撮ることが多かったのだが、その彼女と雑誌が出会ったばかりのころに、彼女は未婚のまま出産することを選ぶことになった。通常はドキュメンタリー記事の掲載はしない『花椿』だが、若くしてロンドンで写真家という仕事をしながら、ひとりで子どもを産み、育てる決心をしたシンディのその挑戦、その生き方を、8ページの特集記事にした（1988年7月号）。当時は『花椿』の若手エディターだった渡辺三津子さんがロンドンへ飛んで、出産ルポルタージュの記事を書いたのだ。そして編集長の平山さんはその子の名付け親、ゴッドマザーになった。

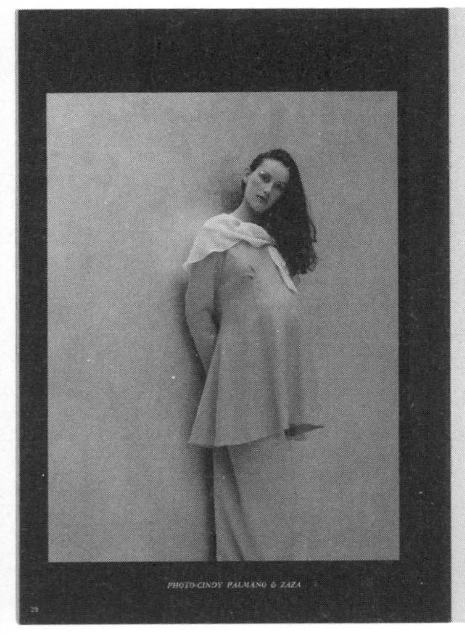

『花椿』（88年7月号）

仕事が重なってくると、こうして家族ぐるみのような付き合いが、海外のクリエイターとのあいだでも生まれていくことが『花椿』のまわりではよくあった。このような記事を誌面に取り上げるところや、塩野七生さんやカズコ・ホーキさんなどの海外でひとりで生きる日本人女性のエッセイを連載することの多かったところに『花椿』を貫く、フェミニズム的姿勢をみてとることもできるのではないか。

入社したばかりのころは、女性モデルをファッションとからめて、静物画のコンポジションのようにスタティックに配して撮影し、新たな意外性の美を紡ぎ出すような表紙のイメージが、私にとっては憧れの的だったシンディ。パンク・ファッション特集でロンドンでのロケに連れて行ってもらえるチャンスがまわってくると、私はシンディのご自宅に平山さんたちと一緒にお邪魔する機会を得た。いつも、掲載誌の海外送付のため封筒に書いているその住所が、ロンドンの実際のストリートの名前で、その場所に彼らが住んでいることを目撃したことに、不思議な感動があった。

撮影の現場ではとても厳しく、シンディは彼女自身がストリートキャスティングで声をかけて集めてきたモデルたちをも、自分がイメージする構図に合わないと、差し障りのないような指示を与えながら、それとなく次々とカメラの視野から外していった。30歳そこそこの女性が、ヘアメイクやモデルなどスタッフが10名以上いるクリエイティブな場の中心になって指示を与え、イメージをつくっていく様子を見たのは初めてだった。日本人のフォトグラファーと仕事をするときは、細部のすみずみまで指示を出すアートディレクターの仲條さんも、シンディが撮影するファッション写真となると、現場では任せきりであることを知ったことも、驚きだった。

シンディ・パルマーノのロンドンの自宅で。シンディのディレクションで全員が透明なオブジェをかざして写真に映った。

改装中の台所。

『花椿』で仕事したフォトグラファーたち

アーティスト気質のシンディからは自分からこれを撮りたいというプレゼンテーションもよくあって、それが実現したのが90年4月号、5月号のドゴン族特集だった。アフリカのマリ共和国に単身で渡って撮ったドキュメンタリー写真は、対外的にも好評で、とある大手出版社から、写真集として出版しないかという打診の電話を受けたこともある。シンディは自分の仕事を本のかたちに定着させることに、当時はあまり興味がもてなかったようで、その話は流れてしまったけれども。シンディから企画が寄せられ、彼女がひとりで撮影したまた別の特集企画「ワイルド・フーズ」(92年3月号）は環境問題や食への意識の高まりのある現

『花椿』(92年3月号)

代人の関心事を先取りしていた。編集部からは「犬」(93年12月号）や「靴」(98年12月号）など、日常的ではあってもちょっと工夫しがいのある企画を投げると、くらいついてきてくれるシンディだった。ロンドンで、私ひとりで靴特集の撮影に立ち会った時は、訪れた彼女のアトリエに、

さまざまな歴史的文献から集めた靴の資料が壁を埋め尽くしていたことが印象的だった。

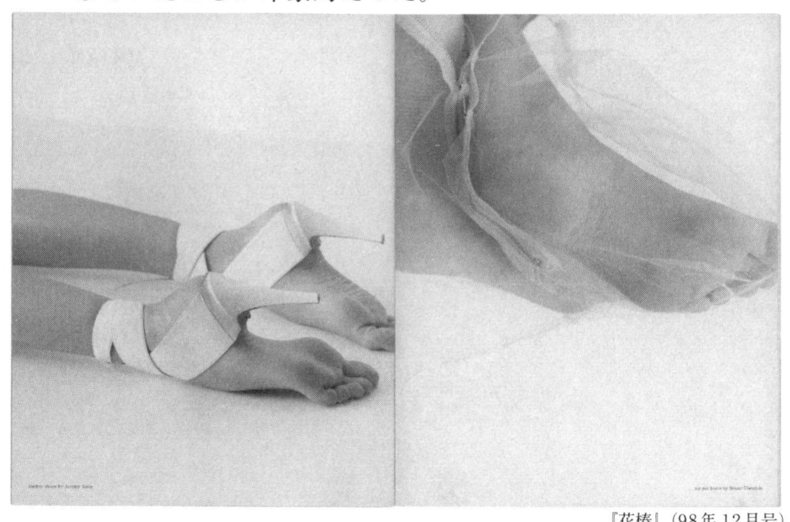

『花椿』(98年12月号)

私がフリーになったあとも、彼女に撮影をお願いしたいと思って2010年ごろに動向を調べてみると、「子どもが4人産まれて、もう写真を撮る生活から離れてしまったようだ」と人づてに聞いた。決して妥協せず、とことん納得がいくまで何時間かかっても撮影をやめないこともあったシンディは、作家的な気難しさもあった。『花椿』のようにまとまった量の仕事を発表していた媒体は、ほかにあまりないようだった。ともあれ、そんなシンディの思い出がつまったロンドンは、私が所属する前からずっと、『花椿』の編集において、新しい才能との出会いの場として重要な拠点だったと思う。

もうひとり、とても印象的だった女性フォトグラファー、アネット・オーレルは1983年、1984年と1986年に『花椿』の表紙モデルになったことがある、アメリカ人と日本人のハーフの女性だ。86年1月号の「Cover Girl」欄で「ワンシー

『花椿』(84年10月号)。アネット・オーレルが表紙モデルに。

ズンに　30本以上のショーに出演する売れっ子モデル」と紹介され、「かっこいい服が着られて、気の合うスタッフと仕事できた時が最高」とコメントしている時点で彼女は、19歳だった。そこから10年後に、97年1月号の特集「Paris Plus」や表紙をロンドンやパリで撮影するフォトグラファーとして、仲條さんや小俣さんと再会した。97年後半の表紙撮影から私が立ち会うようになったけれど、1カットの撮影に長いときは5時間もかけるなど、どこまでも粘るアネットに対してスタイリストのカミーユ・ビトゥ・ワディントンも、いくつものラックからあふれるほどの数の服を用意してきて、なんどもスタイリング提案をする粘り強さで付き合っていた。この時期にカミーユは出産を経たようで、97年4月号の表紙のオフショットには、撮影中に赤ちゃんを抱っこしている彼女の姿が収められている。

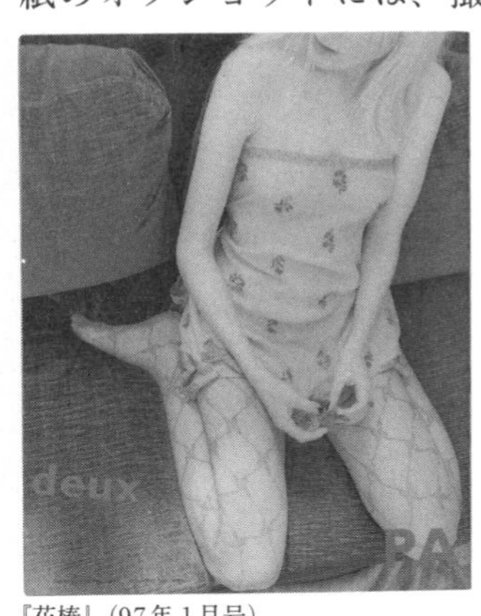

『花椿』(97年1月号)

翌年、98年の表紙の写真家、ホルスト・ディークゲルデスはカミーユの夫で、長年『花椿』の「Fashion」コラムを平山さんと撮影していた。アネットとの撮影でカミーユに出会い、日本人の女の子にも共感を呼びそうなカワイイ雰囲気のスタイリングを続行してほしかったのも起用の理由のひとつだった。パリコレでミュグレーの大会場のショーに行ったとき、現地のジャーナリストがカミーユの噂をしていたのを耳にしたことがある。親戚のおばさんが身内の小さい女の子の活躍を語るような口調で。こういうとき、ファッション界は本当に小さな村のようなソサエティーだな、と実感した。当時、カミーユもホルストも、『Purple』のライバル的ファッション誌『Self Service』の売れっ子チームだった。

『花椿』(97年2月号)

アネットとは表紙撮影の3年後に、ニューヨークで再会した。舞台は、私が渾身の情熱で企画した、スーザン・チャンチオロの二本立て特集だった。このロケのころのアネットには、人の存在の芯に、輝こうとしてくすぶる光をつかまえようというような姿勢が見られた気がする。『花椿』の表紙に求められる表情といえば、基本はやはり、一般的な雑誌と変わらず、笑顔や多幸感である。シンディやアネットが切り取るような、女性の少しシリアスな表情、何かを思考している人間という雰囲気は、ともすると重く暗いイメージになりがちだ。女性誌の多くはそうしたイメージを求めない、という現実がある。そんな葛藤が、1カット5時間という長い撮

『花椿』(00年11月号)。スーザン・チャンチオロのRUNコレクション回顧特集号。右ページ同様、撮影はアネット・オーレル。

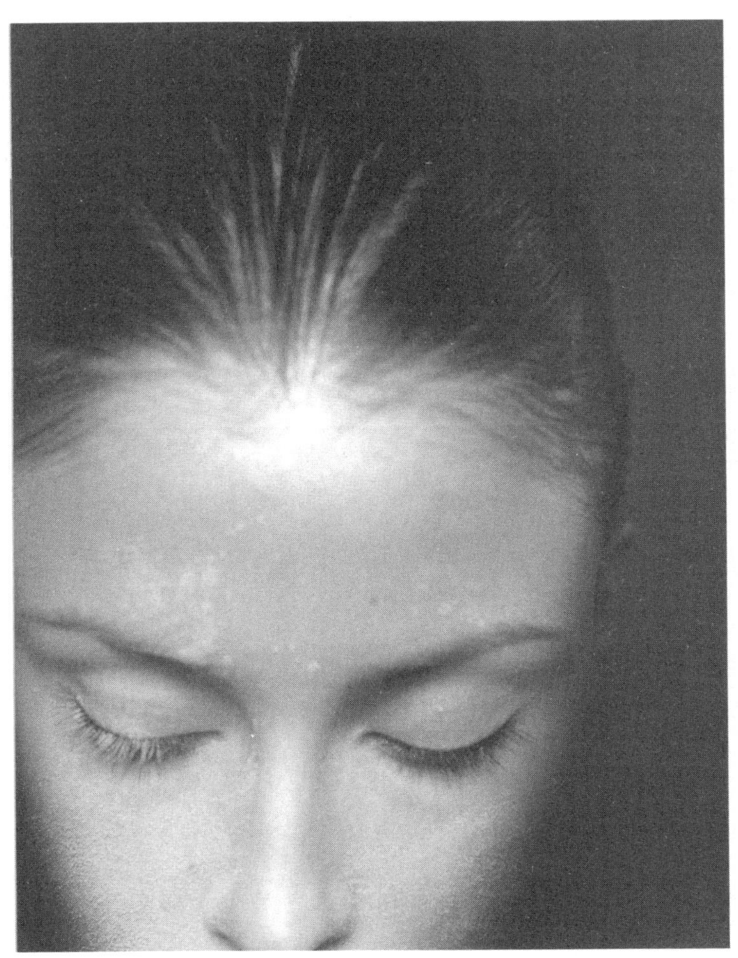

『花椿』（00年8月号）。資生堂のメーキャップアーティスト、岡元美也子とスーザン・チャンチオロのコラボレーション特集。

影時間の裏に、あったのかもしれない。

新しさとストリート・ファッションの発信地、ロンドン

80年代から90年代初めにかけて、平山さんと仲條さんがしょっちゅう撮影にきていたその街は、ファッションの世界のなかでの位置付けを考えると、つねに新しさが出現する都市だった。古くは60年代のモッズ・ファッションやミニスカート、70年代のパンク・ファッションもロンドンが発信地だった。80年に創刊された『i-D』や『The Face』といった音楽やユースカルチャーとファッションを扱う雑誌媒体が、老舗のファッション誌にはない新鮮なビジュアルを求めたこともあって、新しいモデルと、駆け出しのファッション・フォトグラファーは大抵、ロンドンにいた。彼らのセンスの良さを嗅ぎつけて集まってくる感度の高い、新しい表現への実験に意欲的なスタイリスト、ヘアやメイクのチームもロンドンで見つかった。

『i-D』（82年 no.9 ）

90年代後半からグローバリゼーションが闊歩して見えにくくなった側面があるが、本来ファッションという場所は、センスの良さ、感性の鋭さで、個人が世界と勝負できるフィールドなのだ。ファッション写真家たちは、ロンドンで頭角を表すとパリに移住し、モードの首都パリで洗礼を受けて、名前を確固たるものにして、ニューヨークへ行く。世界的に名前が知られる人たちは大抵、そういう道をたどっていた。

そのロンドンに、『花椿』を離れて約20年後の2020年代初頭に、2年間住むことになったことは先に触れた。90年代当時から連綿と今に至るまでファッションデザイナーを多数排出した美術大学、セント・マーティンズでアートヒストリーを背景にした展覧会学を学ぶことになったのだけれど、21世紀においては、ロンドンがエッジーなファッションの発信地だという概念をもつのは、もはや難しかった。同じくセント・マーティンズの大学院で学んだ、ファッションとアートヒストリーを専門とする新進気鋭の学者で『Fashion Work』という著書のあるイェッペ・ウゴリグに会って「歴史的にみてもロンドンは、モッズやパンクが登場した街だし『i-D』などの雑誌もあって、ストリート・ファッションの本拠地だったよね」という話をすると、「ロンドンのそうした側面をうっかり忘れていたよ、たしかにそうだよね」という反応だった。93年生まれ、北欧出身の彼にとっては、ロンドンも私たちよりは身近な都市で、日本人ほどには「ファッションの本拠地としての、ロンドンとほかの都市の違い」をあえて意識する機会は少ないのかもしれないと思った。

『i-D』(92年11月号)。90年代のアートmeetsファッションの立役者のひとり、ウォルフガング・ティルマンスのファッションストーリーを掲載。

ロンドンとのつながりは『花椿』だけでなく、80年代には資生堂もダギー・フィールズというロンドンのクリエイターと契約して「パーキー・ジーン」という若い女性向けの化粧品キャンペーンを打ち出していた。資生堂のような化粧品会社が海外と接点をもつ上で、イギリスといえば王室文化、とならずに、ファッションやクラブシーンに近いクリエイターと契約を結んでいたということは、80年代の勢いのなかだからこその冒険だったかもしれないし、慧眼だったと思う。インターネットが文化を制覇する前の時代、こうした冒険心あふれる選択や決断は、フォロワー数のように本質に関係ないものが個人に付随する情報として語られがちな現代より、ずっと自由で身軽だったのではないだろうか。

20　マルタン・マルジェラと『花椿』

1993年からパリコレに行くようになると、日本にいてパリコレのファッションだと思っていた文化は新規なファッションであって、その奥にはそれほど素早く変化はしないモードの世界が広がっていることを、私は察知した。当時の日本人は、海外の新しいファッションの話題にも好奇心いっぱいに反応していたけど、そうしたファッションへの興味は、世界においてはむしろ例外的なのかもしれなかった。けれども、なかには人と違うことを恐れない姿勢をファッションにもたらした、稀有な存在もいた。際立っていたのは、82年にパリコレにデビューしたコム デ ギャルソンと、88年秋からパリコレに参画していたマルタン マルジェラだった。彼らの仕事はよく“脱構築”と評されたが、それを平易な言葉で置き換えれば「人と違うことを恐れない」姿勢だったのではないかと思う。

パリコレに行きはじめる前の私にとってマルタン マルジェラは、『花椿』の「In Fashion」の編集会議や掲載記事で見聞きするだけの存在だった。当時、渋谷にはパルコの手前にシードという先端的なファッションブランドを扱うビル（現在は無印良品がテナントになっている）があって、その2階に、うすぐらい照明のもとで、エッジーなインポートブランドの服が限られた点数、セレクトされたものが吊り下がっていた。

マルタン マルジェラはダラーンとした暗い感じの服で、そのチープな素材感からすると信じられないくらい高価な値段がタグについていた。「どうして？」と思いはしても、いつもは古着やイリエをおしゃれに着こなしている先輩編集者が時々マルジェラを着ているのを見て、「だからきっと、格好良い服ということなんだろう」と考えるようにしていた。

編集長だった平山さんは、着ている服のブランドが一目瞭然なのは嫌だといって、いつもパリのお友達の入江末男さんがデザインするイリエの服がワードローブだった。平山さんは初期から、メルカさんも大絶賛の、ジャン＝ポール・ゴルチェのアシスタントだった（ゆえに正統的なパリ・モードのつくり手としての実力があるとみなされる）マルジェラを評価していたけれど、自分で着るようになったのは、編集長職を離れてファッション・ディレクターになってからだったと思う。

最近見た映画『マルジェラが語る“マルタン・マルジェラ”』*によって、このブランドのヒストリーをより明快に、デザイナーの説明から知る機会を得た。私が初めてパリコレに行った93年10月は、マルタン マルジェラがデビュー5年目を迎えており、時期としては最初無名だったこのブランドの人気が急速に上昇し、発表当初は理解されなかったデビュー当時からのくるぶし丈のロングシルエットのコピーが出回って、その現象がデザイナーを悩ませていた時期にあたったようだ。そこで、過去のコレクションをすべてグレーに染め直してタグに発表年を刻印し、ファッションショーは行わず展示会とフロアショーという形式でプレスやバイヤーを招くというかたちでの新作発表を行っていた。初めて体験するマルタン マルジェラの新作発表会場にいたモデルとなったのは、デザイナーの友人や業界関係者などだった。後々、私がパリコレ出張のたびに出会っていく編集者やカメラマン、ファッションデザイナーなどから「私、あのときのマルジェラモデルだったの」という話を聞くことになる。『Purple』（当時はまだ創刊したばかりで、『Purple Prose』と名乗っていた）編集長のエレン・フライスも、このシーズンのモデルをつとめていた。デザイナーによってスタイリングされ、生身の女性たちの身体によって着られた服は、店にダラリと吊り下げられた服とは違い、マルタン マルジェラという未知な謎めいたブランドの魅力を、説得力をもって伝えていた。

マルジェラの発表では驚かされることがたくさんあったけれど、そのとき私が驚いたことのひとつは、ファッションショーに代わるそのシーズン唯一の発表の場であった展示会場の去り際に、メゾンのスタッフから、「気に入った写真を選んで」と、マリナ・ファウストやアンダース・エドストロームが撮影した写真の入った箱を差し出されたことだった。

ショーを行えば、そのショーでキャットウォークを歩くモデルを正位置から撮るカメラマン席が決められており、そこで撮られたカットが世界に伝播するというファッション業界の定石があった。しかし、このときのマルジェラのようにショーを行わないという型破りな見せ方においては、メゾン側が何も手をうたなければ、どこでどんな瞬間を報道用に撮られてしまうかは、わからないことになる。そこで先手をうって、招待された記者がメモ的に撮るのは自由だけど、誌面に露出する際には自分たちが用意したイメージを使ってくださいね、という方法をとることにしたのだろう。こうした「ルール」もパリコレで発信されることが普通だったから、日本ではなかなか顔をあわせられないメゾンのプレスやデザイナーと、顔をつきあわせて信頼関係を構築することが、パリコレ期間中の両者にとって重要なことだった。SNSが登場したことによって、こうした情報伝達の仕組みは大きく更新されていくのだが。

こういう、新しいファッションブランドとして、メディアとの付き合い方を構築する上でかつてない行為を行うときも、マルジェラのスタッフがそう申し出るときの態度は、あくまでフレンドリーだった。写真の選択肢をたくさん取り揃えておいて、そのなかから「あなたの好きなものを選んで」というように、判断を記者や媒体に任せた。その瞬間、メゾンがすでにレールをしいたイメージからしか選べないという不自由を、記者自身が数点選択するという行為によって逆転させ、報道する側も主体性を発揮できるという機会を与えられた感覚があった。そうした細かい気配りによって、プレスも知らず知らずのうちに、マルタン・マルジェラという、いわばパリコレの掟破りの共犯者になっていた。

映画『マルジェラが語る“マルタン・マルジェラ”』*は、ファッションのシステムのなかで、その内側にいながらちょっとした行為で、先例とは違う選択をして、結果システムを変革したことが、90年代マルタン・マルジェラの「脱構築」だった、ということも再認識させてくれた。たとえば、白い空間をめぐるエピソード。彼がブランドを始めた当時、ファッションブランドのプレスルームといえばコンクリートの壁に黒い家具、というのがお決まりだった。それを変えたくて、家具や壁だけでなく「全部白く塗る」ことにした、という話。パソコンも、電話機も、そこにあるもの全部が白い布で覆われるか、白いペンキで塗られた。スタッフの制服も白い作業着だった。白、白、白。徹底してどこもかしこも塗り尽くす、覆い尽くすという行為によって、そこには一種不思議な風景が立ちあらわれていた。映画の冒頭でマルタンが語る、シュールレアリスムへの傾倒が、その実践の背後にはあったかもしれない。シュールレアリスムは彼の出身地であるベルギーから生まれた美術運動である。

映画では、マルタンの肉声で、82年にパリコレデビューしたコム デ ギャルソンへの興奮が語られていた。コム デ ギャルソンのパリコレへの登場によって「かつての憧れの対象は全部過去になった。未来があらわれた。ショールームや店舗やカタログが変わった。そういう変化はモデルの雰囲気や歩き方にまで及んだ。強烈だったよ」と彼は語っていた。

80年代前半にコム デ ギャルソンがパリコレを舞台に行ったファッションへの変革への姿勢を、80年代後半にデビューしたマルタン マルジェラは受け継いで、さらなる変革を重ねていった。その両者の脱構築の背後には、連綿と続くファッションという文化があって、そこに対する異議申し立てや別の方法論の模索が行われていたのだった。

それはファッション雑誌や女性誌に対して『花椿』が行ってきた変革への姿勢と似ていたのではないだろうか？　当時は月刊誌とはいえ、薄い冊子であった『花椿』は、女性誌というものの要素と徹底的に向き合い、それを別なやり方で解釈して実践していたように思える。女性誌にお決まりの要素といえば、たとえばファッション、それだけでなく旅や食の話題、などがある。その最新情報を追いかけるのがファッション誌かもしれないが、『花椿』はそこに歴史という深みを加えることで、情報の量ではなく情報の質で差別化していたのではないか。

たとえば、20世紀前半の歴史上に生きたヨーロッパの女性たちの、当時にしたら相当思い切った行為である旅とその人生を綴った海野弘さんの「旅をする女」。フランスのワインとチーズと食のルポルタージュを自分の足と舌と手で記し、食の本場から発信したパリ在住の増井和子さんによる「ワイン&キュイジーヌ」。シネマに関してはフランス人のダニエル・エイマンがヌーヴェル・ヴァーグのみならず90年代に新興してきたアジア映画やイラン映画の動向を定期的にレポートしていた。とくに80年代から90年代にかけての『花椿』の変遷を振り返ると、「女性誌を脱構築していたのが『花椿』だった」、ということができるのではないかと思う。

*映画『マルジェラが語る“マルタン・マルジェラ”』

言うまでもないかもしれないがこの映画は、現役中は、プレスの前に姿を表さないデザイナーでい続けたことで、ミステリアスなデザイナーだといわれたマルタンが、初めて自分の肉声でブランド創世記から退役までを語った映画。88年秋に89年春夏コレクションでデビューし、90年代の生き生きとした実験的行為を重ねたのち、資金難からディーゼル社に買収された2000年代の混迷を経て08年、20周年のファッションショー終了後、スタッフに告げずに引退するまでが回顧された。この記事を書いていた21年秋、パリの美術館Lafayette Anticipationsで現代アートのアーティストとして個展を開催。引退後マルタン・マルジェラ個人の初めての公的な活動として、注目を集めた。

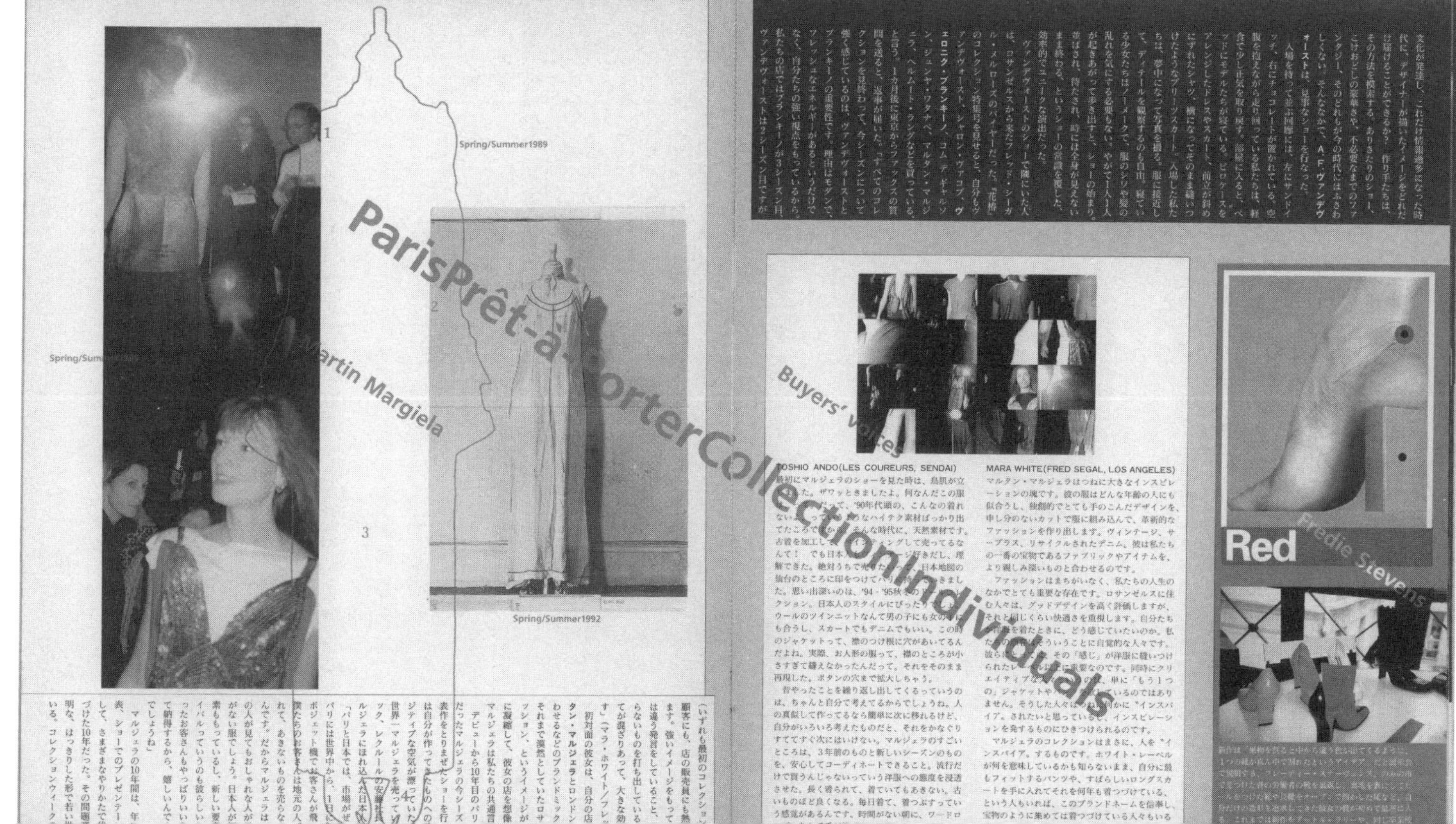

文化が発達し、これだけ情報過多になった時代に、デザイナーが描いたイメージをどれだけ届けることができるか？　作り手たちは、その方法を模索する。ありきたりのショー、こけおどしの豪華さや、不必要なまでのファンタジー、そのどれもが今の時代にはふさわしくない。そんななかで、**A.F.ヴァンデヴォースト**は、見事なショーを行なった。

入場を待って並ぶ回廊には、左にサンドイッチ、右にチョコレートが置かれている。空腹を抱えながら走り回っている私たちは、軽食で少し正気を取り戻す。部屋に入ると、ベッドにモデルたちが寝ている。ピロケースをアレンジしたドレスやスカート、前立が斜めにずれたシャツ、横になってそのまま縫いつけたようなプリーツスカート。入場した私たちは、夢中になって写真を撮る。服に接近して、ディテールを観察するのも自由。寝ている少女たちはノーメークで、服のシワや髪の乱れを気にする必要もない。やがて1人1人が起きあがって歩き出すと、ショーの始まり。並ばされ、待たされ、時には全身が見えないまま終わる、というショーの常識を覆した、効率的でユニークな演出だった。

ヴァンデヴォーストのショーで隣にいた人は、ロサンゼルスから来たフレッド・シーガル・メルローズのバイヤーだった。『花椿』のコレクション特集号を見せると、自分もヴァンデヴォースト、シャロン・ヴァコブ、**ヴェロニク・ブランキーノ**、コム デ ギャルソン、ジュンヤ・ワタナベ、マルタン・マルジェラ、ヘルムート・ラングなどを買っている、と言う。1カ月後に東京からファックスの質問を送ると、返事が届いた。"すべてのコレクションを見終わって、今シーズンについて強く感じているのは、ヴァンデヴォーストとブランキーノの重要性です。理由はモダンで、フレッシュなエネルギーがあるというだけでなく、自分たちの強い視点をもっているから。私たちの店ではブランキーノが3シーズン目、ヴァンデヴォーストは2シーズン目ですが

Buyers' voices

TOSHIO ANDO(LES COUREURS, SENDAI)

最初にマルジェラのショーを見た時は、鳥肌が立[illegible]た。ザワッときましたよ。何なんだこの服[illegible]って、'90年代頭の、こんなの着れない[illegible]なハイテク素材ばっかり出てたころで[illegible]そんな時代に、天然素材です。古着を加工し[illegible]ィングして売ってるなんて！　でも日本[illegible]ージ好きだし、理解できた。絶対うちで売[illegible]日本地図の仙台のところに印をつけてパリ[illegible]きました。思い出深いのは、'94－'95秋冬の[illegible]クション。日本人のスタイルにぴったり[illegible]ウールのツインニットなんて男の子にも女の[illegible]にも合うし、スカートでもデニムでもいい。この時のジャケットって、襟のつけ根に穴があいてるんだよね。実際、お人形の服って、襟のところが小さすぎて縫えなかったんだって。それをそのまま再現した。ボタンの穴まで拡大しちゃう。

昔やったことを繰り返し出してくるっていうのは、ちゃんと自分で考えてるからでしょうね。人の真似して作ってるなら簡単に次に移れるけど、自分がいろいろ考えたものだと、それをかなぐりすてすぐ次にはいけない。マルジェラのすごいところは、3年前のものと新しいシーズンのものを、安心してコーディネートできること。流行だけで買うんじゃないっていう洋服への態度を浸透させた。長く着られて、着ていてもあきない。古いものほど良くなる。毎日着て、着つぶすっていう感覚があるんです。時間がない朝に、ワードロ

MARA WHITE(FRED SEGAL, LOS ANGELES)

マルタン・マルジェラはつねに大きなインスピレーションの塊です。彼の服はどんな年齢の人にも似合うし、独創的でとても手のこんだデザインを、申し分のないカットで服に組み込んで、革新的なファッションを作り出します。ヴィンテージ、サープラス、リサイクルされたデニム。彼は私たちの一番の宝物であるファブリックやアイテムを、より親しみ深いものと合わせるのです。

ファッションはまちがいなく、私たちの人生のなかでとても重要な存在です。ロサンゼルスに住む人々は、グッドデザインを高く評価しますが、それと同じくらい快適さを重視します。自分たちが[illegible]を着たときに、どう感じていたいのか。私たちの[illegible]そういうことに自覚的な人々です。彼らに[illegible]、その「感じ」が洋服に縫いつけられたレ[illegible]に重要なのです。同時にクリエイティブな[illegible]の[illegible]、単に「もう1つの」ジャケットや[illegible]ているのではありません。そうした人々は[illegible]何かに"インスパイア"されたいと思っている[illegible]、インスピレーションを発するものにひきつけられるのです。

マルジェラのコレクションはまさに、人を"インスパイア"するものです。ホワイト・レーベルが何を意味しているかも知らないまま、自分に最もフィットするパンツや、すばらしいロングスカートを手に入れてそれを何年も着つづけている、という人もいれば、このブランドネームを信奉し、宝物のように集めては着つづけている人々もいる

（いずれも最初のコレクショ
顧客にも、店の販売員にも熱
ます。強いイメージをもって
は違う発言をしていること、
らないものを打ち出している
てが混ざりあって、大きな効
す」（マラ・ホワイト／フレ

初対面の彼女は、自分の店
タン・マルジェラとロンドン
わせるなどのブランドミック
それまで漠然としていたロサ
ッション、というイメージが
に凝縮して、彼女の店を想像
マルジェラは私たちの共通言

デビューから10年目のパリ
だったマルジェラの今シーズ
表作をとりまぜたショーを行
は自分が作ってきたものへの
ジティブな空気が漂っていた
世界一マルジェラを売って
ック、レクルールの安藤社長
ルジェラにほれ込んだ日本
「パリと日本では、市場がぜ
パリには世界中から、1日に
ボジェット機でお客さんが飛
僕たちのお客さんは地元の人
れて、あきないものを売らな
んです。だからマルジェラは
の人が見てもおしゃれな人が
がない服でしょう。日本人が
素もっているし、新しい要
イバルっていうのも彼らしい
ったお客さんもやっぱりいい
て納得するから、嬉しいんで
でしょうね」

マルジェラの10年間は、年
表、ショーでのプレゼンテー
して、さまざまなやりかたで
づけた10年だった。その問題
明な、はっきりした形で若い
いる。コレクションウィーク

『花椿』（99年3月号）

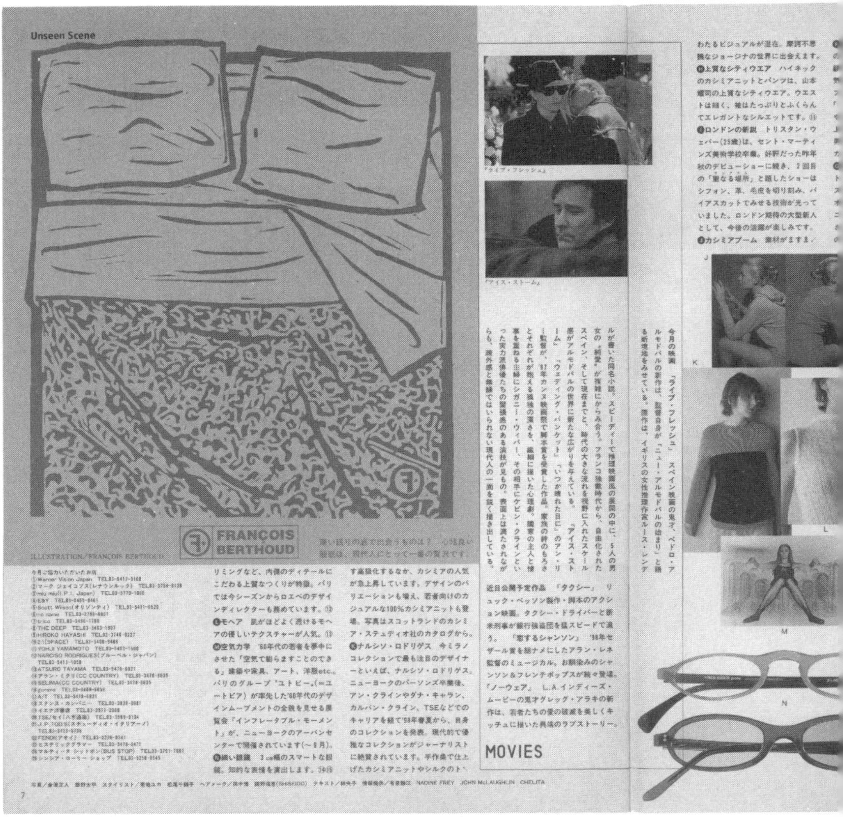

Unseen Scene

FRANÇOIS BERTHOUD

深い眠りの底で出会うものは？ 心地良い睡眠は、現代人にとって一番の贅沢です。

ILLUSTRATION/FRANÇOIS BERTHOUD

今月ご協力いただいたお店
①Warner Vision Japan TEL03-5412-3168
②マーク ジェイコブス(レナウンルック) TEL03-3794-8128
③miu miu(I.P.I. Japan) TEL03-3779-1866
④ESY TEL03-5465-8461
⑤Scott Wilson(オリゾンティ) TEL03-5411-6520
⑥no name TEL03-3796-6607
⑦trico TEL03-3496-1788
⑧THE DEEP TEL03-3463-1907
⑨HIROKO HAYASHI TEL03-3746-0227
⑩2:1(SPACE) TEL03-3408-9486
⑪YOHJI YAMAMOTO TEL03-3463-1500
⑫NARCISO RODRIGUES(ブルーベル・ジャパン) TEL03-3413-1050
⑬ATSURO TAYAMA TEL03-5478-6831
⑭アラン・ミクリ(CC COUNTRY) TEL03-3478-3635
⑮SELIMA(CC COUNTRY) TEL03-3478-3635
⑯gomme TEL03-5469-5836
⑰A/T TEL03-3478-6821
⑱スタンス・カンパニー TEL03-3839-0087
⑲イエナ洋書店 TEL03-3571-2980
⑳TSE/セイ(八木通商) TEL03-3589-3104
㉑J.P.TOD'S(スチューディオ・イタリアーノ) TEL03-3423-0736
㉒FENDI(アオイ) TEL03-3236-0341
㉓ヒステリックグラマー TEL03-3478-3471
㉔マルティーヌ シットボン(BUS STOP) TEL03-3791-7081
㉕シンシア・ローリー ショップ TEL03-3258-0545

リミングなど、内側のディテールにこだわる上質なつくりが特徴。パリでは今シーズンからロエベのデザインディレクターも務めています。⑫
Ⓛモヘア 肌がほどよく透けるモヘアの優しいテクスチャーが人気。⑬
Ⓜ空気力学 '60年代の若者を夢中にさせた「空気で膨らますことのできる」建築や家具、アート、洋服etc.。パリのグループ"ユトピー"(＝ユートピア)が率先した'60年代のデザインムーブメントの全貌を見せる展覧会「インフレータブル・モーメント」が、ニューヨークのアーバンセンターで開催されています(〜8月)。
Ⓝ細い眼鏡 3㎝幅のスマートな眼鏡。知的な表情を演出します。⑭⑮

Ⓘカシミアブーム 素材がますます高級化するなか、カシミアの人気が急上昇しています。デザインのバリエーションも増え、若者向けのカジュアルな100%カシミアニットも登場。写真はスコットランドのカシミア・ステュディオ社のカタログから。
Ⓚナルシソ・ロドリゲス 今ミラノコレクションで最も注目のデザイナーといえば、ナルシソ・ロドリゲス。ニューヨークのパーソンズ卒業後、アン・クラインやダナ・キャラン、カルバン・クライン、TSEなどでのキャリアを経て'98年春夏から、自身のコレクションを発表。現代的で優雅なコレクションがジャーナリストに絶賛されています。手作業で仕上げたカシミアニットやシルクのト

写真／金澤正人 郡野太平 スタイリスト／岩地ユカ 松尾千鶴子 ヘアメーク／田中博 岡野瑞恵(SHISEIDO) テキスト／林央子 情報提供／有吉節江 NADINE FREY JOHN McLAUGHLIN CHELITA

7

『ライブ・フレッシュ』

『アイス・ストーム』

今月の映画 『ライブ・フレッシュ』 スペイン映画の鬼才、ペドロ・アルモドバルの新作は、監督自身が「ニュー・アルモドバルの始まり」と語る新境地をみせている。原作は、イギリスの女性推理作家ルース・レンデルが書いた同名小説。スピーディーで推理映画風の展開の中に、5人の男女の"純愛"が複雑にからみ合う。フランコ独裁時代から、自由化されたスペイン、そして現在までと、時代の大きな流れを視野に入れたスケール感がアルモドバルの世界に新たな広がりを与えている。 『アイス・ストーム』 『ウェディング・バンケット』『いつか晴れた日に』のアン・リー監督が、'97年カンヌ映画祭で脚本賞を受賞した作品。家族の絆のもろさとそれぞれが抱える孤独の深さを、繊細に描いた心理劇。閣寮の主人と情事を重ねる主婦にシガニー・ウィバー、その相手にケビン・クラインといった実力派俳優たちの緊張感のある演技が見もの。表面上は満たされながらも、疎外感と無縁ではいられない現代人の一面を鋭く描き出している。

近日公開予定作品 『タクシー』 リュック・ベッソン製作・脚本のアクション映画。タクシー・ドライバーと新米刑事が銀行強盗団を猛スピードで追う。 『恋するシャンソン』 '98年セザール賞を総ナメにしたアラン・レネ監督のミュージカル。お馴染みのシャンソン&フレンチポップスが続々登場。 『ノーウェア』 L.A.インディーズ・ムービーの鬼才グレッグ・アラキの新作は、若者たちの愛の破滅を美しくキッチュに描いた異端のラブストーリー。

MOVIES

わたるビジュアルが混在。摩訶不思議なジョージナの世界に出会えます。
Ⓖ上質なシティウエア ハイネックのカシミアニットとパンツは、山本耀司の上質なシティウエア。ウエストは細く、袖はたっぷりとふくらんでエレガントなシルエットです。⑪
Ⓗロンドンの新鋭 トリスタン・ウェバー(25歳)は、セント・マーティンズ美術学校卒業。好評だった昨年秋のデビューショーに続き、2回目の「聖なる場所」と題したショーはシフォン、革、毛皮を切り刻み、バイアスカットでみせる技術が光っていました。ロンドン期待の大型新人として、今後の活躍が楽しみです。
Ⓘカシミアブーム 素材がますま

J K L M N

『花椿』(98年9月号)

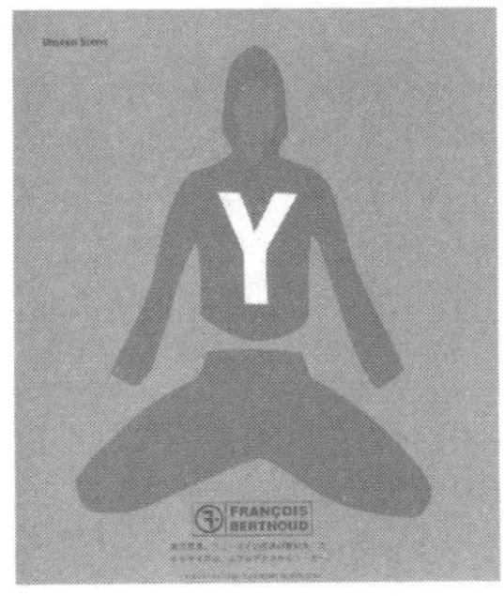

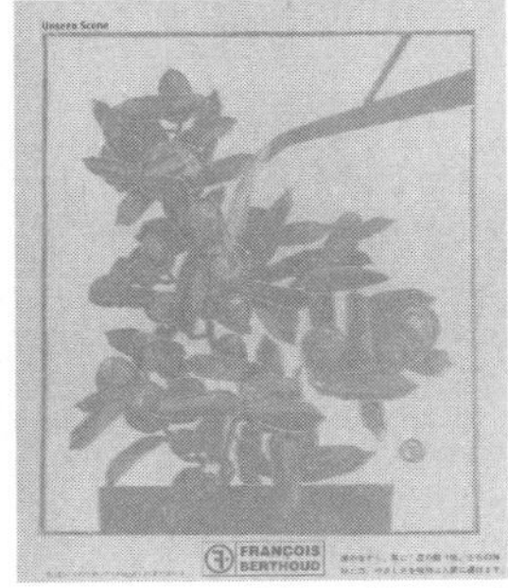

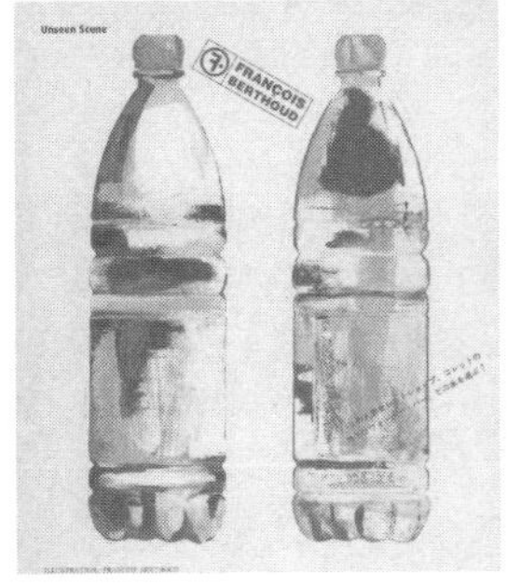

フランソワ・ベルトゥのイラスト(98年4月号、5月号、7月号より)

21　物質文化を超えて。

時代の変化のきざしを、ファッションから見つける

させた"新アジア料理"のクッキ
グページなど、アジア料理への関
の高まりも、反映されています。
V&Aの写真ギャラリー　1839年
ダゲレオタイプ写真から、プラダ
最新広告写真まで。総数約30万点
コレクションを誇る写真ギャラリ
が、ロンドンのヴィクトリア&ア
バート美術館に新設されました。
機能的な革のバッグ　むら染め風
革のバッグは、上下どちらの側か
も使えて機能的。厚みは4cm。
ドラマの空間　オランダ生まれの
ーティスト、リサ・メイ・ポスト。
ンディ・シャーマン以降、新しい
性のポートレートをつくるアーテ
ストとして注目されています。
Ⓐノルウェーの風景　東京・渋谷の
ザ・ディープで、'70年生まれのノル
ウェーの若手アーティスト、トービ
ョーン・ロドランドの写真展が開催
されます。あたり一面の銀世界や、
雪景色の合間にさしこむ陽光と少女
など、26点を展示(8/10〜9/12)。
Ⓑ「フード・イラストレイテッド」
美しい写真とレイアウトで人気のイ
ギリスの園芸雑誌「ガーデン・イラ
ストレイテッド」の出版社から、食
を題材にした月刊誌が創刊されまし
た。内容はおしゃれな台所用品、そ
の月の旬な食材といったコラムや、
インドのユダヤ人社会にのこる特殊
な食生活をレポートする特集など。
また「包む」というスタイルを発

編集長交代から5年。1998年の『花椿』は、その年32歳になった私にとっても印象深い年輪になった。5月号からの「In Fashion」は、フリーになられた渡辺三津子さんにかわって私が担当することになった。打ち合わせや撮影は平山景子さんの存在感が変わらず圧倒的だったものの、夕方から仲條事務所を訪ねて、アシスタントの澁谷善雄さんと一緒に写真をセレクトし配置する徹夜のレイアウトは、写真をコピー機で拡大して切り抜いて置きながら配置をみていく、手工芸的な作業でもあって、楽しめた。

『花椿』が時代の先端を切り取ってみせる、というような心意気があらわれたページだったから、毎月そのページを担うことはやはり楽しかった。この時期から「In Fashion」には、服や靴やバッグなどの物の紹介や、映画や書籍などの文化の紹介に加えて、ファッションにあらわれている時代精神をフランソワ・ベルトゥにイラストにしてもらう、という企画をしていた。

98年の「In Fashion」でフランソワのイラストに添えられた文章と、絵の内容をあげてみると以下のようになる。「東洋思想、ニューエイジ回帰の世紀末。エクササイズは、エアロビクスからヨーガへ」(4月号)。「緑の命から、年に1

度の贈り物。生命の神秘と力、やさしさを植物は人間に届けます」(5月号)。「パリの人気セレクトショップ、コレットの地下はウォーター・バー。どの水を選ぶ？」(7月号)。「深い眠りの底で出会うものは？　心地良い睡眠は、現代人にとって一番の贅沢です」(9月号)。

この98年5月号の特集は「Design Today」。仲條さんとパリへロケに出かけ、マーク・ボスウィックと撮影をした。モデルはNYから飛行機代を払って呼び寄せたスーザン・チャンチオロにも立ってもらったほか、マークの紹介で、パリでデビューしたてのブレスのデジレ・ハイスにスタジオに来てもらい、彼らの新作を撮影させてもらった。マークと『花椿』はこの撮影が、初仕事だった。日本食レストランの夕食の席で、仲條さんがマークに納豆をすすめ、食通のマークがなんともいえない顔をしたのを記憶している。デビューから10年目のマルタン・マルジェラが発表した平らな服、フラット・ガーメントが、モダンデザインのあり方を問う特集全体を牽引していた。1ページ目には、仲條さんが頼んでマークに漢字で書いてもらった「今日」という文字が使われた。

98年7月号はNYからマイク・ミルズをよんで京都の印象、「Impressions of Kyoto」という特集を組んだ。写真はホンマタカシさん。構想や人脈の関係づくりは私からのものだったけど、特集担当者は編集部の別なスタッフ で、という条件で編集長の小俣さんが許可した企画だ。アイデアは共有し、仕事のわりふりは平均的に。つまり、アイデアを出さない人にも仕事のチャンスが与えられるように、という考え方は、『花椿』から一歩外に出て、ほかの雑誌編集部の常識から考えるとかなり特異なやり方だったけど、一般企業のなかのひとつのセクションである『花椿』編集部ではこのやり方が、当然のことのように採用されていた。グローバリゼーションの一方で、日本らしさを味わえる街として、京都は2010年代から劇的に外国人観光客を増やすことになる。そうした現象があらわれる少し前に、「外国人の目から見た」という視点を借りながら、伝統的な京都の景観の独特さを紹介する企画になっていた。

同じく7月号の「Speed」ではオランダのファッションの最新動向について、『Purple』編集長のひとり、オリヴィエ・ザムに寄稿してもらっていた。クチュールに転向したヴィクター&ロルフと、ヴィクター&ロルフのためにコンセプチュアルな靴をつくっていたフレディ・スティーヴンスや、『Purple』にコム デ ギャルソンのリプロダクションを発表していたパスカル・ガテンの活動を紹介するコラムだった。パリコレに通っていても、根底からその世界を覆すような新しい試みに出会うのはまれなことだ。そのひとつの潮流が当時は、オランダからくる実験的な試行錯誤の流れだったのだ。

たとえ小さなコラムであっても、自分たちの編集部目線で書かずに、フランス思想界の論客のひとりとしても認知されていたオリヴィエに言語化してもらうことで、ファッションという文化の層の厚みを伝えることを狙っていた。エレン・フライスにもオリヴィエ・ザムにも、パリコレ期間中、ベルヴィルの中華料理のレストランの大きな円卓で『Purple』関係者たちと食事をともにするときなどに、こうしたコラムへの執筆をしばしば依頼して、後日その原稿を紙面に紹介していった。

『花椿』（98年7月号）「Impression of Kyoto」。龍安寺の石庭、南禅寺の三門など、いわゆる京都という名所を、マイク・ミルズの眼で見ると？　という想定の特集で、マイクには前入りで滞在制作を依頼し、撮影にも参加してもらった。扇子にビル・ゲイツのイラストを描くのはマイクのアイデア。

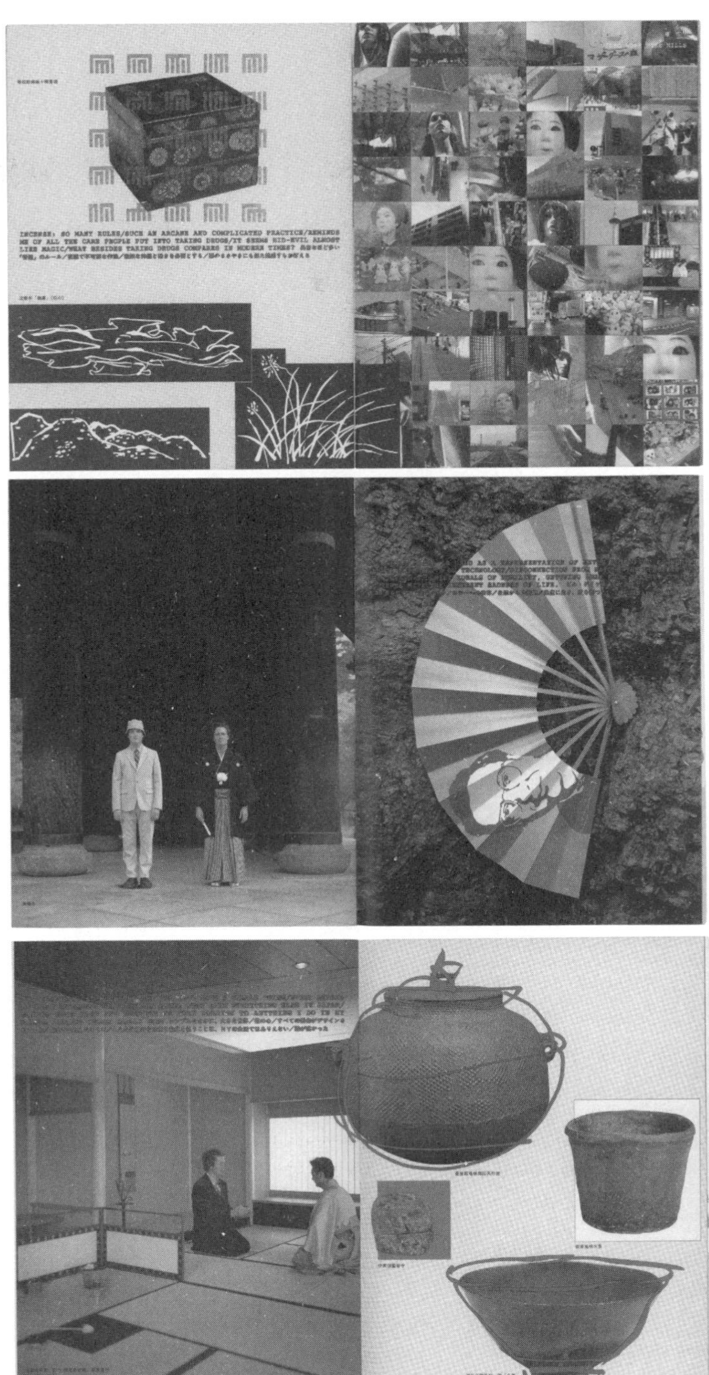
INCENSE: SO MANY RULES/SUCH AN ARCANE AND COMPLICATED PRACTICE/REMINDS ME OF ALL THE CARE PEOPLE PUT INTO TAKING DRUGS/IT SEEMS MID-EVIL ALMOST LIKE MAGIC/WHAT BESIDES TAKING DRUGS COMPARES IN MODERN TIMES?

90年代後半のパリコレとマルタン・マルジェラ

『花椿』では毎年春と秋の年2回、パリコレ特集を組んでいたけれど、98年の3月号のパリコレ特集から私が執筆することになった。3月号は私がひとりで。その後9月号以降は、平山景子さんと私で6ページずつ分担して書くスタイルが出来上がった。98年3月号のパリコレ特集は、前年10月に開催された98年春夏パリ・コレクションの報道だ。ほかに先駆けて早い情報を自負していた『花椿』だが、パリコレ・レポートに関しては、ほかの雑誌のレポートが出終わったころ、着る人がそのシーズンの服を考えるころにレポートが出た。「パリへ発つ前から、どよめきを起こしたのが『コム デ ギャルソンとマルジェラが同じ時期、同じ場所でショーをやるらしい』というニュースだった」という書き出しで始まる私のレポートは、メルカ・トレアントンさんへの取材と自身が見たことで主に構成される平山さんのレポートとは違い、期間中（またはその前後）に見たもの、読んだ記事、取材した人の声など、ショーをとりまく外部の情報もふんだんに取り入れて構成した。

Paris Prêt-à-Porter Collection 1998 Spring & Sum

Report / Nakako Hayashi Supervision / Keiko Hirayama Photo / Joe Dorsey

取材した声を引用した人はたとえばファッションデザイ

ナー（ジェレミー・スコット）、ファッション・ジャーナリスト（平山景子、メルカ・トレアントン、ローレンス・ブナイム）、ファッション関係者（スティーブン・ジョーンズ／帽子デザイナー、ステファン・マレー／メーキャップデザイナー、マリア・ルイザ／ショップオーナー、マーク・ロペツ／ヘアクリエイター）などである。一週間程度の出張で、ショーも見た上で取材もして記事を書くため、その期間中の多忙さといったらなかった。とはいえ速報記事ではない分、執筆までのあいだに内容を熟慮する余裕はあった。媒体によっては発信するスピードを問われるメディアもあるため、体力的にもっとハードなジャーナリストはたくさんいたはずだけれど。そのなかでも、25年後の今も印象にのこるコメントはこれだ。

『花椿』（98年3月号）

「スティーブン・ジョーンズは『人種のミックスと、オーセンティックな異文化との出会い。そこにもっとも、新しいイメージが生まれる可能性を感じる』と語った。その言葉の裏には、今回のガリアーノでの経験がある。ショーの最初に登場した白いニットのロングドレスは、白人のモデルには誰にも似合わなかったが、アジア人のモデルが着たとたんにすばらしくピュアに引き立った。そういえば、97

年の返還前に旅行した香港では、インド、マレーシア、中国、イギリスなどさまざまな人種が交差する高層ビル街に、一瞬未来の光景が見えた気がした。舞台はパリでも、パリ・コレクションはパリについてだけのものではない。このことをパリが見逃すはずはないだろう」

当時、ファッションにおける選択を人生の重要な要素のひとつと捉える人も多かった東京とは異なり、香港は、たとえばパリが発信する最新ファッションの潮流とは無縁な街という印象だった。けれども、いつまでそうあり続けるのだろう？という疑問を私はもっていた。自分らしい考察をぶつけたつもりで書いたこのテキストも、編集部で話題になったかといえばそういうこともなく、どちらかというと「変わったことを書くのね」という受けとめではなかったかと思う。その10年後、2008年に大きく報道されたニュースは20周年のショーのあと、マルタン・マルジェラ自身が無言でメゾンを去ったことだった。90年代のクリエイティビティにわいたファッションの世界が、ひとつの終止符をうった、と多くの人が受けとめていた。その要因のひとつには、その10年のあいだにグローバリゼーションの波がファッションを直撃したことがあった。2000年代に

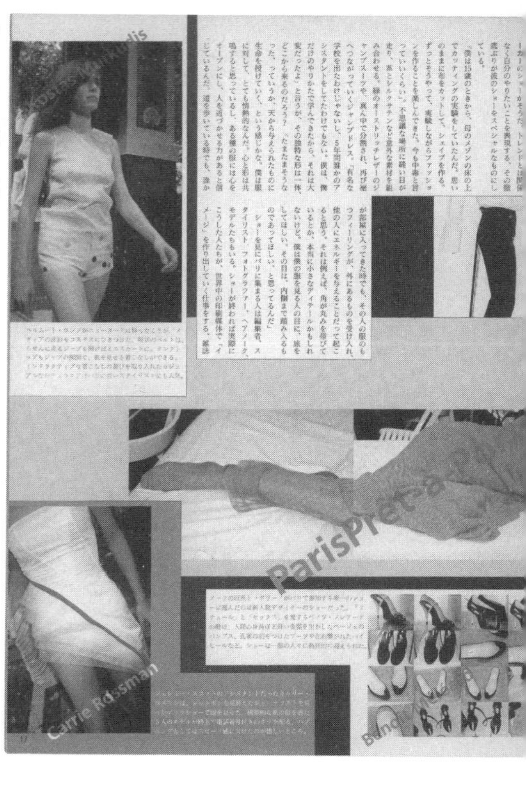

ーカーのショーがそうだ、トレンドとは関係なく自分のやりたいことを表現する、その徹底ぶりが彼のショーをスペシャルなものにしている。

「僕は15歳のときから、母のメゾンの床の上でカッティングの実験をしていたんだ。思いのままに布をカットして、シェイプを作る。ずっとそうやって、実験しながらファッションを作ることを楽しんできた。今も中毒と言っていいくらい」。不思議な場所に縫い目が走り、黒とシルクサテンなど意外な素材を組み合わせる。緑のオーストリッチレザーのジャンプスーツや、真ん中で分断され、再び縫へつながっていくジャンプドレス。「有名な学校を出たわけじゃないし、5年間誰かのアシスタントをしてたわけでもない。僕は、僕だけのやりかたで学んできたから、それは大変だったよ」と言うが、その独特な形は一体、どこから来るのだろう？「たまたまそうなった、っていうか、天から与えられたものに生命を授けていく、という感じかな。僕は服に対して、とても情熱的なんだ」心と形は共鳴すると思っているし、ある種の服には心をオープンにし、人を近づかせる力があると信じているんだ」道を歩いている時でも、誰かが部屋に入ってきた時でも、その人の服のもつフィーリングが、外にあるものを受け入れ、他の人にエネルギーを与えることだって起こると思う。それは例えば、角が丸みを帯びているとか、本当に小さなディテールかもしれないけど。僕は僕の服を見る人の目に、旅をしてほしい。その目は、内側まで踏み入るものであってほしい、と思ってるんだ」

ショーを見にパリに集まる人は編集者、スタイリスト、フォトグラファー、ヘアメーク、モデルたちもいる。ショーが終われば実際にこうした人たちが、世界中の印刷媒体で「イメージ」を作り出していく仕事をする。雑誌

は、90年代にファッション都市と認識されていた街とは異なる消費の場所が、中国やアジアに出現していた。

当時、『花椿』チームとして一緒にパリコレに行っていた渡辺さんとの会話で、97年前後のパリコレウィーク中に、サンジェルマンにオープンしたルイ ヴィトンの新店舗のことを話した。渡辺さんは「そこで買い物している人がいるなと思って、よく見たらマーク・ジェイコブスだったの」と言った。その時の店舗の風景をうっすらと覚えている気がするので、私も彼女と一緒にマーク・ジェイコブスのいるヴィトンの店舗にいたのかもしれない。どこまで正しいのか、今はもう記憶は定かではない。でもたしかなことは、そんな会話をしたすぐあとに、老舗バッグブランドのルイ ヴィトンが服飾に参入して、パリではどちらかというと軽視されていたアメリカ人デザイナーのひとりであるにもかかわらず、気鋭のデザイナーとしてマーク・ジェイコブスを迎え入れたことが大々的に報道された、ということだ。こんなふうに、歴史を目撃したと思える実体験が、パリコレ取材に行っていたころの収穫のひとつといえるのかもしれない。マーク・ジェイコブスがルイ ヴィトンと契約

「パリではみんなもうこれ以上、ショーを見たいとは思ってないでしょう？ 大体、1日にいくつショーを見ますか？ 6つ？ 7つ？ 8つかな？ 行列したり席を取り合ったり、ヒステリックでクレイジーだよね。僕はみんながもっとくつろげる空間で、新しい服の紹介のしかたを提示したかったんだ」

69年生まれ、アントワープ王立美術アカデミー出身のユルギ・ペルソーンは、静かに話す。ウォルターのアシスタントを経てコレクションを発表。6シーズン目の今回初めてパリでプレゼンテーションをしたが、それはショーではなく15分間の映像の上映会だった。パリの古い映画館では席を奪い合う混雑もなく、アイスクリームやポップコーンをふるまう女性が通り過ぎる。エレキギターと管楽器の瞬時的な生演奏をバックに、夜中の10時から上映されたのは、繊細で美しく、抽象的なイメージだった。

・天井から吊り下げられた女性／肉体にクモの巣のようにからみつく、赤いニットのボディスーツ。

・トンネルを足早に歩く女性／闇のなかに浮かび上がる、フリンジの動き。ストロボ。

・砂に埋もれた女性の横顔／引き裂かれたレースのディテール、白。

映画はあえてストーリーをもたせなかった。洋服を見せるというより、映像の美しさを意識した。「何を見ているのかわからないような映画をつきつけられると、人は自分で考えなければならない状況に置かれます。そこが挑戦なんです。ただショーを見るより、こういう映画を見ることのほうが難しいし、楽しいはず。自分自身で解読しなければならないから。この映像に興味をもった人がショールームへ、服を見にきてくれればいいと思う」

世界中から服の作り手と買い手（II売り

16

『花椿』（99年3月号）

してから、マーケティング主導の発想が、保守的だったモード界にどんどん取り入れられていった。そのひとつが、02年から始まった村上隆とのコラボレーションのような、アートの世界との共働だった。

08年から18年までの10年、マルジェラのみならずパリコレを拠点としていたさまざまなデザイナーがビジネスの路線変更やブランドのクローズを迫られた。私が『花椿』のためにレポートした最後は2000年だったと思うけれど、その前後にデビューしたフレッシュな若手デザイナーの一群にいた、たとえばヴェロニク・ブランキーノやアン・ソフィー＝バックなども、残念ながら活動に終止符をうったブランドだった。その一方で、アジアの購買力は増す一方だ。25年前にスティーブン・ジョーンズがガリアーノの舞台裏で実感したような「もうひとつのイメージ」、西洋文化に必ずしも主導されないファッションのイメージが増えていくのが当然といえる時代を今、迎えていると思う 。そしてはからずも、インターネット上のSNSでファッションブランドの経営方針があちらこちらでバッシングされることも、90年代にはなかったことだが、昨今の現実になってきている。

一見、経済力を背景に、購買者側に発言のパワーがあるように見えるし、発言権は中国などの非西洋文化圏に移ったかのようにも見える。けれどもそこでは、深い対話やイマジネーションを喚起するようなクリエーションは行われているとはいいがたいのではないだろうか。時代を牽引するような「新しいイメージ」が、ファッションの分野で、なかなか見えてこない、という歯痒さもある。当時のパリコレが打ち出したような大きなイメージに対抗する、大きな物語や大きなイメージが出現する時代ではなく、無数の多様なイメージや流れが出てくる時代になってきていると思えるのだが。

とはいえ、捨てる神あれば、拾う神あり。18年、クリエイティブなデザイナーたちがいったんファッションというフィールドを離れることを余儀なくされたような情勢のなかで、逆にファッションを思想的に論じようという流れがヨーロッパで台頭しはじめている。そのひとつに、ロンドンの美術大学、ゴールドスミスで「拡張されたデザインの実践」を教えるファッションの指導者、ルビー・ホエットが、ロンドン・カレッジ・オブ・ファッションの美大で教えるキャロライン・スティーブンソンと組んで立ち上げた、MODUSというプラットフォームがある。

前にも少し触れたように、美術史でロザリンド・クラウスが提唱した「拡張された彫刻」という概念を反映し、それをファッションというフィールドに置き換えて「Fashion in the expanded field」や「Expanded Fashion」などのキーワードからファッションにまつわる思考を拡げようとする動きがある。ヨーロッパの美大でファッションを教える先生たちが主体となって、論文誌や年に一度の展覧会をつくっていこうとするMODUSは、18年にオランダで始まり、新規な動きのまた別の拠点であるオーストラリアの学者たちも共鳴している。その直後にロンドンに留学していた私は21年に論文を書きはじめてから、こうした流れの中心にいる若い学者たちに、次々に会っていくことになる。今までになかった動きを、これから自分たちでつくろうとしている彼女たちは総じていきいきとしていて、考え方は柔軟で、これからファッションの拡がりをつくることにワクワクしているように見えた。

ここまで書いて、私は編集部の戸田さんに、資料を自宅に送ってもらう依頼をして、それが着くのを待っていた。その週末、偶然にも98年と08年に自分の手がけた編集仕事がInstagramに上がってきて、15年前と25年前の過去についてあらためて、雑誌という存在を通して考えることになった。

22 ルールに小さな「no」を重ねていくことが、私の編集

2022年2月、お正月から企画をあたためてきた、トークイベントのシリーズ第一回を行った。これは、私が執筆した、インタビューを集めた本『つくる理由』で提案した、

一人ひとりが暮らしのなかで「ものをつくる」ことの意義を、ゲストとともに再考するトークの企画だ。一回目に迎えたゲストは、ニット作家の保里尚美さんだった。彼女は広島で編み物教室をしながら、企画展での展示販売と、受注したセーターを編むことで生活している。

保里さんは一昨年前に、やはり私が翻訳した『エレンの日記』というエレン・フライスのエッセイ集を愛読していて、Twitterで彼女が本の感想をつぶやいてくれているのを私が見つけて、SNS上で言葉をかわしていた。昨年末には、彼女の本『働くセーター』をきっかけに大規模なブックフェアが無印良品の京都の店舗で開催されていて、

そこで保里さんが『つくる理由』と『エレンの日記』を、おすすめの本として紹介してくださっていたことを友人を介して知り、またSNS上のやりとりが始まった。そこから、なんと元日に、保里さんが送ってくださった、仕事着としてのシンプルなセーターやベストの編み方を紹介する保里さんの本が届いた。それを開いたことをきっかけに、これまで『花椿』での試行錯誤に始まって、そこを離れた私が

エレンと保里さんの共通項を直感的に理解したことからの、イベントだった。

広島に住む保里さんと、東京にくらす私と、愛知県から東京に引っ越してきたばかりでカフェを準備中でイベント企画者の熊谷さんが３人で、それぞれの場所からズームでつながり、発信するイベントは、90分間のトークの終わるまでが、互いを知るための時間に費やされ、お互いに慣れてきたころに、イベントが終わった。話し切らないこともたくさんあったけれど、お互いに頭に浮かんだことをぽつり、ぽつりとSNS上で発言してきた一週間の後半に、保里さんが見つけ出して紹介してくれたのが、2008年『暮しの手帖』夏号の巻頭特集「服とわたしの物語」という記事だった。書いているのはエレン・フライスで、企画・編集・構成は私。保里さんがエレンと私の仕事に出会ったのが、今から約15年前に私が企画したこのページだったことを、トークのあと思い出した、ということをSNSに書いてくれていた。

『暮しの手帖』（08夏号）

エレンがワードローブのなかでお気に入りの服をセレクトし、自宅の空間でその服を友人のレティシアに撮影してもらう。小さい情報欄としてではなく、１ページに服が１点と、エレンの縦書きの文章で見開きを構成する、というつくりの15ページ特集だった。私が資生堂『花椿』編集室を2001年に離れて、フリーになってからパリコレに行きはじめたとき、マレ地区にあるエレンのアパートに泊めてもらう、ということをしていた。全行程だと１週間ほどになるから、最初の数日間だけ泊まって、その後はアパートホテルを借りて。その後2003年には息子が生まれたので、以前のようにパリコレに行くことが難しくなった。行けなくなって懐かしいと思うのは、ファッションショーの場ではなく、マレ地区にある、青いペンキがぬられた重い木製のドアを押して中庭に入る、大きな古い共同住宅の2階にあるエレンの部屋だった。彼女はこの場所を、身寄りのないジュエリーデザイナーの男性から遺産として譲り受けたということだった。

特集を掲載した『暮しの手帖』は、私が子どものころ70年代に母が定期購読していたから、私も子ども時代に読んでいた雑誌だった。第二次大戦後に創刊され、暮らしについて実直に考え、有用な情報を提供することが目的の媒体で、それゆえに広告を掲載しない編集方針を貫いていたから、いわゆるファッションというイメージから一番遠い場所にあるような長寿の女性誌だといえるだろう。「暮し」という誌名の古い仮名遣いからも長い月日を感じるその媒体が、リニューアルを必要とする時代になり、一族会社に招かれた新しい編集長が私を指名してくれて、仕事をしはじめたのが2007年末だった。最初に頼まれたのは、イギリス人の女性ファッションデザイナーをインタビューして執筆する仕事で、その次に私は自分が考えた編集企画を提案する場を与えられた。そこで提案したいくつかの企画案を「連載にしませんか？」と誘われて「暮らしの風景」という6ページ連載が34号から始まっていた時期だ。

子どものころから読んでいた雑誌に参加して、ページをつくることができるというのは大きな喜びであり、期待もいっぱいあった。私だからこそできるのは何だろう？と考えたときに、『花椿』の仕事のなかで取り組んでいた、ファッションのルポルタージュということが頭に浮かんだ。エレンも、私も、パリコレの場を通して出会い、そこで関係を培ってきたということができる。フランス、そしてパリといえばそもそもファッション文化を育んできた土地柄である。その街に生まれて育ったパリジェンヌのエレンが、ファッションをどう見ているか。私が『花椿』というメディアで工夫しながらパリコレのレポートを書くことはあっても、自分らしさをまげることのないエレンが普通のファッション情報記事を書くとはとても思えなかった。でも、彼女の自宅のなかで、彼女の大好きな服についてなら、書いてくれるのではないか？　私もそれを読んでみたい。ポリシーがある人の確固とした声だからこそ、聞いてみたいと思う時がある。世の中に先が見通せない不安が広がって、混沌があふれる時などだ。

エレンはここで、コズミック ワンダーのドレスやスーザン・チャンチオロのスカートなどお気に入りの服を紹介したが、なかにマルタン マルジェラのセーターが1点含まれていた。その紹介文は、一時期惚れ込んだマルタン マルジェラへの感情が、数年前に終わってしまったことから始まっている。「少しずつ、マルジェラの新作はかつてのそれの青ざめたコピーとなり、自分自身のパロディーとなった」「マルジェラの変貌について責任があるのは、金銭にむしばまれた時代とファッション界だ。今日、成功しそれでいて成功による影響に抵抗することは、不可能に近い」とエレンは書いた。最後は、「私はマルタン マルジェラの服のほとんどを売ってしまった」とある。この『暮しの手帖』夏号のエレンのエッセイが出たあと、迎えた秋のパリコレを舞台に、マルタン・マルジェラの突然の引退劇が起こった。

雑誌からひとりの人間が離れ、そしてまた別の雑誌と出会い、その場所だからこそできるブランド批判を含む記事を企画して、友人の力を得て15ページにわたる「服とわたしの物語」が生まれた。そこに書かれていたことは、広島でその雑誌を手にとった保里さんも認めるように、多くの人の心に強く響いた。さらには、その雑誌が日本の書店に並んだ数ヶ月後に、パリでマルタン・マルジェラが誰にも告げずに引退した。さらには、そのころから日本でも世界でも続々と、インターネットの台頭により紙の雑誌の存続が難しくなり、次々とおなじみの雑誌の数々、『high fashion』や『流行通信』、『STUDIO VOICE』などが廃刊や休刊になっていった。

保里さんが見つけ出してくれた15年前の『暮しの手帖』は、自宅に2冊あった。かなり久しぶりにそのページを開いて読んでみると、最近自分で企画したゲリラ的な「ハンカチ文集」の制作が思い起こされた。今世の中でおこっていることに反応し、編集という技術を通して、自分の表現したい世界を形にする。それは自分がずっとやってきた雑誌編集ということだったのではないか。私の場合、個人雑誌の『here and there』以外では、編集長の座についたことがない。それが幸いして、雑誌媒体という社会的な要素のある「器」に、自分のアイデアを鋭く差し込むことで、人の印象にのこるものをつくる、という技術が体得でき、またそれをさまざまに応用することができてきたのではないかと思う。

『ハンカチ文集』では、映画の公開とそれにまつわるプロモーション活動という、雑誌をつくっていると身近な場所で日常的に展開されている、試写に行って映画についてのコメントを書く行為を、アーティストの友達を誘って一緒にハンカチをつくるという形でやってみる、ということをしている。2018年にソフィア・コッポラの映画『ビガイルド　欲望のめざめ』で初めてやって、2022年はアマリア・ウルマンの初監督映画『エル プラネタ』公開時に二度目の展開を行った。情報が集まってくるタイミングに、メディアとはまた違った角度でそれを利用して、面白いことをやってみよう、と提案するものだ。

『here and there bis 2022』アーティストの磯谷博史さん、田幡浩一さん、クリエイターのharu.さんを招いて映画『エル・プラネタ』への回答として製作したハンカチ。ADは小池アイ子さん。

こうした、日常身近にあるものを別な形に利用できないかな？　という面白いアイデアを考えることが、私は好きだ。雑誌もハンカチも、私たちの生活の身近にあるものだ（もはや、紙の雑誌はそうではないかもしれないけれど）。そうしたところから、自分たちの生活を、ちょっと変えてみることの提案なのだが、ライターとしての私がすることといえば、試写に行くためや執筆のために集める情報を、友人と共有したり彼らを誘ってみるという、簡単なことにすぎない。もちろん、私のいる業種はちょっと特別だといえるかもしれないが、行為自体は応用可能で、自分が詳しく知っていることを誰かに教えてあげたり、自分が知らなくて困っていることを人に聞いてみる、ということでしかない。それを気軽に行うことで、「もっと一人ひとりが生きやすくなるんじゃない？」という提案でもあると思っている。

この雑誌に私がいる！

もうひとつは、Instagramを開いて飛び込んできた、『花椿』の98年と99年の合本の紹介記事。小俣さんが編集長になってから数年たって、それまで社内の資料保管用に制作していた、一年分のバックナンバーを一冊に綴じた上製本『花椿合本』を、対外的にも販売できるものにしていこう、という動きが出てきた。ソフトカバーにして仲條正義さんに合本用の表紙をデザインしてもらい、興味をもってくれた書店等で限定500部販売していたもので、96年からつくり始めていた。

この連載で「98年の『花椿』」に注目する原稿を書いている期間に、その時期の『花椿合本』が、約25年後のSNSで紹介されているということも、奇異なことではあったが、関係者かとても熱心な読者しか所有していないと思われるその印刷物が、ロンドンでもっとも注目されているアートブックショップのtenderbooksのサイトに上がっていたのだから、私の驚きはかなりのものだった。留学中、その店に同級生のエルヴィラと誘い合わせて行ってみたけれど、あいにく定休日で、外からエルヴィラに記念写真を撮ってもらう、という観光客のようなことをしたくなるくらい、その店はロンドンのなかでも特別な存在だった。

tenderbooksの紹介文はこうだ。

Two huge annuals compiling issues of Shiseido's impressive corporate culture magazine Hanatsubaki that began in 1937 and continues to this day. Only 16 Hanatsubaki annuals were published from 1996 to 2011. Gorgeous production with the 12 issues of the magazine assembled into sections that begin with a double-sided fold-out illustration like a poster. The pages feature fashion reportage from the Paris shows, health and beauty, contemporary Japanese art and culture. While many of the features promote Japanese emerging artists and designers the magazine also recruits the coolest figures on the international scene. Included here are a gothic London shoot styled by Stephen Jones, interviews with Sylvie Fleury and Harmony Korine as well as photo essays by Mark Borthwick and Wolfgang Tillmans, to name a few. Plus of course plenty of Shiseido's iconic styling.

1937年に始まり、今日まで続く資生堂の印象的な企業文化雑誌『花椿』の合本2冊。1996年から2011年にかけて発行された『花椿合本』は16冊のみ。ポスターのような観音で始まる雑誌を12冊分束ねた、豪華な作品。パリコレのファッションルポルタージュ、健康と美容、日本の現代アートや文化が掲載されています。日本の新進アーティストやデザイナーを伝える一方で、国際的なシーンでもっともクールな人物を紹介している雑誌です。ここに含まれているのは、スティーブン・ジョーンズがスタイリングしたゴシック様式のロンドンのファッション撮影、シルヴィ・フルーリーとハーモニー・コリンのインタビュー、マーク・ボスウィックとヴォルフガング・ティルマンスのフォトエッセイなどです。それに加えて、資生堂の象徴的なスタイリ

ングもたくさんあります。

SNSで自分の手がけた本が紹介されているのを見つけることほどうれしいことはないけれど、25年という、四半世紀のタイムカプセルがあらわれたようなこの対面は私の頭を真っ白にした。あわてて、ロンドンで出会った友達7人くらいにメッセージで「これが私がやっていた雑誌なの！」と伝えた。『花椿』を知っているファッション研究者から、21歳、23歳という若者の、雑誌を同時代のものとして知らなかった同級生まで。スティーブン・ジョーンズと撮影したゴシック特集の撮影場所は、私たちが通っていた美大セント・マーティンズのすぐ近く、キングス・クロス・セント・パンクラス駅の駅舎を使ったあのホテルだよ！　と、もし同級生が目の前にいたら、興奮して言いたくなっていたと思う。

ともあれ、みんなから返事がきて、ひと通り 興奮が冷めた頭で考えたことは、Instagramにあの表紙が出てきたときに、自分が思ったこと——「ここに私がいる！」と感じたことをめぐる感慨についてだった。

雑誌というのは、それをつくる編集者が自分を投影しすぎるべきではないという暗黙のルールが90年代はまだ生きていた。そこにあらわれたインディ雑誌『Purple』は、92年秋に創刊された創刊号が、編集長エレンを思わせる黒髪のボブの女性の後ろ姿だった。あえて、彼女を想起させるイメージを登用したと思えるその雑誌の黎明期には、編集長であるにもかかわらず、エレン自身が写真の並びを指示したり美的な方向性を決めるアートディレクターとして機能していたし、さらに自分も撮影者や被写体として時にページに参画していて、旧来の感覚での「編集者像」を壊す活動を行っていた。2000年以降インターネットともに訪れたのはブロガーの時代。誰もが自分をさらけ出し、個を出すことの競争の時代が訪れた。それ以前の時代の「雑誌の編集者は自分を出し（すぎ）てはいけない」というカッコつきの、個の出しすぎを制限する抑圧が、私にとっては疑問の対象だったし、同時にブロガーの時代にあっては、ただ出せばいいものでもないのではないか、という疑問も抱いた。

98年の『花椿』の表紙を撮影していたのは、ホルスト・ディークゲルデスで、撮影はパリで行い、スタイリストやヘアメイクもモデルもパリで見つけたチームで行っていた。ホルストは『花椿』との付き合いも長く、また当時人気が出ていたインディペンデント・ファッション誌『Self Service』でもよく撮影していた、中堅ファッション・フォトグラファーだった。とくに名前が華やかに知られたスター的な存在ではないけれど、職人的にとても良いファッション写真が撮れる人だった。

『花椿』（98年6月号）

当たり前だけどファッション写真家を名乗るには、ファッションや服のことがよくわかっているかどうかというのが必須条件だ。けれども天才的なファッション写真家というように世界的に名前が出る人は、その文化のなかでの当然の前提を壊してくる存在でもある。たとえば98年5月号の「Design Today」で撮影してくれたマーク・ボスウィックなどはそのタイプで、90年代終わりには、彼が提示したとてもシンプルなファッション写真――椅子にヘアメイクもないほぼ裸にちかい女性が座っているイメージ――が当時のファッション写真界のなかでかなり広い面積を占めていた期間があることを、覚えている人もいるのではないかと思う。服を着ていないのになぜファッション写真なんだろうという、当然の疑問が出てしかるべきだけど、そのようなものを突破しても前に出てくるパワーのあるイメージというものが、時代時代に出現していたことは興味深い。

日本から距離をおいて見ていると、前提を壊した天才の存在以外になかなかリーチできないことから、ファッション写真も、誰かが壊したあとの想像上の遺跡を、点と点でたどるしかない。けれどもその点と点をつなぐ線は確実にあるわけで、誰かが突破した後の地固めを誠実にこなす人たちもたくさんいる。実際に「仕事」を一緒にするとなると、そうした技術をしっかり体得している、いわば職人的な技能をもっている人のほうが、こちらの要望に応える引き出しをたくさんもっていたりする。ホスルト・ディークゲルデスはパリに住んで長年『花椿』のファッションデザイナー紹介ページでスタイリングを行ってくれていた瀬谷慶子さんが見つけてきて、平山景子さんに紹介してくれた写真家で、その眼力のたしかさと技術の細かさではピカイチだよね、と私は瀬谷さんとよく話していた。

そのような確実な技術や眼力と、スター性というものは必ずしも一致しないのか、表紙を撮る人となると、なかなかホルストのようなタイプは登用されにくいけれども。パリコレ・レポートを私が書いたりデザイナーを取材する過程で、パリの新世代の写真家やスタイリストの媒体への貢献度が高まるにつれて、ホルストが表紙を撮る一年間とい

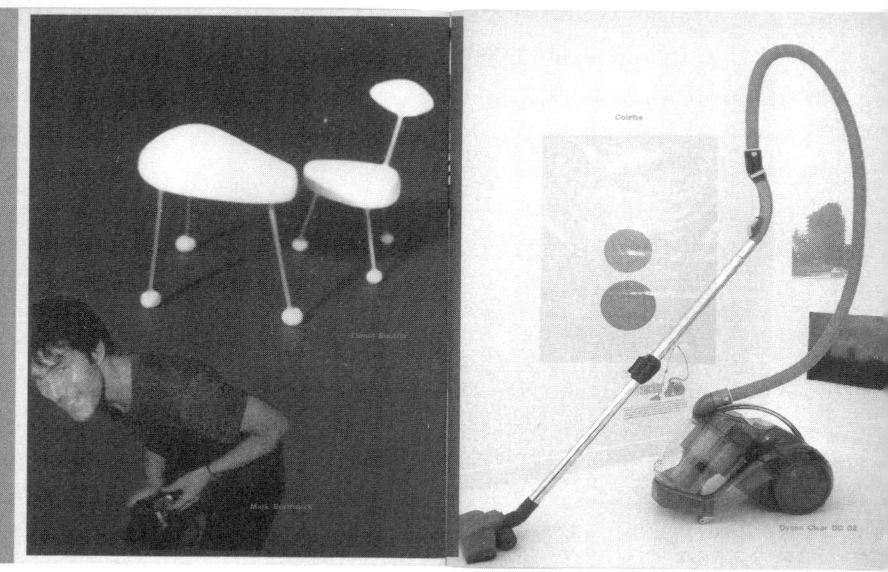
Colette
Dyson Clear DC 02

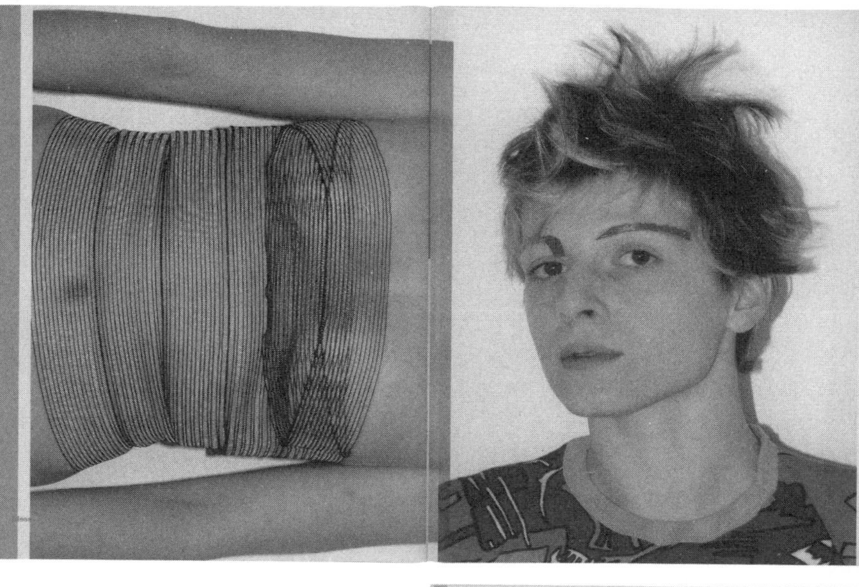

『花椿』(98年5月号)。マーク・ボスウィックと出会いのきっかけになった特集「Design Today」。デビュー10周年を迎えたマルタン・マルジェラのフラット・ガーメント(本書126ページに 掲載)と、活躍を広げはじめていたスーザン・チャンチオロ(右上)。建築やアート、出版など異分野に興味を示すファッション・デザイナーがあらわれた時代性を、『花椿』流に考えた内容。掃除機や建築、家具デザインも並列する紙面にはマークの紹介でデビューしたてのブレスが参加し、マーク自身も飛び入りで参入した(左上)。

うのがあったと思う。それが、98年だった。続く99年は、私がパリコレ取材などの場で出会う新人デザイナーのつくる服を、取材のタイミングでデザイナーに直接依頼して、服を東京に送ってもらい、撮影は東京のスタジオで行おう、というアイデアを仲條さんが提案した。「撮影は、ホンマ君で」

ホンマさんと私は、これまでも書いてきたように、いわば、日本人の女の子をファッション写真の被写体にする連盟のようなものから、タッグを組んで撮影にのぞむことが多かった。『花椿』の「Beauty」ページですら、資生堂『花椿』の誌面であるにもかかわらず、私が担当した当初、モデルは白人女性のみというのが暗黙のルールだった。なぜなら、「ファッション的」でありたいから。けれども、日本にいても、日本人を被写体にして「ファッション的」なイメージをつくれるのではないか。それを、日本のメディアがやらなかったら、世界中の誰もやるわけがない。当時の東京では、『CUTiE』などを舞台にたくさん若い女性モデルが生き生きと活躍していて、その彼女たちを登用することの、何がいけないんだろうと私は思っていた。

同じ『花椿』誌面でも表紙などの大きな舞台にはなかなか辿り着けないから、まずは自分で決定できる場所から、「Interview」コラムや「Beauty」ページから日本人が被写体、あるいは取材対象として登場する割合を、オセロのコマを徐々に増やしていくように、増やしていく企画を提案していった。外国人前提で取材する人を探す、というコンセプトで「Interview」を担当したときは、国籍や人種に偏りが出すぎないように、未知の国や文化背景から来た人をなるべく紹介できるように考えていた。そのような姿勢が、清恵子さんが3年間連載してくれたエッセイ「東欧通信」にも通じていった。

ある時代に、ある場所で当然とされる前提も、納得がいかないなと思えるルールは疑ってかかる、という姿勢は今の私にもつながる態度ではないかと思う。パリコレに行きはじめた93年ごろはあまりに遠く感じられたパリのモード界に対するさまざまな葛藤を経た上で、表紙の撮影を通して、日本人の写真家や被写体とファッション界をつなぐ接点の場をつくり出すことができた。そのことを通して、私はファッションを遠く離れた存在から、自分の日常に近いところまで引き寄せることができた。それが、99年の『花椿合本』の表紙の、市川美日子さんがスーザン・チャンチオロのTシャツとデニムスカートを着て微笑んでいるイメージに、集約されている。だからこそ、私が写っている写真なわけでもない99年の『花椿』の表紙を見たときに、「ここに私がいる」と感じる私がいたのだ。

HANATSUBAKI 1999
MARCH No.585
花椿
3月号特集・花椿ファッション・レポート('99春夏パリ・コレクション)

『花椿』(99年3月号)。モデルはのちに俳優となる市川実日子。Tシャツとスカートは、スーザン・チャンチオロのRUNコレクションから。

メディアのなかに、そのつくり手の個があるべきではなくて、その存在は黒子としているべきで、覆い隠すべき存在だという旧来の考え方は、90年代に入ると、少しずつ崩されていったと思う。編集者でありながら写真を撮影し、ひとりで取材したルポルタージュを大判写真集として発表した都築響一さんが、97年に『ROADSIDE JAPAN』で木村伊兵衛賞を受賞したように。いつも表現の生まれる場にいて、表現のつくり方を熟知した編集者だからこそ、ひとりでいくつもの役割をこなすという、その後の世代の表現者のスタイルの先例を示せたのだろう。

『花椿』の原稿の書き方も、入社してしばらくのあいだは、とにかく個を消してジャーナリスティックにという方向で指導された。短い原稿が多い『花椿』なので、90年ごろ会社にワープロが導入されてからもよく、『花椿』特製の200字詰め原稿用紙に鉛筆で書いていた。個を消す方向で上司にいつも訂正されて、幾度も消しゴムで消した。何度も何度も消しては書き直しながら、ある時私は、個の気配は消せるわけないんだ、とどこかで思い知った。なぜなら、そこに取材する「私」がいて、感じ、考えている私がいるから、文章が生まれるのだから。そこに気がついたからこそ、たとえ否定され続けたとしても「私の編集」を目指していこう、と決めた。そこで与えられたルールに、小さな“no”を重ねていくことで。四半世紀ぶりに出会った98年の合本の表紙は、入社から10年間にわたる私のささやかな抵抗の積み重ねの結果を、一枚の写真で体現していた。だからこそ、突然の再会に強い感慨が押し寄せてきたのだ。

90年代と今を対比したときに、すぐに気がつく違いは、世界の若者文化における日本文化の位置付けではないかと思っている。

スペイン出身でロンドンのセントラル・セント・マーティンズで学び、今はニューヨーク在住の1989年生まれの若手アーティスト、アマリア・ウルマンにインタビューしたときに、「マンガ、音楽、映画etc.。私の10代は日本のカルチャーにドップリでした」語っていたけれど、それは一部の人のオタク的感覚というよりは、近年の、多数の海外に住む若者たちの感覚ではないかと思える。たとえば、2019年秋に通ったロンドンのソーホー近くの語学学校では、私が日本から来たというと、若い同級生に「アニメ大好き！　東京はすごい憧れの街！」と口々に言われたように。2020年秋からセント・マーティンズの留学生活が始まると、見た目ですぐそれとわかるファッション学科の生徒たちは、あきらかにアニメカルチャーの影響を感じる装いのコードでキャンパスを闊歩していた。

こうした事態は、いつの間に訪れたのだろう？

90年代は、その萌芽の時期だった。当時はソフィア・コッポラやマイク・ミルズなどごく一部の人々が、日本の若者文化に注目しはじめたばかりだった。そういう視点が私には刺激的で、メガネをかけてカメラを下げて欧米の観光地に押し寄せる日本人という、従来海外の人が日本に抱いていたイメージを刷新してくれるのは、彼らの視点ではないか？　と希望をもってみていた。

90年代前半には、最初は写真を撮ったり、ファッションブランド「ミルクフェド」の活動で知られていたソフィアは、98年に映画監督として活動を始めた。そこから20周年にあたる2018年に長編映画『ビガイルド　欲望のめざめ』の宣伝のために来日した折に、「私は90年代に、東京のスナップショット写真集の文化に影響を受けて自分の創作活動を始めました」と語ったことは、先にも書いた。

2022年にホアキン・フェニックス主演の監督作『カモン　カモン』が公開されたマイク・ミルズは90年代から、『CUTiE』や『STUDIO VOICE』のような、日本独自の、情報が緻密に網羅されている雑誌文化を評価していた。当時の私たちにとっては日常的すぎる光景が、異文化から見ると目立って特徴のある「個性的なもの」に映るという気づきは、それ自体が学びだったけど、その約30年後に、日本の「当たり前に、身近にある漫画や音楽や映画など」に、世界がそれほどまでに興味をもち、自分たちのものにしようとしていることまでは予測できていなかった。

ここでは、世界的に流通することを当然のこととして、予算をかけて制作されているハリウッド映画の普及のしかたとまったく異なる文化の流通が起こっているのではないだろうか？　その普及の要因のひとつに、人種や階級差を前提としていない世界観の心地よさをあげる人がいるが、日常品の価格帯が多層的で、価格が如実に品質を反映しているイギリスで生活したあとの今は、100円ショップでも一定以上の品質の品物があふれている日本の生活は、日常生活にイギリスほどの格差感はあふれていない気がする。そうした背景から生み出される文化は、もしかするとそうした差異がヒリヒリと現実に充満している文化から来た人たちにとっては、ユートピア的な感覚で享受されているのかもしれない。

海外で「生活」する女性を取り上げてきた雑誌

2022年2月、ロシア軍のウクライナ侵攻以来、この戦争がどうなるんだろうという慢性的な不安が続いている。そのなかで、90年代の『花椿』をあらためて振り返ると、当時もベルリンの壁の崩壊や東欧の民主化といったニュースが飛び交うなかで、自分たちの日常を、何を基準にどういう感覚で捉えるべきなのかという自問自答に、メディアとして何を提供できるのか？　という問題意識を抱えながら編集していた、ということに思い当たる。

私が入ったころはずいぶん位置付けが変わっていたけれど、そもそも創刊は第二次大戦前の1937年まで遡り、国民的な女性誌だったこともある『花椿』である。1975年には「徹子の部屋」がテレビで放映されはじめた時期に、黒柳徹子さんがゲストに何でも聞いちゃおう、という対談ページがあったこともある。いつの時代も女性の声というものを、重視していた媒体だといえる。

私が編集部に入ったころ、90年代初頭までは塩野七生さんが、イタリアに住みながらエッセイを長年にわたり書き続けられていた。海外に暮らす女性が、見たこと、聞いたこと、考えたことを率直に綴るという場は、さまざまな時代の変遷のなかで、日本女性とともに歩んできた『花椿』だからこそ、大黒柱のように重要なエッセイとしてともにあるものだった。国外に飛び出し、異文化におかれて、孤立奮闘しながら個を確立した人から出てくる言葉だからこそ、強さがあったのだ。絵空事としてではなく、「住む」ことや「働く」という現実から見えてくるものとしての「海外」の情報を『花椿』は提供してきた。

私が入社してしばらくして、92年1月号からカズコ・ホーキさんの連載が始まった。ホーキさんは89年から、チャンネル4というイギリスのテレビ局で「カズコズ・カラオケ・クラブ」という番組の司会をしていて、ゲストのミュージシャンや文化人たちにカラオケを歌わせている、と聞いていた。ホーキさん率いる「フランク・チキンズ」という日本人女性を主としたグループは、音楽からパフォーマンスアーツまで縦横無尽に拡張し、82年の結成時から2022年の今まで続いている。現在はポーランド人とアイルランド人の男性メンバー2人を含む総勢23人で活躍しているそうだ。

彼女は、また歯ぐきを出して、
「ううん、アコーディオン。お琴じゃ仲間できない。運ぶの重いし。日本の芸術はしばらくお休み。日本の生活の方に興味がある。私に向いてるみたい」
と、言うので、どういうこと？　ときいたら、
「日本にいると、ソフトになれる。人も環境もソフト。平和だしみんな優しいし、だから自分がとてもオープンになれる。自分が自分であれるっていうか、イギリスにいる時は自分のまわりに殻つくってないと生きてゆけないからね。あっちはハードよね」
という答えが返ってきた。この答えはとてもよくわ

浮かぶ。路上の段ボールの箱の中から突然ホームレスの少年がヌッと「十ペンスちょうだい」と手を出すこともあれば、アイルランド人の出稼ぎ労働者の母子が物乞いしていることもある。道端に植木なんて、盗まれることは必至だから絶対にあり得ない。子供の学校の行き帰りは大人の付き添いが法律になっている。というわけで、人種差別偏見と映画の観すぎに現実認識も入り混じったパラノイアで、ロンドン歩きにはいつも緊張がつきまとう。もっとも、むこうから見れば、この変なアジア人の年齢不詳の格好をしたオバさんの方が、よっぽど不気味だろう

の顔は「ひたむきな」とよく形容される有名な清純派日本女優の顔に似ていた。
最後、行きかけたルーシーに、ケビン、どうしてる？　ときいたらケラケラと笑って、
「あの人、今すごく不幸で、しょっちゅううちに電話してきて、人生のこと語ってくわ。アメリカ人の彼女とも別れちゃって、今、山の中で、音楽やりながら世捨て人みたいな生活してるわよ」
と、言った。ケビンのペラペラ日本知識は、現実の日本とは合わなかったのだろうか。少なくとも日本は、ひとりのイギリス女性を強くしたみたいだ。

KAZUKO記

PHOTO/CINDY PALMANO

『花椿』(99年3月号)

イギリスにファッション撮影で訪れるときなどに、ホーキさんが連載している媒体だよと伝えると、フランク・チキンズの音楽性への賞賛の声があがった。「カズコズ・カラオケ・クラブ」の番組は同時代では見る機会がなかったけ

れど、後日 YouTube に上がっていたものを見ると、ホーキさんの、文化の本質を鷲掴みにしてそれをすっと観客に差し出すユーモア感覚に、圧倒された。現代アートのなかで

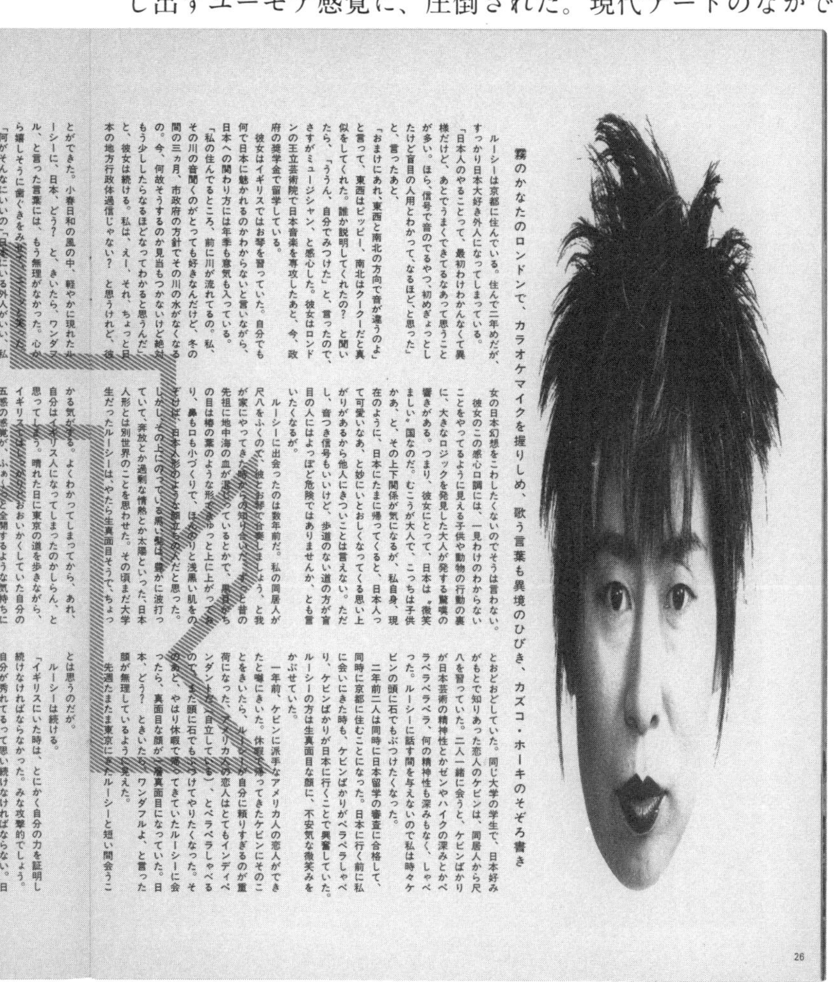

霧のかなたのロンドンで、カラオケマイクを握りしめ、歌う言葉も異境のひびき、カズコ・ホーキのそぞろ書き

ルーシーは京都に住んでいる。住んで二年めだが、すっかり日本大好き外人になってしまっている。

「日本人のやることって、最初わけわかんなくて異様だけど、あとでうまくできてるなあって思うことが多い。ほら、信号で音のでるやつ、初めぎょっとしたけど盲目の人用とわかって、なるほど、と思った」

と、言ったあと、

「おまけにあれ、東西と南北の方向で音が違うのよ」と言って、東西はピッピー、南北はクークーだと真似をしてくれた。誰か説明してくれたの？ と聞いたら、「ううん、自分でみつけた」と、言ったので、さすがミュージシャン、と感心した。彼女はロンドンの王立芸術院で日本音楽を専攻したあと、今、政府の奨学金で留学している。

彼女はイギリスではお琴を習っていた。自分でも何で日本に魅かれるのかわからないと言いながら、日本への関わり方には年季も意気も入っている。

「私の住んでるところ、前に川が流れてるの。私、その川の音聞くのがとっても好きなんだけど、冬の間の三ヵ月、市政府の方針でその川の水がなくなるの。今、何故そうするのか見当もつかないけど絶対もう少ししたらなるほどなってわかると思うんだ」

と、彼女は続ける。私は、えー、それ、ちょっと日本の地方行政体過信じゃない？ と思うけれど、彼女の日本幻想をこわしたくないのでそうは言わない。

彼女のこの感心口調には、一見わけのわからないことをやってるように見える子供や動物の行動の裏に、大きなロジックを発見した大人が発する驚嘆の響きがある。つまり、彼女にとって、日本は〝微笑ましい〟国なのだ。むこうが大人で、こっちは子供かあ、と、その上下関係が気になるが、私自身、現在のように、日本にたまに帰ってくると、日本人って可愛いなあ、と妙にいとおしくなってくる思い上がりがあるから他人にきついことは言えない。ただし、音つき信号もいいけど、歩道のない道の方が盲目の人にはよっぽど危険ではありませんか、とも言いたくなるが。

ルーシーに出会ったのは数年前だ。私の同居人が尺八をふくので、彼とお琴で合奏しましょう、と我が家にやってきた時からの知り合いだ。ずっと昔の先祖に地中海の血が混じっているとかで、黒目がちの目は椿の葉のような形できゅっと上に上がっており、鼻も口も小づくりで、ほんのりと浅黒い肌をのぞけば、日本人形のような顔立ちの人だと思った。しかし、その上にのっている黒い髪は、豊かに波打っていて、奔放とか過剰な情熱とか太陽といった、日本人形とは別世界のことを思わせた。その頃まだ大学生だったルーシーは、やたら生真面目そうで、ちょっとおどおどしていた。同じ大学の学生で、日本好みがもとで知りあった恋人のケビンは、同居人から尺八を習っていた。二人一緒に会うと、ケビンばかりが日本芸術の精神性とかゼンやハイクの深みとかペラペラペラペラ、何の精神性も深みもなく、しゃべった。ルーシーに話す間を与えないので私は時々ケビンの頭に石でもぶつけたくなった。

二年前二人は同時に日本留学の審査に合格して、同時に京都に住むことになった。日本に行く前に私に会いにきた時も、ケビンばかりがペラペラしゃべり、ケビンばかりが日本に行くことで興奮していた。ルーシーの方は生真面目な顔に、不安気な微笑みをかぶせていた。

一年前、ケビンに派手なアメリカ人の恋人ができたと噂にきいた。休暇で帰ってきたケビンにそのことをきいたら、ルーシーが自分に頼りすぎるのが重荷になった、アメリカ人の恋人はとてもインディペンダント（自立している）、とペラペラしゃべるので、また頭に石でもぶつけてやりたくなった。そのあと、やはり休暇で帰ってきていたルーシーに会ったら、真面目な顔が一層真面目になっていた。日本、どう？ ときいたら、ワンダフルよ、と言った顔が無理しているように見えた。

先週たまたま東京にきたルーシーと短い間会うことができた。小春日和の風の中、軽やかに現れたルーシーに、日本、どう？ と、きいたら、ワンダフル、と言った言葉には、もう無理がなかった。心から嬉しそうに響くきをみ[illegible]た。

「何がそんなにいいの」「日本にいる外人がいい、私

かる気がする。よくわかってしまってから、あれ、自分はイギリス人になってしまったのかしらん、と思ってしまう。晴れた日に東京の道を歩きながら、イギリス[illegible]おいかくしていた自分の五感の感覚が、ふぁ〜っと全開するような気持ちに

とは思うのだが。

ルーシーは続ける。

「イギリスにいた時は、とにかく自分の力を証明し続けなければならなかった。みな攻撃的でしょう。自分が秀れてるって思い続けなければならない。日

26

は、カラオケを作品に組み込むアーティストが日本人作家に限らず出てきているが、ホーキさんはその先駆的な存在だった。

ご自身がイギリスに来た理由、ホーキさんの周囲にいる女性たちや宗教家だったお母様のことなど、3年間続いた連載の軸には、「日本人女性の生きづらさ」をどうしたら少しでも変革できるのだろうか、というホーキさんご自身

の問題意識が、つねに流れていた気がする。その視点は、2000年に日本の出版社から出たエッセイ集『イギリス人はつらいよ』では、イギリス人の生きづらさもまな板にあげていた。ホーキさんの知人の行状などを通して描き出すイギリス人像に、私も2年間だけ飛び込んだイギリス生活体験のなかで抱いた「？」の山、理解できない不思議なエピソードの謎が少しずつ溶けていく感覚をもった。

ホーキさんの最新の活動のひとつに、イギリスに住む東南アジア移民（主に日本から）のアーティストたちの、自分たちの文化とイギリス文化が混ざったハイブリッド文化を表に出そうということから始まった、年1回のフェスティバルがある。文化のハイブリッドは、フランク・チキンズの音楽性の本質だろう。移民たちが自らを卑下することなく、異文化と混ざりあい、その混ざりあった何でもありの状態のなかに、ユートピアを見る感覚。移民を問題の当事者とするのではなくて、祭の主体にするという発想の転換。そこに、フランク・チキンズの活動が長い年月受け継がれている秘密があるのではないだろうか。

93年4月号のホーキさんのエッセイ「KAZUKO記」は「カザフ共和国のタニヤから電話があった」という記述で始まる。

――カザフの首都アルマ・アタで、タニヤに会ったのは私のいるグループ、フランク・チキンズがアルマ・アタ市主催の国際ロック・フェスティバルに招かれた二年半前、一九九〇年の夏だった。カザフはまだソビエト連邦の一部だったが、ゴルバチョフの開放政権下、独立の気運がたか

まっていた。近い将来の独立をみこして、外国との直接ビジネスを推進しており、このフェスティバルもその動きの一環だった。一年前、崩壊したソ連から正式に独立している。

エッセイの主人公、タニヤの背景が、このように紹介されている。当時フランク・チキンズのツアーにアテンドした彼女が、イギリスの大会社とカザフの鉱山会社が共同事業を始めていて、そのカザフ側のボスとして、ロンドンに出張してきたことでホーキさんと再会し、英国の高級ホテルでご馳走してくれたときのエピソードが綴られている。後半にこんな記述も出てくる。

——タニヤは、これから変わっていくであろうカザフを自分の力で体験していける年だが、年老いている人には最近の開放はかなりの衝撃になっている、という。彼女の親戚のおばさんの一人は、二年前、五十歳をすぎて初めて西側ドイツに行き、あまりのショックを受け、帰ってきてから口もきけない無気力症になってしまったそうだ。自分が我慢を重ねてきた生活の無意味さをつきつけられた思いがしたのだろう。

——ロンドンの高級ホテルで、アメリカ風ビジネス・ウーマンのように振る舞っても、彼女の中身は、ソ連政権下の重苦しい生活の歴史に三十年間ひきずられてきた素朴なカザフ人なのだ。

こうした、ホーキさんが見た、触れた、言葉を交わした人たちとのリアルなエピソードは、日本のほかの雑誌では読むことがなかった。日本にいながらにして、毎月、とあるひとりの女性が海外で遭遇している実体験や人間関係を知ることができることが、この時期の政治情勢のなかでとても貴重なことだと思っていた。

世界の雑誌を集めて

このタニヤの出てくる「KAZUKO記」が掲載された93年4月号は、『花椿』史上歴史的な変革の地点にあった。平山景子さんに代わって、小俣千宜さんが編集長になったことで、雑誌の紙質やデザインとコラムの見直しが行われ、新連載も始まった。以前より文字の分量が増えて、読ませるコラムの内容を増やしたことは、小俣さんがプライベートでは詩を書く人でもあるということも関係していたと思う。

改革は何段階かにわけて導入されていったけれど、4月号の新コラムとして登場していた「Covers」は小俣さんの考える、新しい『花椿』に欠かせない企画だった。ファッションだけではなく、世界の今を知りたい。雑誌という物を通して、いろんな国のお国事情を知ることができたら、誌上の旅ができるみたいで、面白い読み物になるのではないか？この1ページのコラムは、月ごとに設定したテーマで雑誌を4種類、くくって紹介するという器だった。

アイデアは良いが、実現するには大変さが想像つくその企画の、担当は私に回ってきた。欧米で見慣れている雑誌ではなくて、その国ならではの事情を反映している雑誌を、インターネット前夜の時代にリサーチする。その方法は、人づてしかなかった。現地に住んでいる、あるいはとても詳しい人を探し出して、その人と密に連絡をとって企画を説明し、お国事情にあわせて選ぶ雑誌の構成を、その人とともに考えていく。私は同時期に、パリコレ出張にもほかの先輩と一緒に行きはじめていたので、「Covers」ページの情報収集もあわせてパリ出張に行ってくるように、と言われて送り出されていた。

93年の「Covers」を見ていくと、イスラエル、ロシアといった国別の雑誌紹介や、南米コノスール（チリ、アルゼンチン、ウルグアイ、パラグアイ）の代表的な雑誌のように地域で区切っての比較紹介や、アメリカの草の根的な表現活動としての「zine」の紹介もある。

『花椿』で情報源をもっているパリやロンドンといった都市以外の場所から情報を集めるために、人づてで話を聞いていく過程で、ベルギーによく行かれている方として、ダムタイプの古橋悌二さんからブリュッセルの情報をうかがったこともある。89年にベルリンの壁が崩れたばかりで、その街にお住まいだった野村しのぶさんが、ベルリンを案内してくださって、ドイツの政治雑誌を紹介いただいたりもした。野村さんの紹介で、東欧を居場所に、ビザの関係で3ヶ月に一度は引っ越し続けているビデオアーティストの清恵子さんの存在を知り、プラハの雑誌を「Covers」に案内いただいたことをきっかけに、カズコ・ホーキさんに続く海外に住む日本人女性による連載の位置付けで、清さんの「東欧通信」が始まったのが、リニューアルの翌年、94年4月号からだった。

手のかかる「Covers」の仕事をきっかけに清さんに出会えたことを思うと、当時は大変さを感じていた仕事の意義を感じずにはいられない。ネットカルチャーが台頭して

2000年以降は紙の雑誌が徐々に消えていき、2010年代は少しの例外を除いて雑誌というものがなくなってしまい、雑誌文化というものが存在していたということも、若い世代と語り合うことが難しくなりつつある。そんな時代を迎えている今の地点に立って、「Covers」を振り返ることへの感慨が大きい。

たとえば日本よりはるかに大規模な美術館が乱立し、国際的なアート都市になっている上海は、「Covers」で雑誌を探した93年末には、ファッショナブルなイメージの表紙に覆われた薄い冊子、これを雑誌と呼んでいいのかやや躊躇われるような媒体の発信地だった。その冊子が中国全土の都市部の若者に読まれていたという。まさに都市文化が発展する始まりに印刷物があったことを記録している。

93年12月号当時の記事にはこうあった。「「改革・解放」を旗印に、経済急成長をとげる中国。「社会主義市場経済」のなか、昨今、出版界にも「競争原理」が導入された。以前は国の機関が国の経済支援で発行していた雑誌だが、今は独自の経営を迫られ、編集面でも広告面でもさまざまな変化が起きている。発行元は政府関連機関が多いが、編集はかなり自由。創刊、リニューアルも相次いでいる」。上海から発信された『青年社交』は88年創刊の若者向け月刊誌。「大都市でのライフスタイルや人とのつきあい方のほか、ビジネス関連記事も多い」。

世界各地の情報発信者から送られてきた各国の雑誌を編集部でめくりながら、スペースの文字数にあわせて原稿を調整しているときに、表紙しか見せられない媒体の中身まで見せられたら、と常々思っていた。情報は、いつも細部まで隅々目を通して細部から伝えたいと思うタイプの編集者だからかもしれないが、こうして30年後に当時を振り返ると、表紙だけで俯瞰された情報も意味をなす気がする。

先日、90年代後半に生まれた20代の若者で、紙の雑誌をつくりたいという思いを抱いているつくり手に、立て続けに会う機会があった。私の場合は経歴からしても、自分が雑誌にこだわりがあることは当然に思えるけれど、なぜ彼らの興味が雑誌なのだろうか？

振り返って考えると、90年代の『花椿』では、表看板のファッションやビューティーに力点を置いている媒体であっても、「Art」「Covers」「Subculture」「Watching」など、カルチャーの側面が大事だと思って編集していた。アンダーグラウンドとかオルタナティブという、主流以外の場所に面白い情報が隠れている感覚があって、いつもそれを探しにいきたいと思っていた。のちに親しくなる清恵子さんは、「アメリカが発信する情報以外のことを知りたいと思って」、80年代の終わりに日本を離れて東欧を目指したという話を聞いたことがあるけれど、とりすました表面だけでなく、裏返して世界を見てみたいという共通項が、私と清さんのあいだにはあったのかもしれない。

そして、2022年に20代前半の若者が「紙の雑誌をつくりたい」と言うとき、それは現代文化への切実な批判でもあると私は捉えた。おそらく彼らは、雑誌というものに託して「つながれる希望」を欲しているんだな、と思った。ネットでいくらでもつながれるかのように思えるのに、そのじつ希薄なつながりしか得られていない。90年代の『花椿』の「Covers」連載のためにリサーチした中国やミャンマーの記事を思い返すと、「文化が立ち上がるとき、人は雑誌を手にした」という感慨を抱かずにはいられない。つまり、ただの情報の器以上の力が、雑誌という物にはあったように思うのだ。人と人のあいだにある何かを可視化し、何かをつなぐ物としての雑誌。私と清さんのあいだをつないでくれたものも、『花椿』という雑誌だった。

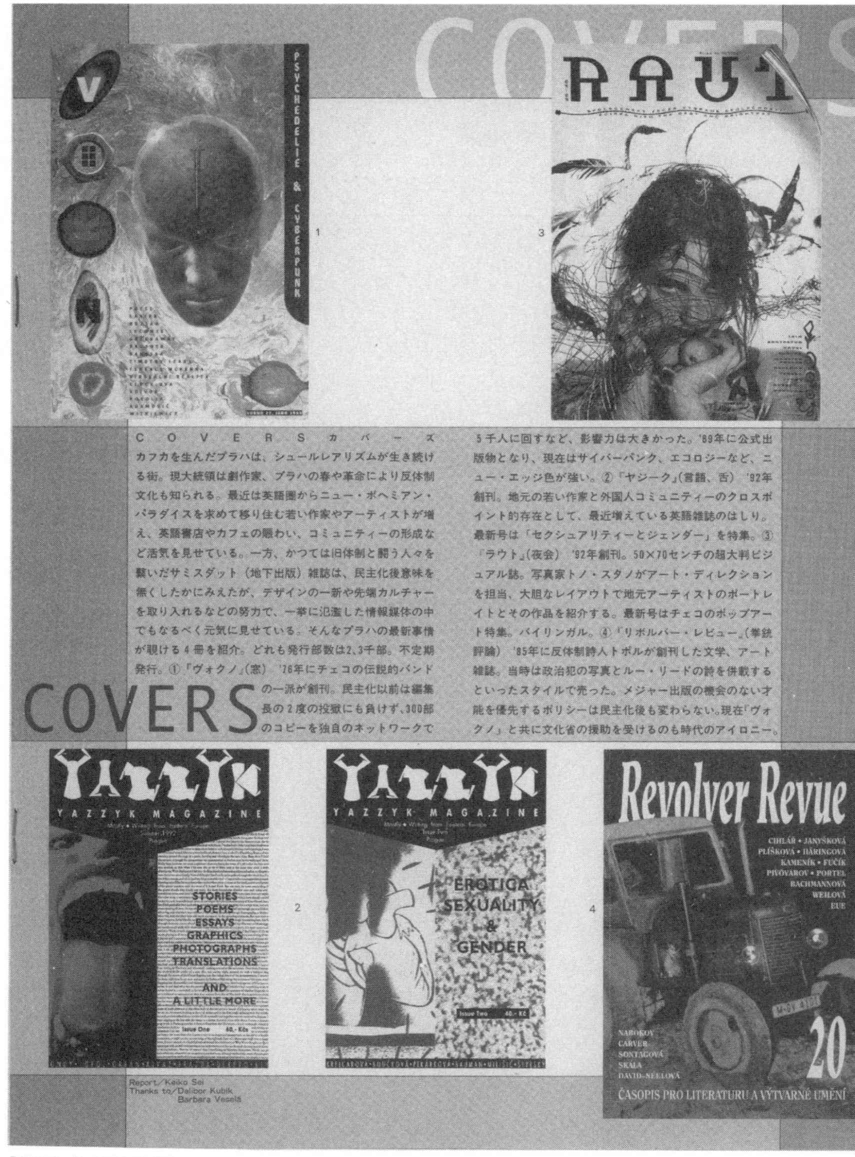

COVERS

1

3

COVERSカバーズ

カフカを生んだプラハは、シュールレアリズムが生き続ける街。現大統領は劇作家、プラハの春や革命により反体制文化も知られる。最近は英語圏からニュー・ボヘミアン・パラダイスを求めて移り住む若い作家やアーティストが増え、英語書店やカフェの賑わい、コミュニティーの形成など活気を見せている。一方、かつては旧体制と闘う人々を繋いだサミスダット（地下出版）雑誌は、民主化後意味を無くしたかにみえたが、デザインの一新や先端カルチャーを取り入れるなどの努力で、一挙に氾濫した情報媒体の中でもなるべく元気に見せている。そんなプラハの最新事情が覗ける4冊を紹介。どれも発行部数は2、3千部。不定期発行。①「ヴォクノ」（窓） '76年にチェコの伝説的バンドの一派が創刊。民主化以前は編集長の2度の投獄にも負けず、300部のコピーを独自のネットワークで5千人に回すなど、影響力は大きかった。'89年に公式出版物となり、現在はサイバーパンク、エコロジーなど、ニュー・エッジ色が強い。②「ヤジーク」（言語、舌） '92年創刊。地元の若い作家と外国人コミュニティーのクロスポイント的存在として、最近増えている英語雑誌のはしり。最新号は「セクシュアリティーとジェンダー」を特集。③「ラウト」（夜会） '92年創刊。50×70センチの超大判ビジュアル誌。写真家トノ・スタノがアート・ディレクションを担当、大胆なレイアウトで地元アーティストのポートレイトとその作品を紹介する。最新号はチェコのポップアート特集。バイリンガル。④「リボルバー・レビュー」（拳銃評論） '85年に反体制詩人トポルが創刊した文学、アート雑誌。当時は政治犯の写真とルー・リードの詩を併載するといったスタイルで売った。メジャー出版の機会のない才能を優先するポリシーは民主化後も変わらない。現在「ヴォクノ」と共に文化省の援助を受けるのも時代のアイロニー。

2

4

Report／Keiko Sei
Thanks to／Dalibor Kubík
Barbara Veselá

『花椿』（94年4月号）

メディア・アクティビスト、清恵子さん

「カフカを生んだプラハは、シュールレアリスムが生き続ける街。現大統領は劇作家、プラハの春や革命により反体制文化も知られる。最近は英語圏からニュー・ボヘミアン・パラダイスを求めて移り住む若い作家やアーティストが増え、英語書店やカフェの賑わい、コミュニティーの形成など活気を見せている。一方、かつては旧体制と闘う人々をつないだサミスダット（地下出版）雑誌は、民主化後意味を無くしたかにみえたが、デザインの一新や先端カルチャーを取り入れるなどの努力で、一挙に反乱した情報媒体のなかでもなるべく元気に見せている。そんなプラハの最新事情が覗ける4誌を紹介。どれも発行部数は2、3千部」という書き出しで始まった、プラハ発の「Covers」は、清さんが書いてくれた。

チェコの伝説的バンドのメンバーが始め、編集長が二度の投獄にもまけず300部のコピーを5千人に回覧しながら続け、89年にはサイバーパンクカルチャーの媒体として生き延びた雑誌。外国人コミュニティーと地元の若いアーティストをつなぐ英語雑誌。写真家がADを務めるアート雑誌。反体制詩人が創刊した文学・アート雑誌で、メジャー出版の機会がない才能を優先する編集方針の雑誌。いかにも清さんらしいチョイスだ。「二度の投獄にもまけず小部数のコピーを回覧」「地下出版」「反体制詩人」「メジャー出版の機会がない才能を優先」などの言葉は、自身はビデオアーティストでありながら、東欧のさまざまな国々をまわり拠点を変え続けながら生活し、ときに大学で教える仕事もしているようだけれど、ミステリアスな側面もある清さんのなかにしっかりと揺るがない価値観や、着眼点を伝えていると思った。

93年からのパリコレ出張では、パリの前後に数日間、ヨーロッパの別の都市の出張をくっつけた。なじみのない街を視察しながら、「Covers」のページのためにレポートをしてくれる人に会って、人脈をつくっていったのだ。だから、清さんとは、プラハをはじめ、いくつかの街を一緒に歩いた記憶がある。そうするなかで、清さんが拠点を変えながら見ているさまざまな地域のレポートを『花椿』に綴ってもらえないだろうか？　という思いが浮かんだのは、さまざまな日本人女性のエッセイを掲載し続けてきた『花椿』の歴史を振り返っても、ごく自然なことのように私には思えていた。

そこから約25年たって、2018年の2月に、東京都写真美術館で開催された恵比寿映像祭のトークイベントに参加して、「ミャンマーでワッタン映画祭を立ち上げた清恵子さん」という紹介を耳にしたときには、その再会に驚いた。

アーティストでもあり、アートのキュレーターでもあり、またメディア・アクティビストと名乗る清さんは、90年代はいろいろな国を点々としながら東欧周辺にいて、00年代以降はミャンマーの近くにいて、民主化をのぞむ人たちを助ける活動を一貫して行ってきた。ミャンマーの人たちには、映画という芸術を人民に紹介し、その文化が、最初は一握りの作家たちにはじまり、ミャンマーのお母さんや子どもたちまでさまざまな層にその文化が浸透するまでを、ワッタン芸術祭というイベントの立ち上げを通して実現してきた。日本では想像し難い苦労があったのは、軍のコントロールをかいくぐって文化の伝道を行わなければならな

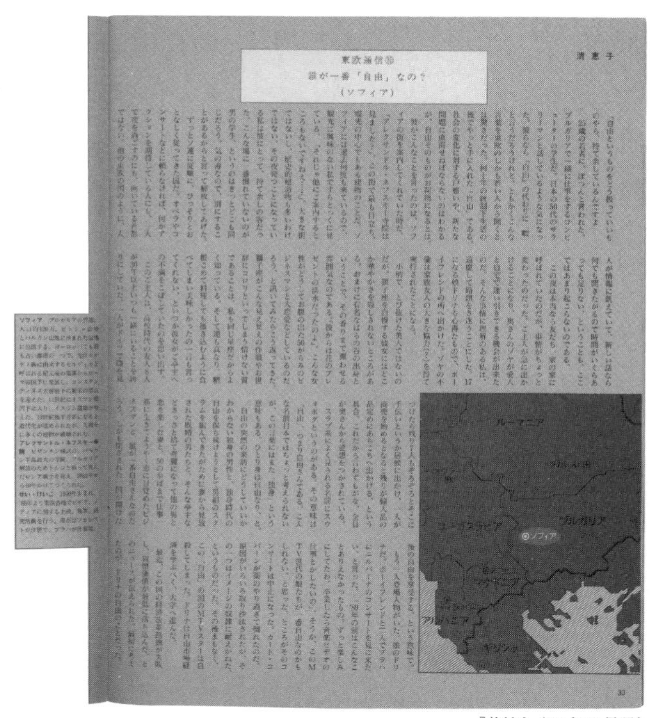

東欧通信

誰が一番「自由」なの？

（ソフィア）

清恵子

『花椿』（96年9月号）

かったから。軍事政権が再び支配するようになった2年前、そのニュースを報道で聞いたときは、清さんのせっかくの苦労がしのびなく思い、強い憤りを感じた。

メディア・アクティビストというのはどういう立場なのだろうか？　自分の立場を、ひとつの国家に固定しないで、みんなの「自由化」という目的のために、流れるままに必要とあらば国境を超えつつ、柔軟に生きていく。それが清さんの生き方に見える。そこまで自由に、居場所を次々と移していくことはどうして可能なのだろう？

行き止まりだと思っていた場所にも、いつの間にか天窓を開けてしまうような、融通無碍な清恵子さんの生き方にいつも感銘を受けてきた。清さんによれば、アーティストというのは、『「当たり前」と考えられているすべてのことについて、「果たしてそうなのか？　別の見方もできるのではないか？」と提言したくなる人たち』。そして、メディア・アクティビストとは、『「当たり前とされていること、あるいは、当たり前ではないとされていること」は「希少価値ではないのか？」ととらえ、それを最大限に活用する方法を積極的に考え、それを実行していく人たち』だ。ここに出てくる、ある場所ではごく当たり前であったり、なかったりすることというのは、たとえば、自分の考えを口にする自由があること、などかもしれない。

「メディアをよく理解するためには、そのメディアの内部と外部どちらからも観察する必要があります。社会についても同じなんですが、社会の場合は、システムの内部にいるのが当たり前で、外部にいるのは当たり前でない、と一般的に考えられています。ですが、自分の考えはこれとまったく逆なのです」と清さんは説明する。たとえばメディアを報道、システムを資本主義や共産主義と置き換えて考えてみると、世界情勢のなかで清さんがどう身の置き方を動かしてきたか、世界地図上での頻繁で柔軟な移動生活を支える情熱が、すけてみえてくるのではないか。

その、「まったく逆な考え方」によって、「自分と社会とのあいだにダイナミックな関係性が生まれ、それが原動力となって、活動や行為を生み出しているのだと思います」と清さんは言う。彼女が世界のさまざまな地域で活動できるのは、「違いをご馳走として、バリバリ喰らってエネルギーに変える生き方」だからではないか、と清さんは分析する。人類がさんざん争いや戦いを繰り返してきたのは、「違い」が対立を生んできたから。そうだとするならば、あえて、その「違い」を当然あるものとして、むしろ喜ぶべきご馳走ととらえ、エネルギーの源に変換してしまえないだろうか。清さんのダイナミックな生き方を、争いの絶えない時代のひとつの指針にできないだろうか。

世界のなかの私

94年4月号から始まった連載「東欧通信」は、清さんしか見てきていない土地と変動する歴史の今をレポートするものだった。だから、エッセイの文章には、その月の彼女の居場所をしめす地図と、ストーリーを読み砕く上で必要となる政治情勢などの注釈が添えられていた。注釈も清さんが自ら書いてくれた。

自分が企画して担当したエッセイだったものの、自分を顧みると、よく勇気があったと思う。私自身が、政治や世界地理にかなりうとい人間だからだ。20歳のころ、大学で仲良くしていた友人がイギリスの大学に留学した。そこで「ボーイフレンドができたんだけど、彼はユダヤ人なの」という話を聞いたときに、そのエピソードの意味する複雑な奥行きを理解できずにいた私だった。地方の公立高校から、帰国子女の多い大学に進んだ私は、海外生活の経験者が多いその大学にいる生徒にしては、受験勉強しか体験がなく、海外との行き来もなく、ネットのように多彩な情報を連れてきてくれる環境も当時はまだなかった。入社してから英語を仕事で日常的に使う環境に入り、どうやらコミュニケーションが成立する程度のところで、会社員生活が5年たって、パリコレ出張が始まった。

88年に渡欧し、すでに東欧を転々とする生活をしていた清さんとは、そんな私であっても、なぜか友達になれた。海外で出会う日本の人にもいろんなタイプがいて、なかには、私がパリコレやファッションで出張しているというと、ちょっと見下すような態度をとる人もいないわけではなかった。ファッションという文化を軽く見る傾向は、根強いものがある、とそのころから思っているが、政治にも明るく、社会主義政権下での地下活動を旺盛にしていた清さんはそうしたバイアスを感じさせなかった。

ワルシャワでは、「気楽にエステが試せるから一緒にやろう！」と誘われて、深いシワが刻まれた手と、あまり笑ったことがなさそうな凍りついた表情の、現地の女性が働いているホテルで、エステをともに体験するという時間ももった。

編集者としてはまだまだ半熟卵のような時期の私だったと思うけれど、清さんはフランクに年下の私と対等に接してくれたし、自分がファッションに関わっていることについてのコンプレックスを感じることもまったくなかった。パソコンが台頭する90年代の、情報が流れる速度が加速度的に変化していくなかで、地下活動的に、手渡しで何かが人づてに伝わっていく行為をベースにしている清さんの「たしからしさ」を信じていたし、その人の書く文章を『花椿』に連載でき、日本の女性読者と共有できるということに意義を感じていた。

清さんの「東欧通信」は96年12月号まで続いた。連載当時は毎月舞台の場所が変わっていくその連載の設定と、奥に広がるその土地ならではの政治情勢とそれに翻弄される人々という舞台のありようを飲み込んで、筋を追うだけで精一杯だった気がする。今、その連載をあらためて読み返してみると、私自身が年齢をかさね、さまざまな人生経験を経たぶん、「東欧通信」の文章に響くおかしみが、深く噛み締められるようになった気がしている。読んでいて、「クスクス」でもなく「ゲラゲラ」でもなく、「クフ、クフ」というようなくぐもった笑い声が漏れる感じ。「東欧通信」にこもったおかしみとユーモア感覚を理解できるようになるまでには、20代後半の私よりは、人生のさまざまな味、苦味や悲しみまでも身体で知った今までの経験が必要だったのだと思う。さらには、コロナによる制限下の生活というのも、当時清さんが書いた東欧の人々に課せられた制限とシンクロするところがあった気もする。

パリコレに取材に行ったり、ソフィア・コッポラの活動を気にしたりしながら『花椿』を編集していた当時の私が、並行して「東欧通信」を企画して毎月清さんの原稿を受け取っていた。どの関心事をとっても、今にして思えば、30年後の自分自身への手紙のような気もしてくる。エイズの蔓延によって、日常的に死を意識しはじめるようになった90年代は、コロナ禍の今と重なりを見ることもできるかもしれない。グローバリゼーションの一歩手前において、確実に「世界のなかの私」という意識が一人ひとりに、据え付けられた時代が90年代だったのではないだろうか。

同じ体験をくぐりぬけていない私たちからは、なかなか想像が難しい政治状況におかれた人たちとの印象深いエピソードを、清さんは「東欧通信」で届けてくれていた。たとえば連載の初回に登場するのは、「68年のソ連侵攻の後クレムリンの犬となり粛清運動を徹底した憎まれコミュニスト」として、チェコの国民の大多数に疎んじられた政治家、フサークの家具を頂戴し、分不相応な贅沢品に囲まれて暮らしていた、ちゃっかりものの男性。「こんな人は、独裁者が来ようが共産主義がもどろうがきっと、生き残る」。要領のよいそうした人間はきっと、どんな状況下にもあらわれるのだろう。

プラハ近く、若者が兵役でまずは送られる先という街、ブランディスを清さんが散策していて偶然出会った老紳士には、驚くことに流暢な日本語で話しかけられた。医師であり、60年代にアメリカで医学を学んでいる際に、日本人の同僚から日本語を学んだ人物だったという。

旅先でカメラを何かにむけたとき、「今まで一緒に案内してくれていた地元の友人が、『私、あなたのこと知らない』と言って、さっと逃げてしまう」。さまざまな体験をつんできたはずの清さんであっても、「公共の建物を個人が許可なく撮影することを禁じる共産国の法律に無知な外国人」として危険視されてしまう一瞬。そうした瞬間には自分がいかに無防備な存在か、ということを痛感させられたことだろう。

「自由というものをどう扱っていいものやら、持て余しているんですよ」とこぼす、25歳の若者と遭遇したときは、「何十年の統制下生活のあとでやっと手に入れた『自由』である。社会の変化に対する戸惑いや、新たな問題に直面せねばならないのはわかるが、自由そのものがお荷物になるとは」という戸惑いを綴った。

最終回は、ある読書家の友人から「今読まねば明日は棚にないかもしれないと、競争のように発禁の可能性のある本を探しては、大急ぎで読んでいた」と聞いた話。カフカの『城』を10代前半のころに読んだというそのプラハの友人は、「書棚から日毎に櫛の歯が抜けるように本が減っていくのに気づいた」時の「恐怖と焦燥感は今でものこっている」と清さんに語った。

まさに、「当たり前」の枠の外に広がる世界に体当たりしていった清さんだからこそ書き記すことができたエッセイを、『花椿』で掲載できることにワクワクしていた。そのころから30年たって、またあらためて混迷の時代を世界が迎えている。清さんと、恵比寿映像祭でお目にかかったときは、ミャンマーでゼロから映画文化を普及させ、映画祭を根付かせてミャンマーの若者や女性が自分で映画を撮る動きが盛んになった、とうれしそうに話していた清さんだったが、その後ミャンマーでは再び、軍事政権が政権を握ってしまった。

恵比寿映像祭の壇上で清さんが話したことを、今も印象深く覚えている。困っている人たちを助けたい、と思ったときは、「何が必要ですか？」と、聞くことから始めること。その人たちが必要としていることを、行うこと。軍事政権が長く続いた国の人々に、映画という芸術を通して伝えたかったことは「人間は泣いたり、笑ったり、怒ったりしていいんだということ、尊厳がある存在だということ」。そのために清さんは、フランス映画の『天井桟敷の人々』の映画を、ミャンマーの人々に見せることから、映画芸術の伝道を始めていったという。

政治によって統制されなくとも、他人と同じであることを期待される日本で長く暮らしていると、いつの間にか泣いたり、笑ったり、怒ったりを忘れてしまう時もある。感情を思い切りあらわすことが、私たちが生きるあかしでもあり、人間らしさであり、尊厳でもあるという清さんが話してくれたことは、いつまでも反芻し、深く噛み締めるエピソードになっている。

SVAL
GANG

清恵子さんの案内で、パリコレ出張の前後にプラハなど東欧の都市に足を伸ばすことができた90年代。現地で雑誌の編集に関わっている若者たちに会ったり、チャペックの家（右下）や墓を訪れた。

取材先には必ずカメラとビデオを持参していた。アーティスト、ドミニク・ゴンザレス＝フォスターの個展会場（左）や、旅先で見た植物なども動画に撮って、家庭用のプリンターで出力した。

パリコレ中に撮った写真は滞在中にパリで現像し、見出しをつけてアルバムに入れ、レイアウトするために整理した。

24　フリーランスで生きていく自信
――ブレスとの出会いを通じて

バレンタインデーの2022年2月14日、私はドキドキするメールを受け取った。送り主はベルリンの美術館KWのキュレーター、アンナだった。「会ったことはないものの、私はあなたとブレスのコラボレーションに刺激されて、離れたところからあなたの活動をフォローしています」という書き出しから始まるそのメールは、彼女の所属するKWという美術館が恒例にしている、「A Year with...」プロジェクト、一年間を一作家と共に展開する企画で2022年は、結成25周年を迎えるブレスが招待作家であること、いくつかのプロジェクトを一年がかりで展開するうちのひとつがブレス・ブックと呼ばれる、彼女たちが、展覧会などのタイミングをかりて自分たちで企画し、自らの活動をアーカイブする出版企画の3冊目の出版であること、そこへの寄稿を私に依頼したいこと、などが諸条件とともに書き込まれていた。

ファッションデザイナー自身が自らの活動をアーカイブする動きは90年代にマルタン・マルジェラが意識的・継続的に行ってきたことで、97年にデビューしたブレスも長く活動をともにするグラフィックデザイナー、マニュエル・レーダーと継続的に書籍を刊行してきた。一冊目にその原稿を書いたときは、思いの丈を精一杯こめて書いたエッセイを寄せたのだが、主要な寄稿文としてではなく、ブレスの作品解説文のひとつの扱いで掲載されたことに「なぜ？」という思いがあって、次にイネスに会った時に「なんでオリヴィエやエレンの原稿みたいに掲載してくれなかったの？」と聞いたことがある。アカデミック論文の世界にも首を突っ込んだあとの今は、どうしてそういう位置付けに自分の原稿がなったのかは、よく理解できるけれど、当時の私はまだ事情がわかっていなかった。イネスは「実際の編集になると、編集者たちの意図も入ってくるから」というようなことを言った。

2006年に刊行されたその本に寄せた原稿は、私の人生でもとても重要なこととなった、『花椿』の編集者時代におけるパリコレでのブレス体験を、嘘偽りなく執筆したものだった。これまでの人生のなかでも、かなり正直に自分の気持ちを書いた原稿といえると思う。その原稿が、ブレスの作品解説文の位置付けで掲載されたことは、いつの間にか自分もブレスの一員になっていたということ、つまりブレスを好きになった人はその内側に入り込めて、自分もブレスのつくり手になっている、ということを意味していた。それはすなわち彼女たちがつくりあげつつあった独自の、資本主義の構造に与しないオルタナティブなデザイナー像に自らを位置付けるということ、消費者の上に特権階級として君臨するつくり手ではなく「ともにつくる」風通しの良いコレクティブなつくり手集団の姿のありようであったのではないだろうか。出版当時に私が不満に思ったことは、そもそも私個人的には、とても名誉な勲章だった、とみなせるのではないか。

資生堂をやめてフリーの編集者になってからも、パリコレ会場には何度か行ったけれど、2000年代の半ばごろに赤ちゃんだった息子を連れての家族旅行や、その後07年春の全行程5日間というごく短い出張を最後に、パリコレを取材することはなくなった。自分の人生の変化によることが大きかったけれど、パリコレ自体も輝きを失っていた。90年代後半、グローバリゼーションの波がファッションにもおしよせたころからうっすら感じていた気配が、日に日に強くなって、2000年にファッションショーの動画配信が始まると、その変化はなし崩しになった。変化の速度だけがあった。自問自答という、ものづくりの醍醐味は傍に置かれた。自分の仕事の領域は、日本のアーティストや展覧会の取材の比重が増えていった。

パリコレと離職

『花椿』でパリコレを取材していたときの大きな気づきは、ファッションショーを、ただただ見ているだけで幸せ、という人が、世の中にはいるということ。パリコレに来ているジャーナリストやバイヤーには、そういう人も多かった。朝から晩までパリコレの、次から次へとファッションショーを見に移動する一週間を年二回すごしていたころは、自分もそんな人だったらどんなによかっただろうと思ったこともある。私にとってほとんどのショーが正直なところ、人混みや待ち時間、チケットをごまかして入場しようとする強欲な人たちとの奪い合い、年功序列の日本人社会のなかでの座席の位置取りの問題など、苦痛や退屈のもとだった。

モラハラ、パワハラといった言葉もない時代、パリコレ出張はいじめの巣窟だった。パリまで来てみれば、異世界が待っているのかと思いきや、そこに来ている人たちの顔ぶれは、たがいの所属先を知り抜いた日本人社会が待っていて、新しい顔が混ざると、直接の上司でもない「先輩」たちに、場にふさわしい挨拶を飛ばさなければならなかった。ファッション媒体のジャーナリスト間に、よくある話として噂されたエピソードにこんなものがあった。〈誰か新人がパリにくると、上司が「クロワッサンを買ってきて」と言う。言われたほうがあわてて買いに行って調達すると、「＊＊のじゃないと私はだめなの」と言って、再び買いに行かされる。上司の個人的用事にすぎないような「仕事」は延々と続く。慣れないパリで、忙しい本来の仕事と、山積みになる上司のお使いの板挟みにあった新人は、泣き顔になる〉というものだった。大体において、その新人は、その後またパリに来ることはない。

経験をつんだファッションジャーナリストの多くが、パリコレ取材を情熱の対象としていた。SNSの時代になってインフルエンサーたちがブランドの宣伝塔になった今、そうした年長のファッションジャーナリストたちのいじめの矛先はどこに向かっているのだろうか。自分のポジションとは無関係だから、接点はもたないのだろうか。ファッションの報道の今は、90年代からどれだけ変わったのだろう。

当時、取材の場で感じた上下関係の難しさは、「先達がいたからこそ、開かれた道なのだから仕方ない」と受け入れる以外になかった。前任者たちが築いた「パリコレに来たら、ショーはなるべく全部見る」という100本ノックのようなスパルタ的取材方法も、プレタポルテコレクションが始まった当初ならともかく、スケジュール表がショーの予定であふれる規模になっていた当時も旧来のやり方を貫いていたのは、日本人ジャーナリストだけだったのではないか？　と今になってみれば思う。新参者ゆえのチケットの取りにくさをなんとか解消しようと、自分が書いた記事の英語訳を取材対象に、チケット申し込みとともに送り届け

HANATSUBAKI＊MAGAZINE

SHISEIDO

CORPORATE CULTURE DEPARTMENT

7-5-5 GINZA CHUO-KU TOKYO JAPAN 104-10 TEL:81-3-3572-5133 FAX:81-3-3289-0543

Paris collection report by Nakako Hayashi

Hanatsubaki 1999 September issue(No591)

Here is a photo from a show. The photo is taken from the guest seats so amongst the models you can see the faces of people watching the show from the other side. When you see the photos after the shows are over, you can imagine how intense the shows were by the expressions of the faces in the photos, even without seeing the clothes. If it was a fulfilling show, you see every one applauding because they were so deeply moved. You see them forgetting
everything and just watching the show with their mouths open. Even at a collection of a famous designer, if they don't find each work fascinating, you see their eyes searching for the next even when the models are passing right in
front of them. I saw the most number of smiles and excitement of the people at peak at the show of Andre Walker and new designer Bernhard Willhelm.

Andre Walker only presented 12 works in all. A coat which covers just half of the body, a hat in a shape of a shopping bag. You can see his originality and style in his work, strange in a way, but yet, in harmony. After the show last autumn for an interview, he appeared wearing an antique shiffon blouse, for women, over a fleece jacket and said, "I can't explain why, but at the moment, I like unimaginable combinations like this". Designers start preparing for the next season immeadiately, once the show is over. When I saw the models wearing a coat with organdie, with arabesque motif, over a sporty, thick fleece-like material, it reminded me of what he told me at the
interview. For some reason, there is never an agressive atmosphere of people trying to knock eachother down to get into his show. Instead, there is a slight sense of unity of people who delightedly came to his show. This kind of
mood is rare in Paris where competition is so intense.

Bernhard Willhelm graduated from the Royal Academy of Fine Arts Fashion Department in Antwerp . Short girls wearing square cut dresses with wide shoulders, long knit gloves and fish bone patterend tights come walking towards
us. There is a stuffed monkey on the shoulder of the coat. Why a monkey ? "I love them. I don't know how to feel when I see gorillas in the zoo. That's how much I like them. They are like human beings but they are still anmials,
with hair all over their bodies. It's a strange animal." He also said, "I want to be myself and I want to bring an element of humor into my clothes. This is very important". In the pressroom, he has his favorite stuffed monkey from childhood. Many buyers appeared one after another to see his show although it was his first. "To develop something, we need to take time. Isn't it a bad thing when people expect too much?" For a moment, he showed his uneasiness.

The boom of Paris collections encouraged by newdesigners came to a turning point last March. Veronique Branquinho, A.F. Vandevorst, Olivier Theyskens, Gaspard Yurkievich, Jerome Dreyfuss, and Sharon Wauchob. It was March'98 that these designers, most of them in their 20s, had their first show. After one year, in March,'99 - 2000 autumn - winter collections was their 3 rd season, and they have showed a deeper aspect of their world. While developping their approach that they entertained from the starting point, they have came up with a way to present their show in a way that suits their work, each designer in a unique way. The ability to complete this consistent work is definitely improving as the generation goes on.

At the last show of A. F. Vandervost, sleeping girls woke up and started walking. This time, in her show, the models took their gray coats off in the dark with slow live cello music as background music. At Olivier Theyskens show,

『花椿』に掲載したパリコレ・レポートの原稿を英語に訳し、次回のチケット依頼の際にプレスルームへFAX。確実に招待してもらうために力を尽くした。

ながら依頼すると、デザイナーたちには好評で、「記事を英語で読ませてくれた日本人ジャーナリストは、ナカコが初めて」と喜んでくれた。バイリンガルの本『パリ・コレクション・インディヴィジュアルズ』を99年、2000年に刊行した背景にはそんな事情があった。

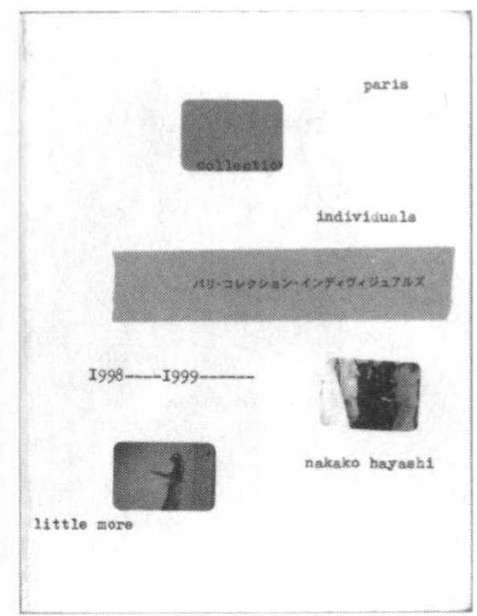

『パリ・コレクション・インディヴィジュアルズ』

先のクロワッサンのような象徴的なエピソードはなかったものの、当時、私のパリコレ出張の一週間はまさに不条理体験の連続で、出張中にホテルで寝込んでしまうことが多かった。そんなときは、何のために長時間かけて、ヨーロッパまで来たのだろう、とやるせなく思っていた。そこまでの経験をしても、「自分の喜びのある仕事につけたなら何物にも変えがたい」というのならよかったけれど、私の場合はショーを見たり服を見ることでその喜びがわくことは滅多になかった。ゼロではないのだけれど、ごくまれにしかおこらない。ブレス本に書いた話は、そのまれな例に端を発し、自分自身を発見することになったエピソードだった。

99年10月のコレクションシーズン。昼も夜もサンドイッチしか口にできず、スタンディングのチケットで会場に入り、遠くから誌面でレポートするために、自分で写真とビデオを撮る。身体的にとにかくハードなその仕事経験も、高揚させる服やショーとの出会いがあればいいものの、そうした興奮がなければただの激務である。撮影した写真はパリのワンナワー・フォトに現像に出して、その日のうちにチェックしていた。そんな日々のなか、読者に何も伝えたいものが思いつかないそのシーズン、「この仕事はもう続けられない」と思って、ホテルの部屋で涙した。ぼんやりと写真の山を見ながら、ヴァン・オムスラーゲのショー会場で、とても素敵な女性を見かけたことを思い出していた。大ぶりなデニムのスウェットシャツに、ローマ字が大きく刺繍されていた。「あの服をきた人に声をかけて、写真を撮らせてもらえばよかった」。その日見た一番素敵な装いは、モデルではなくて会場で見かけたその女性の服だと思ったからだ。自分らしい取材の好機を逃したことが悔やまれた。「次にどこかのショー会場で彼女を見かけたら、今度こそ撮らせてもらおう」

その後、コスタス・ムルクディスのショーでその機会がまわってきた。「あの服だ！」と思ったけどよく見たら、着ているのは違う人だった。それでもかまわず声をかけて写真を撮らせてもらい、「誰がつくったの？」と聞いてみた。彼女は友達だと言った。かなり驚いた様子だったので、それ以上質問はやめて、ありがとうと言って別れた。

翌日、プレスの招待状をもらっていたので、パリ市立現代美術館に出かけていった。当時はまだ服のコレクションは発表せず、ショーはやらないプレスからの招待とは一体なんだろうという期待をこめて。展示室の一室で、定刻に流されたのは、パリコレがスタートしてからその前日までに開催された主たるファッションショーに訪れたプレスの

アルファベットが大きく刺繍された、デニムのトレーナーを着た若い女の子。ある日ショー会場でその服を目にして、数日後撮影に成功したが、その服がブレスの作品だとは、美術館で映画を見るまで知らなかった。

友人たちが、彼らの新作を身に纏って、ショーを立見したり、座って見たりしている様子を撮ったドキュメンタリー映像だった。ブレスにハイジャックされた、ヨージ・ヤマモトやマルタン・マルジェラのショーの場面を驚きとともに私たちは見ていた。コスタスのところでは、写真を撮らせてもらっている日本人ジャーナリストとして私もしっかり、登場していた。

美術館で映されたブレスの映画に登場する私（右端）。左ページの写真を撮っている。

『花椿』の98年5月号の特集撮影で、マーク·ボスウィックの紹介でブレスに会ってから、彼女たちの仕事をおいかけていた私だった。誌面でレポートする仕事をになっているのに、そのシーズン、なかなかファッションへの興奮を抱けないことで悩んでいた私は、この「自分がそのシーズン見たもののなかで、一番ブレスの服が好き」という確信を、自ら短編映画の登場人物になるという劇的な体験を経て、はっきりと知ることができた。

「この体験を経て、私はフリーランスで生きていく自信を得た。これからは全部を満遍なく見て伝えるのではなく、自分の好きなものを、自分で出版する雑誌で伝えていくことに決めた。ブレスがその自信をくれたのだ」という趣旨で、私はこの原稿をしめくくった。「ファッション界という荒波のなかで、彼女たちは私の希望の島だ」。15年前に書いた原稿と再会した今、当時の興奮と決意を思い出す。

批評精神が切り開いた関係性

KWから来たメールについては、しばらく考えて、自分が書けることのアイデアをつかまえ、その日のうちに返事をした。「BLESSが25年間のあいだ、これまでに築いてきた関係性こそが彼女たちの本質で、そのネットワークの仕方について書きたいと思う。「Not in Fashion」展のキュレーター、ソフィ・ヴァン・オルファースもカタログに書いたように、90年代ファッションの本質は仲間とともにつくる時代だったのだから」

そうしたら、「あなたが参加してくれるときいて、私たちは月にも登る気持ちです」と返事があったので、こちらも嬉しくなった。けれど、Zoom meetの連絡がいつまでも来ない。そのうち3月のパリコレシーズンになったので、それもあるのかなと思った。3月末になって、そろそろ締め切りも近いしと、催促したら会えることになって、4月半ばにブレスのイネス・デジレと再会ができた。連絡が伸びていたのは、アンナが美術館長になったから、仕事分担の見直しが必要だったということだった。

Zoom meetでは「ブレスの関係性の紡ぎ方、ネットワーク力について書きたいと思うんだけど」という地点から、ほかにも原稿に結びつきそうなことをいくつか話題にあげた。自分たちがここにいたいと決めた、ファッションというフィールドを徹底的に解剖するようなアプローチがとても刺激的であること。自分たちのブランドやショーだけではなく、たとえばパリコレのファッションショーの一週間をハイジャックして、パリコレという環境について考えた作品。男女共用の服は、2010年代に「ジェンダーレス」と騒がれた傾向をずっと先取りしていた。新作の写真をハンカチに刷って、ジャーナリストに情報を届けるメディアに新規な形をさぐった作品。ファッション誌の前半にお決まりのブランド広告欄を買い取って自分たちの作品を知ってもらうために宣伝を出したこと。ヘルムート・ラング、ヨージ・ヤマモト、マルタン・マルジェラ、ヴィクター&ロルフなどさまざまなブランドが自分たちの精神を体現するための「ルックブック」のディテールを撮影した写真作品。雑誌をクラシックな絵画の額縁に埋め込んだインテリア作品 etc.。何より、インテリアや靴など小物から自分たちのプロダクツを発表し、2002年秋以降洋服のコレクションを発表して、ファッションショーを定期的に行うようになってからは、自分たちの活動に興味をもってアプローチしてきた編集者やキュレーター、インターン志望などの人々をモデルとするポリシーを貫いてきたことは、「その服を着る人間が頭の中で考えていることは何か？」ということを全面的に問う姿勢であり、彼女たちの活動の軌跡のなかでも、そのラディカルさをはっきりと伝えていると思う。

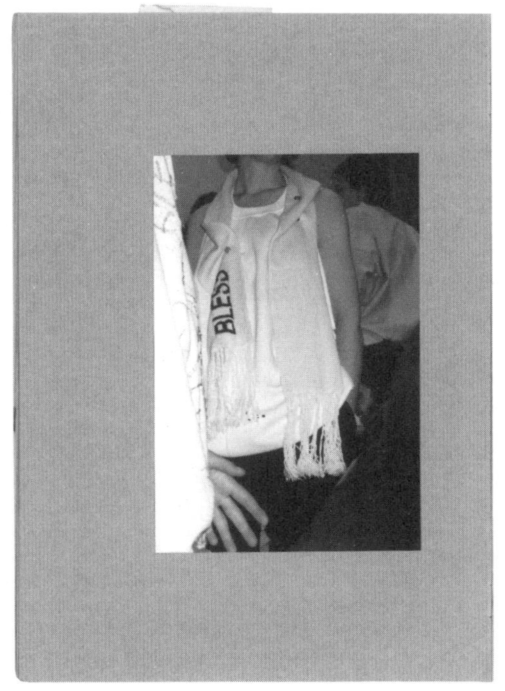

99年秋に発表された、ブレスの作品のテーマは「マーチャンダイジング」。自分たちのブランドが有名になって、ロゴ入りの服をつくる時が来たら？　という発想で、ブランド名やイニシャルがあちこちにデザインされた男女兼用のアイテムを提示。

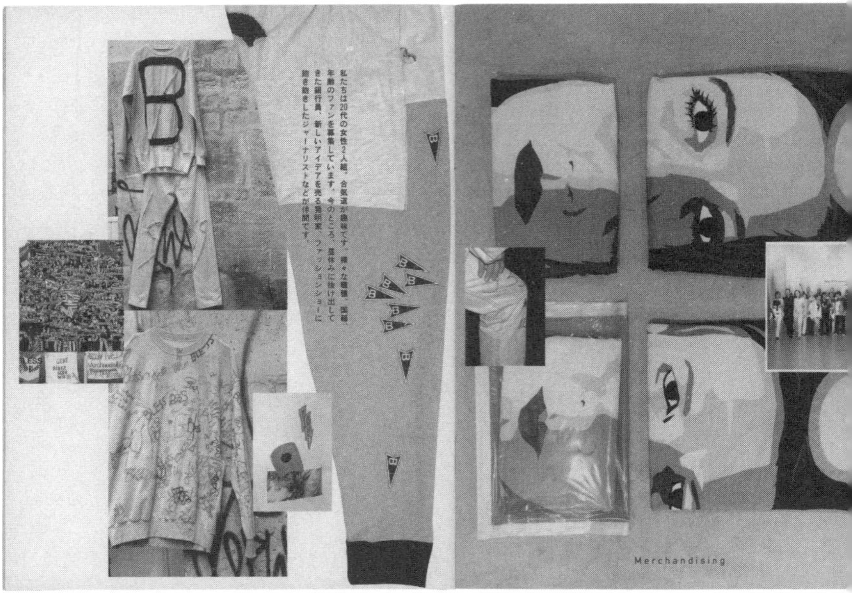

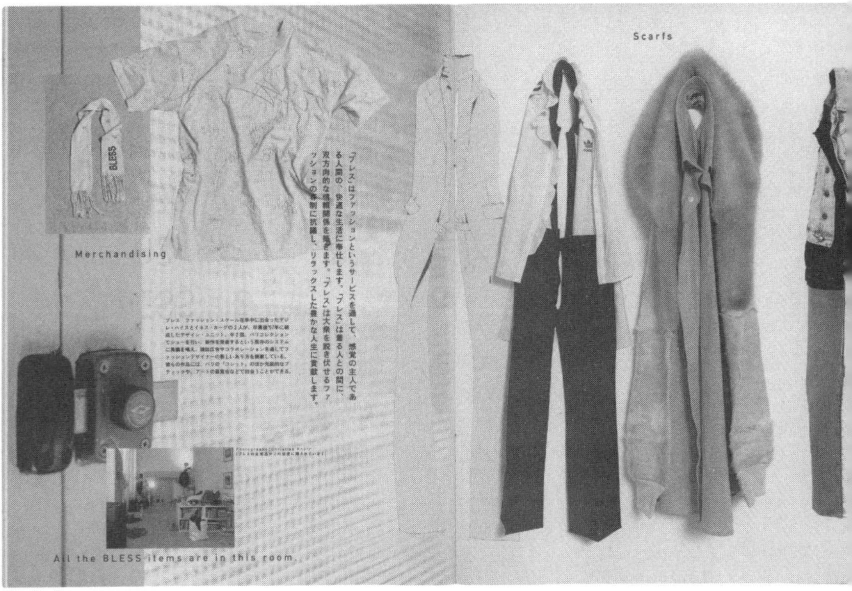

私たちは20代の女性2人組。合気道が趣味です。様々な職種、国籍、年齢のファンを募集しています。今のところ、昼休みに抜け出してきた銀行員、新しいアイデアを売る発明家、ファッションショーに飽き飽きしたジャーナリストなどが仲間です。

Merchandising

Scarfs

「ブレス」はファッションというサービスを通して、感覚の主人である人間の、快適な生活に奉仕します。「ブレス」は着る人との間に、双方向的な情報関係を築きます。「ブレス」は大衆を説き伏せるファッションの体制に抗議し、リラックスした豊かな人生に貢献します。

Merchandising

All the BLESS items are in this room.

『花椿』(00年7月号)。99年10月のパリコレで、ブレスの服が一番好きなことを実感したあと、仲條さんと相談して実現できたブレス特集。「ブレスのフィロソフィー」という特集タイトルに、従来のつくり手と一線を隠す彼女たちの思考力への着眼点がうかがえる。

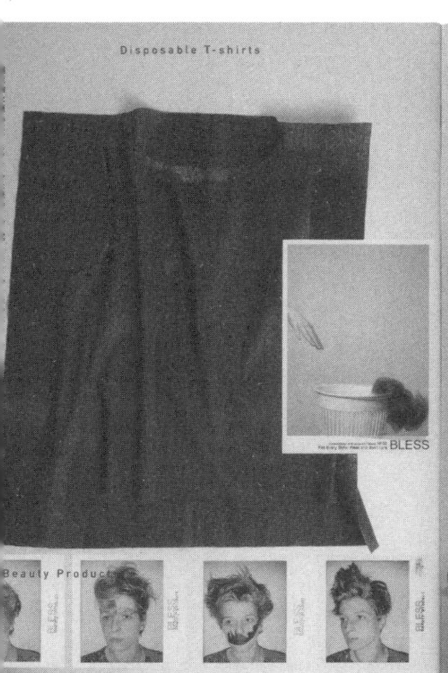
Disposable T-shirts
BLESS
Beauty Product

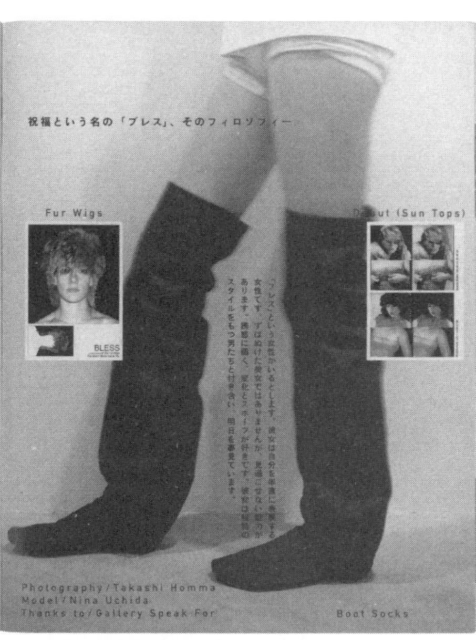
祝福という名の「ブレス」、そのフィロソフィー
Fur Wigs
BLESS
Debut (Sun Tops)
「ブレス」という女性がいるとします。彼女は自分を本能に素直にする女性です。ずば抜けた美女ではありませんが、見過ごせない魅力があります。誘惑に弱く、家具とスポーツが好きです。彼女は独特のスタイルをもつ男たちと付き合い、明日を夢見ています。
Photography/Takashi Homma
Model/Nina Uchida
Thanks to/Gallery Speak For
Boot Socks

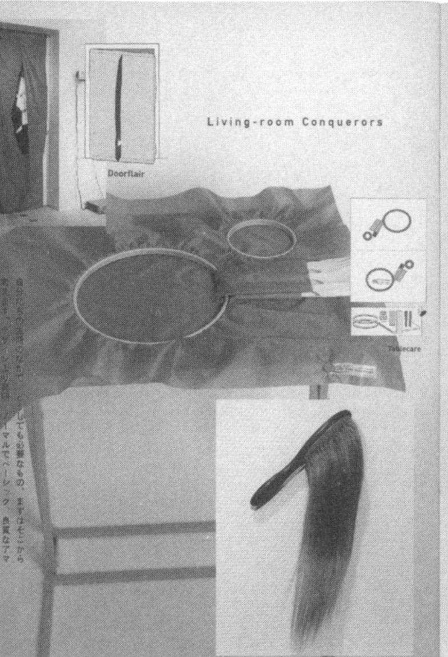
Living-room Conquerors
Doorflair
Tablecare
しても必要なもの、まずはそこから
マルでベーシック、良質なアマ

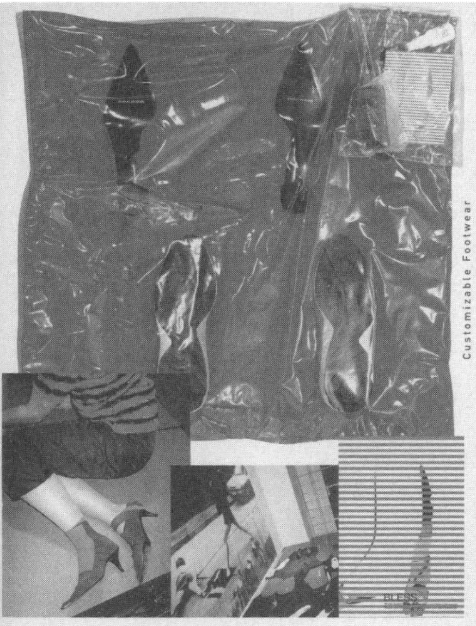
Customizable Footwear
BLESS

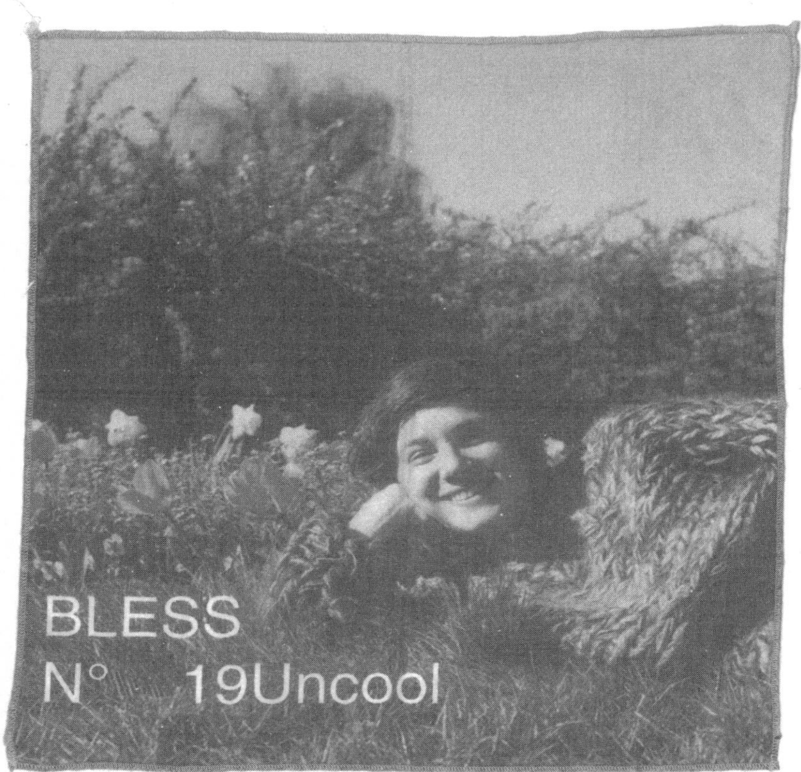

ブレスがパリコレで配ったハンカチ。

私がブレスを面白いと思うのは、自分たちが「ここにいたい」と決めたファッションという世界への批判精神と愛情の共存度合いによる。彼らが活動を始めた90年代後半のファッション産業は、たくさんの無理が積み重なっていたし、その世界で生きていくには不可避と思われていた、けれどもなくせるならなくしたほうがいいにきまっている、エネルギーの無駄でしかないこともたくさんあった。その現状に、ただ文句を言い続けるのではなくて、その場のなかで自分たちが楽しめる視点を、くまなくつぶさに見て、精力をこめて探すエネルギーをもつこと。私が苦しい取材状況を、逆に『パリ・コレクション・インディヴィジュアルズ』の出版行為につなげて、自分にとって楽しい広場を新たに開拓したように、この広い荒野に、どこかに自分たちが世界とかかわる接点がきっと見つかるはず、と信じること。資本主義の総本山ともいえるファッション業界の、さらに総本山というべきパリコレであっても、そこを自らの遊び場として選び、工夫しながらそこで生きていく決意をかためたものの強度がブレスの25年間を支えていた。

Zoom meetでブレスは「私たちには共通点があると思う。ナカコはいろいろな人に興味をもつと、ずっと興味ももち続けて、そこから20年以上も関係を続けていく。ソフィア・コッポラ、ミランダ・ジュライ、スーザン・チヤンチオロやパスカル・ガテンとか。そういう人を私はほかに知らないし、たくさんの女性作家とつながり続けるナカコの仕事の仕方はとても興味深いと思う」と指摘してくれた。「水戸の展覧会で私たちを呼んでくれたとき、日本人ではない作家はほかに数名だった。なぜ、広いファッションの世界で、あなたが選んだのが私たちだったのか？　と考えてみるのも面白いと思う。私たちブレスのことだけについて書くのではなくて」

ブレスの活動をアーカイブする本なのに、「ブレス以外のファッションデザイナーのことに触れて欲しい」というリクエストを彼女たち自身から受ける。それは、パリコレ取材の先達が、若い世代を蹴落とさなければ自分のチケットを取り続けることができない、とさまざまな手段で妨害を画策するほどに、競争の激しいファッション業界であることを視野にいれれば、相当に稀有なことだと考えるほうが普通ではないか。あえて「私のつながりのもち方」に興味を示し、そのつながりを自分たちブレスのフィールドにもちこもうとするところが、分断の世代ではない、つながる世代とも言うべき彼女たちの特徴だと思う。人の営みである以上、なにかの共通項があれば、人と人が関わり合う鍵を見つけられるはずだと、信じているからこそ、つながりを信じることができる。その鍵を見つける共通項が、私の場合は、「批評精神」なのだ、ということに、ブレスの発言から気がついた。

映画を撮り出すまえのソフィア・コッポラは、彼女の母親世代のフェミニストたちを批判し、また同時代のライオット・ガールからも距離を置いた。その価値観ではなくて、価値観を形成する彼女独自の批評眼に私は興味をもった。ギャラリストの娘で、10代ですでに展覧会をキュレーションしてパリのアート界に一目を置かれたエレン・フライスには、自らをキュレーターでなく編集者と名乗る、アート界への批評眼に興味をもった。「自分はアーティストになるつもりはまったくなかった」と話したドミニク・ゴンザレス＝フォスターの批評的な視点は、ファッションや建築や音楽や雑誌編集やサイエンス・フィクションといった彼女の幅広い興味の背景をなしていたけれど、それは美術館長だった父親の権威的な姿勢とアート界の堅苦しさを拒んだマイク・ミルズの選択眼を思わせた。スーザン・チャンチオロ、マーク・ボスウィック、ブレスといった90年代ファッションにおける私にとってのスターたち、きら星のように輝いて見えていたつくり手たちは、従来のファッションという概念を批判して、自分なりのやり方を切り拓いていた。ほかと自分を切り離す鋭利な刃物のような批評精神は、本当に自分がいたい場所に自らを押し出す原動力にもなる。その人の中心（コア）にある批評心を好きになるということは、その人の本質に興味をもつということで、だから関係が長く続くのだろうと思う。

グラフィックデザイナーとしてデビューした約5年後に、X-girl周辺の活動でマイク・ミルズの名前を知った。同い年の彼の活動に興味をもっていろいろなつながりをもっているうちに、私も離職してフリーランスになった。初めての子供が産まれた日々に狼狽えているころ、映画撮影（『マイク・ミルズのうつの話（Does Your Soul Have a Cold?）(2007年)』）のためマイクが来日し、同時期に映画監督として広報活動のため来日していたミランダ・ジュライに、「僕のガールフレンド」と、渋谷のホテルで紹介された。つながりが、つながりを連れてきてくれるからこそ、個人の世界は豊かになる。水戸芸術館の「拡張するファッション」展でミランダの作品を知ったブレスが、後日ミランダとコラボレーションをすることになって、「ナカコのおかげ」とメールをくれた。突然息子とイギリスで生活することになったとき、夏休み自宅に泊めてくれたブレスの親切は、不安だった私たちにもあたたかく届いた。たとえ分断されても、アメーバのようにつながって互いを支える関係をつくり出すのは、刀のように鋭利な批評精神と、そこに同居するうちなるやさしさやソフトネスなのだ。

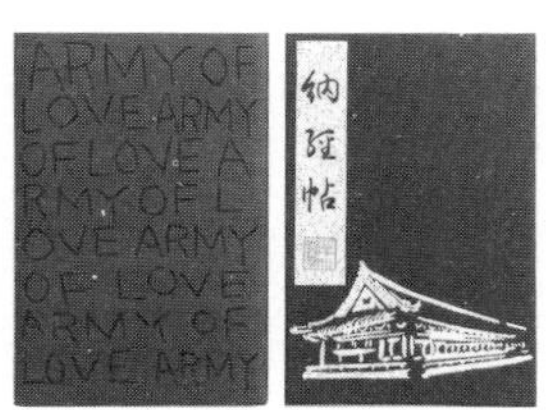

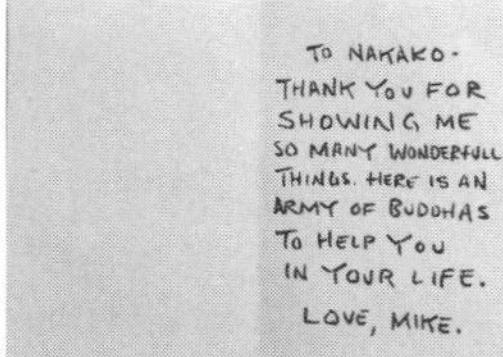

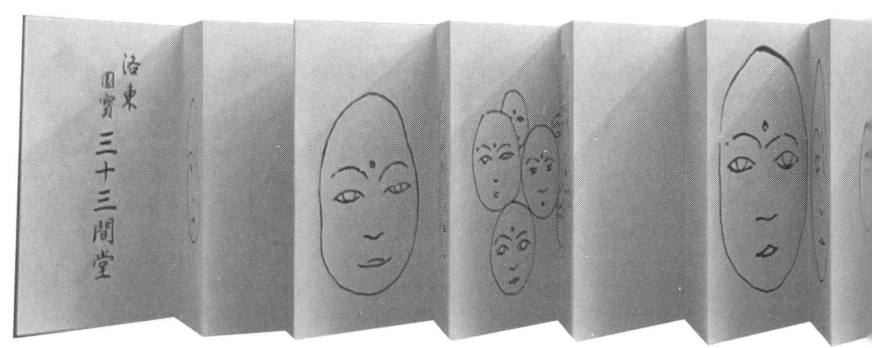

マイクが京都に滞在中、ひそかに制作したアートブックを後日プレゼントしてくれたのは、特集撮影に立ち会えなかった私の失意を汲んでくれたからかもしれない。三十三間堂の御朱印帳に、そこで模写した仏像の顔が描かれ、スナップ写真が挟み込まれている。

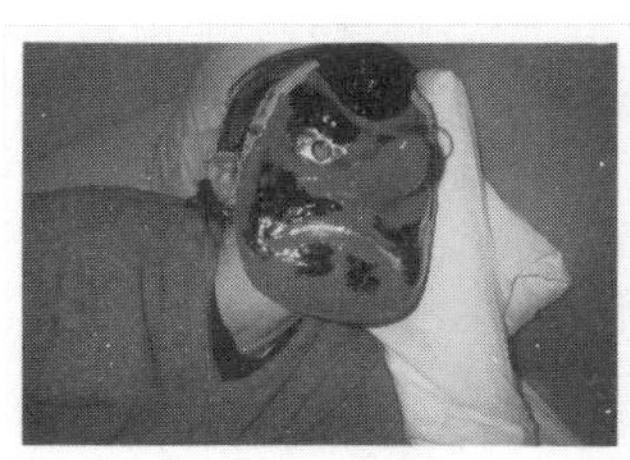

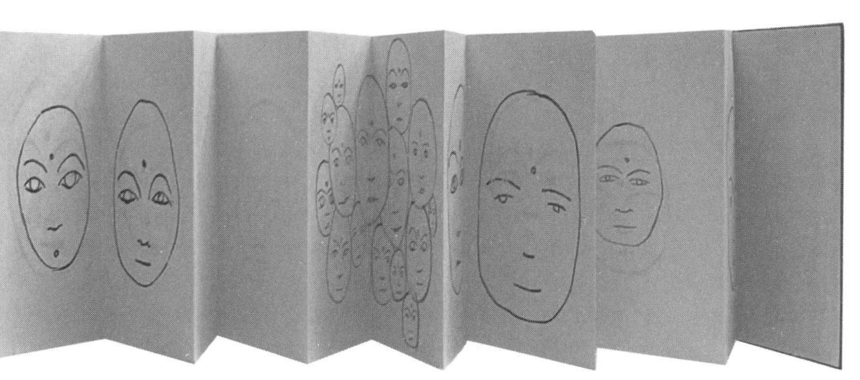

『花椿』(96年10月号)。自分の好奇心を、初めて特集企画として実現できた「大阪オーラ」から。これと97年2月号「ニューヨークのニューな部分」特集の撮影は、NYから帰国したばかりの若木信吾さんにお願いした。インタビューページで若木さんに撮影をお願いした浅野忠信さんのポートレートが、仲條さんの目に止まっての起用で、その後雑誌を中心に広告など大いに活躍する若木さんの、日本でのほぼ初仕事となった。

あとがき
表紙制作や撮影の現場を振り返って

つい先日まで、コートのいる肌寒い日もあると思っていたら、突然半袖の陽気が訪れた2022年5月のゴールデンウィーク。コロナで数年間抑えられていた人出が、今年の連休には戻ってきたようだった。それでも私は日々、このエッセイ集の準備にあたっていた。図版掲載の許諾を得ようと、90年代に仕事した人たちのインスタグラムを探して、メッセージを送ると、数日から一週間くらいして、忘れたころ返事が届く。そんなふうにして、再会を懐かしんでいた。

私が本書で紹介したいと思う特集のほとんどは、1997年から2000年の『花椿』に集中していた。特集制作のために、海外ロケを行うことが多かった『花椿』だが、私が担当した海外ロケの特集はそれほど多くなかった。初めての海外ロケ体験は91年7月号のハワイで、当時の表紙はシンディ・パルマーノが撮影したケイト・モス。90年代前半から半ばにかけては、コラムやエッセイの編集が主な仕事で、時々、特集の手伝いをして、撮影現場を体験した。おもにコラムを編集する作業の過程で、自分が興味のある人や話題を捕まえていたと思う。このエッセイ集の導入で触れたのが95年の『合本』だったのは、私の興味関心が表紙や特集といった表舞台ではなく、あちらこちらの記事にあらわれていて、誌面のディテールにそれらが散見できる時期だったからだと思う。

そのころまでに育てていた興味の対象を、誌面のビジュアルに大胆に生かすことができた最初の特集が「大阪オーラ」(96年10月号)や、96年秋に渡米してつくった「ニューヨークのニューな部分」(97年2月号)だった。それ以降、いろいろな興味のある作家との特集を実現していった。マーク・ボスウィック(98年5月号)、マイク・ミルズ(98年7月号)、エレン・フライス(98年10月号)、奈良美智(99年10月号)、ブレス(00年7月号)、スーザン・チャンチオロ(00年8月号、00年11月号)……。

『花椿』(99年10月号)

雑誌の「顔」ともいえる表紙に関しては、97年5月号の表紙から担当した。当時一年分の表紙を撮影していたのは、アネット・オーレル。

シンディ・パルマーノに続いて印象深い仕事相手になった女性写真家、アネットと『花椿』の最初の撮影はパリだった。アネットが表紙を撮りはじめた97年、「Paris Plus」というファッション特集があった(97年1月号)。写真家アネットと、スタイリストのカミーユ＝ビドゥ・ワディントンのチームが撮影したストーリーは、可愛らしさと、どこか懐かしさもあって、私は大好きだったし、彼女たちがつくる表紙は、よく見かける女性ファッション誌のファッション写真と違って身近な感じがして、一方でミステリアスでもあり、惹かれるものがあった。

パリコレ期間中にパープル・インスティテュートで体験したプレゼンテーションに心酔し、ニューヨークにその人の発表を見るためだけに出張するようになっていたスーザン・チャンチオロの特集を、『花椿』誌上でついに、組めることになった2000年。当時、アネットはニューヨークに子どもたちと一緒に住んでいたので、スーザンと親交の深い彼女に、『花椿』2号分の撮影を頼めることになった。それは、私の悲願ともいえる内容の特集だった。自分が90年代に取材した中でも、飛び抜けた才能を信じて応援してきたスーザンと、私の大好きな写真を撮るアネット。両者と大事な仕事を一緒にできることが嬉しかった。

ところで、『花椿』は本来、女性のための雑誌であり、本質的には、ファッション誌ではない、と私は思っている。国民的な月刊女性誌というべき存在から時代時代に応じて変化をしてきた『花椿』が、今につながるA4の冊子になったのは、82年4月号から。それ以降の『花椿』は、化粧品会社から日本全国の女性に届けるニュースレターとでもいうべき従来の役割をぬぎすてて、ファッションに深く切り込んでいく新たな冒険を始めていった。当時の編集長だった平山景子さんが、アートディレクターを仲條正義さんひとりにしぼって、イメージを一新したあとの『花椿』の斬新さは多くの人の心に印象深く刻まれていると思う。

その媒体がたどった道筋は、私から見れば、日本人という、西洋のファッション界の外部にいるメディアのつくり手が、限られた冊子のページ数で最大の効果をあげるために、真剣に西洋からファッションを勉強して吸収した産物だった。ファッション誌というものの外にいたからこそ、それ自体を脱構築することができて、ファッション誌を超えた、けれどもファッションにとても近しい、類を見ない女性誌なるものに近づいていった。

その華麗なる変身は、80年代を通して段階を踏んで実践されていったと思う。表紙だけをとっても、82年には読者から自薦・他薦を問わず表紙モデルを募集する「12の顔」という企画の場だったが、92年には一年間、当時推しも推されぬ人気のファッション写真家だった、エレン・フォン・アンワースが映画のスチールようなファッション写真を撮り下ろしていた。

私が編集者として関わった90年代は、80年代に登場したMTVが生活のなかに溶け込んで、世界中の文化全体が若者文化とシャッフルされた時代で、『花椿』自体も「リアリティ」を希求する若者文化を吸収しながら編集する、文化の発信基地のようなものになっていった。一時期そこに所属した編集者で、その後はフリーランスになって外の世界に出た私の、ごく個人的な見方に立つと、『花椿』という媒体が大きく変化した80～90年代の分岐点を、このように振り返ることができる。

そんな『花椿』においても、私が在籍した期間、ファッション撮影は日々、当たり前のように行われていた。「In Fashion」ページや、ファッション的な「Beauty」ページなど。けれども、2001年に会社を離れてフリーランスになってから、私はかなり長い間、ファッション写真というものに取り組もうという気持ちには、ならなかった。2020年に発表した『here and there』のvol.14でファッション撮影に挑戦したのが、『花椿』を離れて約20年ぶりのことだった。

なぜ、それだけ離れていたのかと、あえて自問自答してみると、それだけ、いわゆる一般的なファッション写真というものに対する不信感が、自分のなかに育っていたからだと思う。

2020年9月号の『Vogue Italia』で、しばらくファッション写真から遠ざかっていたマーク・ボスウィックが、100人の女性を撮影して100枚の異なる表紙を撮ったというニュースを知ったとき、ファッション写真の王道の舞台

『Vogue Italia』(20年9月号)。ひとつの号の表紙モデルに100人の女性を起用して、マーク・ボスウィックが撮る企画。右はスーザン・チャンチオロ。

にしかけたマークの姿勢、「たった一人を選ぶのではなく、多様性があっていいことを肯定する」に私は共感した。一方で通常のファッション誌がカバーガールにモデルをチョイスする際に、その人の属性（人種や体型など）以外を排除しているという排他性があることに気がついた。久しぶりにファッション界から、興味のもてるニュースが届いたと思った。

一方、この連休中にヨーロッパのファッション誌の話題を探っていたら、ケイト・モス回顧特集という鉄板企画が行われていた。コロナ禍をすぎても、戦争になっても、変わらない企画を行っていることに驚愕を覚えた。90年代に雑誌『i-D』からアートシーンに活躍の場を変えていった写真家ウォルフガング・ティルマンスは、友人や知人を被写体とする方法論をファッション写真にぶつけてきたけれど、被写体の許諾の取得が、イメージを複製する際の生命線になってきた2020年代の今、彼の挑戦の意味が二重、三重にも理解できてくる気がする。

90年代、何度か特集で仕事をしたファッション関係者に、スティーブン・ジョーンズがいた。いろいろなファッションデザイナーのショーのために帽子をつくるスティーブンは、ファッション界をどこまでも知り尽くしている、ファッションの生き字引きのような存在で、たしか資生堂とも一時期、化粧品のカラークリエーションの仕事なども行っていたと記憶している。平山景子さんの、長年の友人のひとりでもあった。

スティーブンに特集のファッションストーリー「Exchange」(98年11月号）を監修してもらったときに、彼のミリナリーで働いている若い女性が私に言った。「スティーブンと仕事しているということは、ファッション界のどこでも仕事ができるし、『Vogue』の編集部にも行けるというのに、どうしてあなたは『花椿』にいるの？」。彼女の発言は、とても正直な疑問だったのだろうと思う。ロンドンのファッション界で働きはじめたばかりのイギリス人の若い女性に、『花椿』とファッションの距離感や、資生堂がなぜファッションと関わりをもつのかなどを、伝えようとしても伝わらないだろうと思って、何も言わなかった。自分はファッション界の外にい続けながら、ファッションを研究したいんだということが、はっきり自覚できたのは、ずっとあとになって、2020年にセント・マーティンズの大学院で学びはじめてからだった。

ファッション写真は嫌いだけど、シンディやアネットの撮る写真は好き。アネットの撮る『花椿』の表紙は、エレン・フライスも大好きだった。

日本人とアメリカ人のハーフだから、私や「Mr Nakajo」に話しかけるときは、日本語になるアネットの、人懐っこいけど低い声を思い出す。NYで大きなフラットを借りて、ひとりでふたりの子育てをしながら、仕事もするし、時にはウキウキとデートに出かけていく。「すごいなぁ」と憧れをもって彼女を見ていた。スーザン特集のNYロケで仲條さん、小俣さんと出張中に、「私の最近撮った作品、見て」と言ってアネットがさし出してきてくれたのが、白黒のアート映画の一場面のような、時代がわからなくなるような写真だった。『花椿』は当時、小俣さんが打ち出した方針で「ビジュアル・エンターテイメント」と称して表紙や特集のビジュアルページを撮影していた。NYの大きなエージェントに写真家として所属していたアネットが当時、作

資生堂のメーキャップアーティスト、岡元美也子とスーザン・チャンチオロのコラボレーションになる特集（00年8月号）を、アネット・オーレルのハウス・スタジオで撮影した。子どもと遊ぶルーフバルコニーで、撮影を待つモデルの姿。

品として撮っていた白黒のファッション写真には、エンターテイメントといえる要素はたしかに欠けていた。暗すぎる、と思われたのだ。彼女の「作品」とはまた別の紙面が求められていたとしても、撮影現場の空気は終始、和やかだった。それはアネットが80年代、『花椿』の表紙モデルであった経歴と無関係ではなかったはずだ。仲條さんや小俣さんとはすでに、10年以上知り合いだった、という信頼関係があった。彼らはNYで、遠い親戚の娘を見るようにアネットを見ていた気がする。「東京でモデルをやっていたあの娘が、ロンドンまで写真を勉強しにいって、ファッション写真家になって、パリやニューヨークの最前線で活躍してるなんて、すごく大きくなったね」というような。

表紙撮影中にアネットがくれたポラロイド。

ところでゴールデンウィークの最中、許諾をとる作業のためにインスタグラムを見ていると、90年代にパリコレ取材で出会っていた、懐かしいファッションピープルの名前が蘇ってきた。『i-D』で活躍していたスタイリスト、『Self Service』でよく撮っていた写真家、その彼と結婚していたけど今では別れたスタイリスト、彼らの間に生まれた子ども……私がファッションショーを取材に集中的に行っていた期間は5年以上10年未満だったけれど、当時そこで取材したり仕事した人たちは、その後会うことはなくなっても、その人が必死にショーやモデルを見つめている横顔が思い出された。一年間のうちの2週間程度であっても、皆大体同じ場所に、いつもいたのだから。

そして、彼らが相変わらず、「happy birthday‼」とメッセージを言い合っている様子をみていると、本当に限られたメンバーの小さなビレッジの住人で構成されているのがファッション界なんだな、と理解できた。彼らは変わらず、ファッション誌やファッション写真に現役で関わっているようで、同じ顔ぶれで終わりのないキャッチボールを続けているようなのだ。

一方で、『花椿』の編集者時代に私が出会って、親しくなった人たちのまわりは、どうだろうか。ファッションからアートに軸足を移して、不定形の表現を続けるスーザン・チャンチオロ。『Purple』を離れ、パリの生活からも離れて、南西仏の村に住み、その地でギャラリー兼ブティックを始めたエレン・フライス。ヴィクター&ロルフと同期でオランダの美大に学び、パリコレで発表した卒業ショーを見たパスカル・ガテンはフリーになってからよく取材を重ねたが、長年美大や大学院でのファッション教育を刷新しながら情熱的に生徒と関わっている。ファッションの世界には変わらず属していても、中心から居場所をずらしながら、ほどほどの規模でい続けるブレス。私自身も、編集者からライターになって、本を出して、キュレーターの仕事もして、大学院でファッションの研究者になった。

「変化」すること自体が"人生の伴侶"といえそうな人が多い、ということにあらためて気づいたのは、アネットの転身が劇的だったからでもある。許諾のために再び交流を始めた、NYの近郊に住むアネットは今、ヒーラーとして、精神世界で生きる人になっていた。彼女の転身をきっかけに、ファッション写真は何を映すものなのか、あらためて考える機会を得た。

ファッション撮影をパリやロンドンで行う理由は、何より服が豊富にあるからだった。パリコレ取材を重ねたことで、私がデザイナーから撮影用の服を直接借りる信頼関係ができたことによって、1999年から2000年の表紙撮影はスタイリスト不在で行い、撮影場所を日本に移すことになった。表紙撮影にホンマタカシさんを起用したものの、仲條さんのなかに躊躇のようなものがあったことも知っていた。「ホンマ君は、女の子の中に入ってその娘自身になっちゃうような撮り方だから」。その言葉がどういうことを意味するのか、すぐには理解できなかった。一方、アネットが表紙を撮影している時は、その長い撮影時間のなかで仲條さんは、「あんなに時間かけて撮ったら、モデルが機嫌悪くなる」と、陰でボソッとつぶやいた。もちろん起用の裏には信頼があったし、その上での言葉ではあるのだが。

長い間自分のなかで咀嚼していたそうした言葉だったけれど、2022年のゴールデンウィークにインスタグラムでリサーチしながら、いわゆるファッション写真を機械的に見続けたことによって、ある時、すっと腑に落ちた気がした。そこに写っているのは、どこまでいっても表面で、裏や奥、つまりは謎という魅力がない、ということだ。

外側に終始するのがコマーシャルなファッション・フォトで、その人の人となりや、本質のようなものを写そうとするアネットやホンマさんのようなアプローチは、それ自体がファッション写真を批評するようなものでもあり、異質なものなのだ。意味性のような、ある種の重さが出るともいえる。「ビジュアル・エンターテイメント」としてのポピュラリティをもつべき『花椿』とは、そこで葛藤が生じる。

そのことがわかっていてもアネットやホンマさんを起用した仲條さんだが、そこに至るまでは編集会議のたびに、「若手写真家不要論」を熱弁していた。90年代の東京で華々しい活躍を見せていた新しい顔ぶれの写真家たちと組みたいと思う編集者たちを説き伏せるように。大規模なチームによるコマーシャルな表現でつくる世界の力と、個人的・作家的な表現でつくる世界の力、その両方を仲條さんは見てきた。シンディやアネットやホンマさんは、アートディレクターの立場からしてみたら、主張が強く扱いの難しさがある写真家だったのだろう。

90年代後半になると、そんな仲條さんも徐々に『花椿』において作家的な写真家との取り組みを拡張しているようにみえた。98年2月号の「Tokyo 2001-3年、春」特集や99年11月号の「Who景」特集では、「東京」「風景」といったテーマのもと、媒体が選んだ作家に声をかけて、テーマに合わせた作品を寄稿してもらう「編集力」の見せ所のような企画だった。どちらの特集も90年代前半に『i-D』で頭角を表してから、現代アートの世界へめきめきと活躍をひろげていたウォルフガング・ティルマンスにも寄稿をお願いした。

2000年2月号の「KITCHENS」特集もその流れで、普段から家族とピクニックの風景を撮り下ろして発表していたマーク・ボスウィックが、自宅の床に敷物をしいて家族で室内ピクニックをしている「台所」を広く解釈したような作品が、ストックフォトから集めたモンゴルのゲルの囲炉裏を囲む家族の写真と並べられたりした。

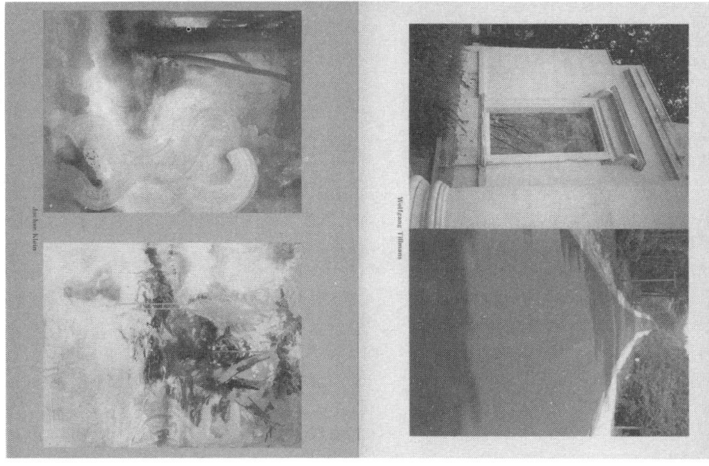

99年11月号の「Who景（＝風景）」特集を仲條さんが思い立ったのは、99年12月号「アントワープ・ファッション」の6ページ特集を構成している最中だった。マルタン・マルジェラを排出したアントワープの美大の卒業ショーが、パリコレ関係者の間で話題になってきて、日本からも男子生徒が4人、初めて入学した年に、私がパリコレ特集同様の、自ら撮影する手法で取材を行った。アントワープ出身のファッション・ジャーナリストのニネットの自宅で話を聞いた折に、ふと庭の写真を撮らせてもらった。レイアウト用の写真を選ぶ際に、スリーブに入った余分な写真に目を止めた仲條さんが、「これ、いいね！」となって、「風景特集を考えよう」と言いはじめたのだった。ニネットの庭を映した写真は、佐内正史さんの写真との対抗になり、トップページに掲載された。錚々たる写真家の作品が並ぶ特集に、媒体編集者の写真が並ぶことに抵抗を感じ、その特集の参加作家だった友人のアン・ダムスに相談して、「ソフィ・ボス」というアーティスト名をつけてもらって、その名前で参加した。ほかにもウォルフガング・ティルマンスや立花文穂さん、杉本博司さんや清野賀子さんなどが参加していた。

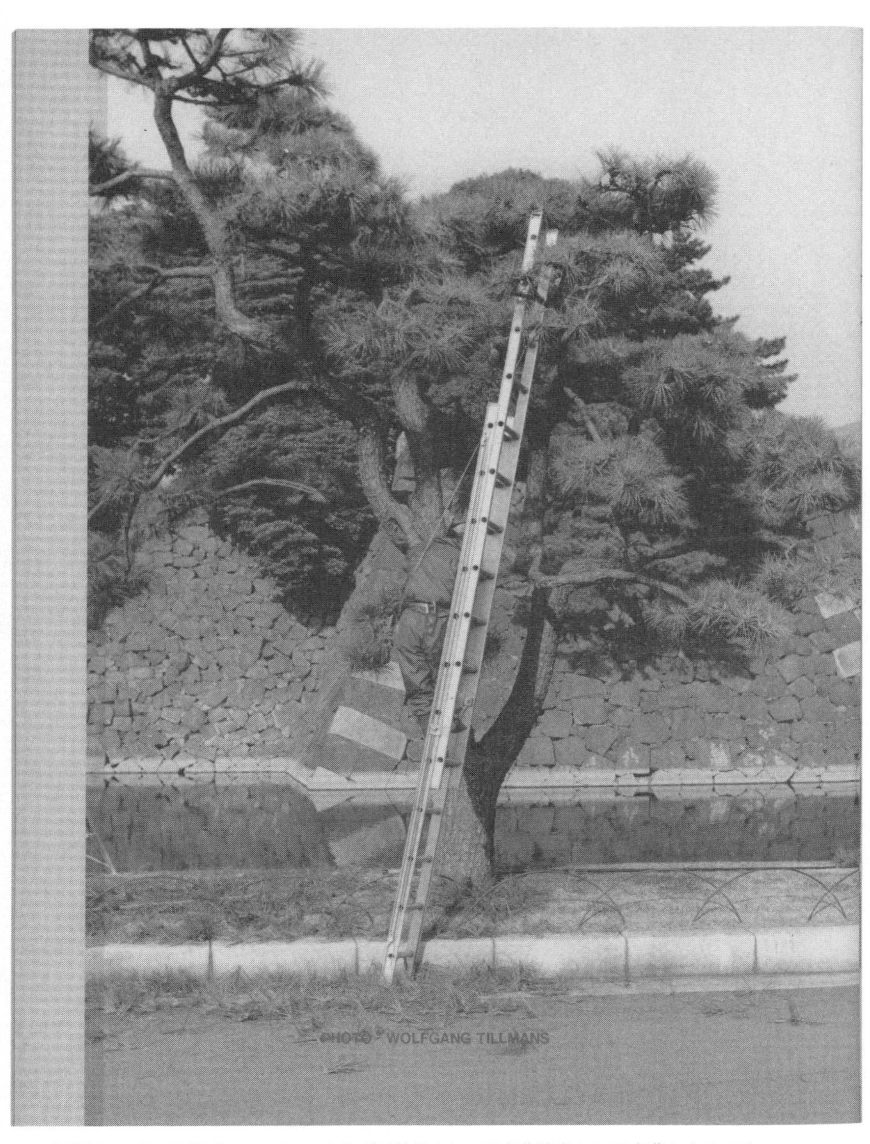

『花椿』(98年2月号)「Tokyo 2001-3年、春」特集より。90年代後半から00年代にかけては、変わりゆく東京の姿をとどめようといろいろな雑誌が「東京」特集を組んでいた。『花椿』も、紙面上のキュレーション的に、ウォルフガング・ティルマンス（左）やホンマタカシ（右）の撮影した東京のイメージを掲載。ナンシー関、森村泰昌の作品も並んだ。

そうした変化も、『花椿』というメディアの中心にあるファッション写真と取り組むなかで、当時の若手写真家との仕事によって、結果的に風穴が開いたのかもしれなかった。ホンマさんが初めて『花椿』特集撮影に起用されたのは、95年7月に行ったリトアニアロケだった。『花椿』としても初めてのロケ先で、日本語を話すリトアニア人のガビアさんをはじめ多くの人の手助けにより実現できた。その土地でバレエを習っている男女を集め、湖の横でポーズを撮ってもらった「朝昼夕べに　リトアニアのバレリーナたち」(96年1月号）と、その地のアーティストにリトアニアの伝承を描いてもらって、風景の中で撮影した「画家ペトラス・レピシースはリトアニアの伝承を描く語り部であった。」(95年10月号)。撮影がスピーディなホンマさんだが、帰国後すぐの95年8月に渋谷パルコで開催された写真展では、ロケ中のフリータイムに撮られた写真が大きく展示されるなど、その後の展開もスピーディだった。

リトアニアロケ中の私のスナップ冊子。ネガフィルムで写真を撮っていた90年代は、ほとんどの人が駅前などにあるプリントサービスを利用していた。その紙焼き写真を裏側からテープでつなぎ合わせると、即席ミニ写真集のようなものができるので、つくって遊んでいる人も私の周囲では多かった。

一方で、どんな撮影もじっくりと時間をかけるのがアネットだった。ずっと後になって、精神世界への旅に出ていったアネットの、とことん自分を生きようとする冒険心や探究心が、ファッション撮影ではなかなか終わらない長い撮影時間の理由だったのかもしれない。外側や表面だけでは満足ができない、その人の奥にひそんで輝く何かを掴みたい、という気持ちが、自分もモデルから出発したアネットのなかには、あったのではないだろうか。

そして、その探究心に似た気持ちは、自分の中にもずっとあったものだった、ということを、この回想録を書く今になって気がついた。一回だけの取材では満足ができず、同じ人に何度も話を聞きに行くインタビューの仕方。ファッションは好きだけれど、メインストリームのファッション界は嫌で、そこに関わったとしても、何か違うやり方はないかと、本気で探しに行く情熱をぶつけた。時に険しい山であっても、人生の近くにいようとすることを、選ぶ姿勢を崩さなかった。90年代の編集者経験のなかで、私が出会って親しくなっていった人たちには皆、その共通項があったと思う。そして、そんなふうに出会った彼らとは、たとえしばらく離れていたとしても、必要なときには、また仲間としてさっと手をつないで支え合い、助け合うことができるのだった。

『here and there』vol.14で、久しぶりにファッション写真にむきあおうとして考えた特集は、被写体となる人が撮影者を選び、その人の現在地で撮影を行うというものだった。被写体として撮影に参加してほしい人に連絡をして、その人が制作や仕事に訪れた街で、あるいは住んでいる街

『here and there』（20年 vol.14）写真美術館の展覧会監修の仕事を受けた時期に、ファッションと写真について考えながらつくった号。

で撮影を計画する。撮影者、撮影場所やタイミングをそこから決めていった。普通のファッション写真のつくり方と逆ルートを取ったのは、まず撮られる側の尊厳をあつかいたいという思いが強かったからだ。自宅にいるミランダ・ジュライを、夫のマイク・ミルズが撮影したコマ撮りのようなストーリーは、一瞬を取り出すのではなく、時間の流れを捕まえていた。その人が生活する居場所の一角で、互いに尊重しあう、撮る者と撮られる者の関係性を映し出していた。ファッション撮影から20年近く離れたあとに、自分がつくりたかったのはそのようなイメージだったのだ。

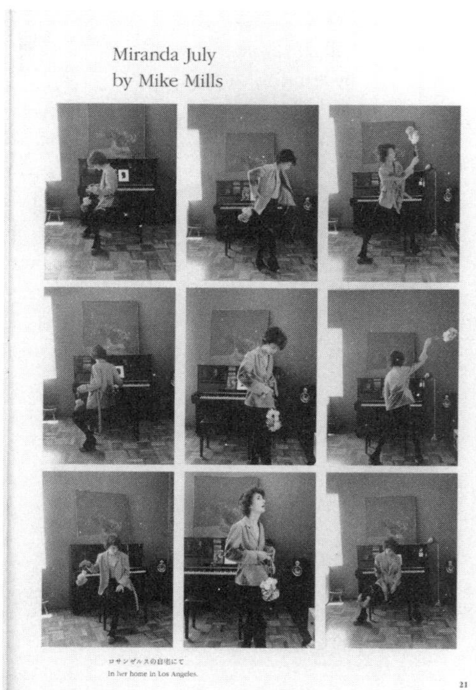

『here and there』（20年 vol. 14）からのフォトストーリー。

最後になりましたが、この本のもとになった連載を資生堂花椿Webで企画してくださった住佳織衣さん（資生堂アート＆ヘリテージ マネジメント部部長）、『花椿』編集室で当時Web連載を担当してくださった戸田亜紀子さん（資生堂アート＆ヘリテージ マネジメント部）、花椿Web連載時には毎回、『花椿』アーカイブからのイメージを現代にむけて視覚的に変身させた細倉真弓さんに、大変お世話になりました。書籍化にあたっては、DU BOOKS稲葉将樹さんに労をとっていただきました。ありがとうございました。

さまざまな編集者の方がたが、私以前に、あるいは以後に、『花椿』編集に関わられていました。お一人お一人に、それぞれの『花椿』体験があると思います。

本誌図版の掲載を許可してくださったたくさんの写真家のみなさま、アーティスト、ファッションデザイナーをはじめとするクリエイターのみなさまにお礼を申し上げます。

Photographer credits

※本書に掲載している取材時のスナップ写真などは、おもに著者による撮影。

カラー口絵	『花椿』（98年6月号）表紙　Horst Diekgerdes
	『花椿』（98年5月号）表紙　Horst Diekgerdes
	『花椿』（97年4月号）表紙　Anette Aurell
	『花椿』（99年3月号）表紙　Takashi Homma
vii	『花椿』（95年4月号）表紙　Kenji Miura
2	『花椿』（95年4月号）紙面　Takashi Homma
10	『花椿』（98年10月号）紙面　Mauricio Guillen
29	『CUTiE』（92年3月号）表紙　Kyoji Takahashi
37	『Smart』（95年10月号）表紙　NAKA
77	『Baby Generation』紙面　Takashi Homma
82-83	『花椿』（97年2月号）紙面　Shingo Wakagi
94-95	『花椿』（97年2月号）紙面　Shingo Wakagi
126-127	『花椿』（98年5月号）紙面　Mark Borthwick
129	Mark Borthwick
153	『花椿』（96年10月号）表紙　Shingo Wakagi
155	『花椿』（88年2月号）表紙　Cindy Palmano
155	『花椿』（93年11月号）紙面　Cindy Palmano
156	『花椿』（88年7月号）紙面　Cindy Palmano
158	『花椿』（92年3月号）紙面　Cindy Palmano
159	『花椿』（98年12月号）紙面　Cindy Palmano
160	『花椿』（84年10月号）表紙　Minsei Tominaga
160	『花椿』（97年1月号）紙面　Anette Aurell
161	『花椿』（97年2月号）表紙　Anette Aurell
162	『花椿』（00年11月号）紙面　Anette Aurell
163	『花椿』（00年8月号）紙面　Anette Aurell
178-179	『花椿』（98年7月号）紙面　Takashi Homma
188	『暮しの手帖』（08年夏号）紙面　Elein Fleiss
196	『花椿』（98年6月号）表紙　Horst Diekgerdes
198-199	『花椿』（98年5月号）紙面　Mark Borthwick
201	『花椿』（99年3月号）表紙　Takashi Homma
238-239	『花椿』（00年7月号）紙面　Takashi Homma
246	『花椿』（96年10月号）紙面　Shingo Wakagi
248	『花椿』（99年10月号）紙面
	Annabel Oosteweeghel　Jossy Albertus
251	『Vogue Italia』（20年9月号）表紙　Mark Borthwick
	Courtesy of VOGUE ITALIA Edizioni Conde Nast S.p.A.
255	Anette Aurell
259	『花椿』（99年11月号）紙面　Masafumi Sanai　Wolfgang Tillmans
	Jochen Klein（painting）
260	『花椿』（98年2月号）紙面　Wolfgang Tillmans
261	『花椿』（98年2月号）紙面　Takashi Homma
264	『here and there』（20年 vol. 14）紙面　Mike Mills

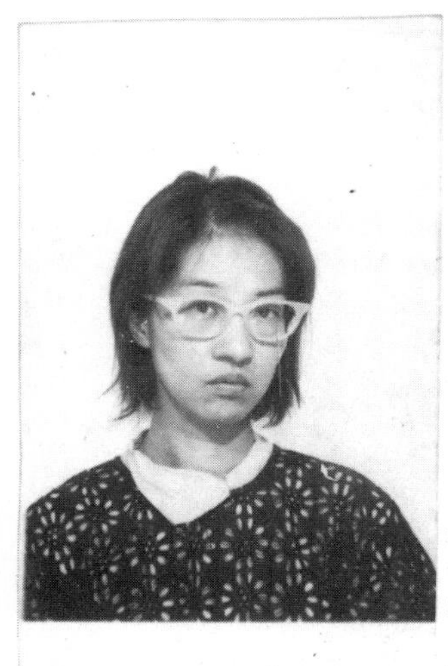

林 央子(はやしなかこ)

編集者、ライター、キュレーター、リサーチャー。ICU卒業後新卒で1988年資生堂に入社。以来、2001年に退社するまで、花椿編集室に所属。フリーランスになってからは雑誌などに執筆するかたわら、02年に『here and there』を創刊。96年「Baby Generation」展や14年「拡張するファッション」展のように、出版物に端を発した展覧会の創出に携わってきた。著書に『拡張するファッション』『つくる理由』、編著に『拡張するファッション ドキュメント』、訳書に『エレンの日記』などがある。2020年〜21年にロンドンのCentral Saint Martinsの修士課程でExhibition Studiesを学んだ。

わたしと『花椿』
雑誌編集から見えてくる90年代

初版発行　2023年3月1日

著者　林央子
ブックデザイン　小池アイ子
編集　稲葉将樹（DU BOOKS）
発行者　広畑雅彦
発行元　DU BOOKS
発売元　株式会社ディスクユニオン
東京都千代田区九段南3-9-14
編集　TEL 03 3511 9970　FAX 03 3511 9938
営業　TEL 03 3511 2722　FAX 03 3511 9941
https://diskunion.net/dubooks/

印刷・製本　大日本印刷

Special thanks
株式会社資生堂 花椿編集室、資生堂企業資料館、戸田亜紀子、金沢みなみ、ばるぼら、町田萌

ISBN978-4-86647-106-8
Printed in Japan

本書の感想をメールにてお聞かせください。
dubooks@diskunion.co.jp

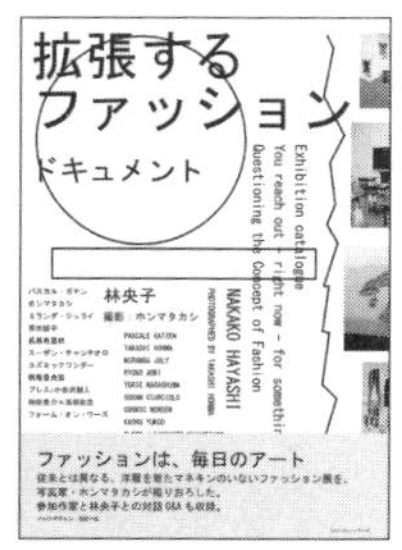

拡張するファッション ドキュメント

ファッションは、毎日のアート

林央子 著

90年代カルチャーを源流として、現代的なものづくりや表現を探る国内外のアーティストを紹介し、多くの反響を呼んだ書籍をもとに企画された「拡張するファッション」展の公式図録。従来とは異なる、洋服を着たマネキンのいないファッション展を、写真家・ホンマタカシが撮りおろした。ミランダ・ジュライ、スーザン・チャンチオロなど参加作家と林央子との対話Q&Aも収録。

本体2500円＋税　A4　192ページ（カラー128ページ）

つくる理由

暮らしからはじまる、ファッションとアート

林央子 著

前に進めなくなったときに、気づきをくれる言葉を投げてくれる人は、ものをつくる人や、アーティストだった。

刊行後の反響から美術展へと発展した『拡張するファッション』から10年。本書はその著者・林央子による待望の書下ろし新作。現在を生きる同時代の表現者たちの声を拾う。

本体2300円＋税　四六　312ページ

GIRL IN A BAND

キム・ゴードン自伝

キム・ゴードン 著　野中モモ 訳

約30年の結婚生活を経ての突然の離婚、そしてバンドの解散——。真実がいま、語られる。60年代後半、ヒッピームーヴメント直後のLAという都市に降り注ぐ光とその裏にある陰、90年代浄化政策前のNYには存在したさまざまな職業の多様な人々。そこにあった自由且つ危険な空気。アート〜バンドシーンの最前線を実際に歩んだ者にしか書けない、刺激的なリアルな記録。

本体2500円＋税　A5変型　288ページ

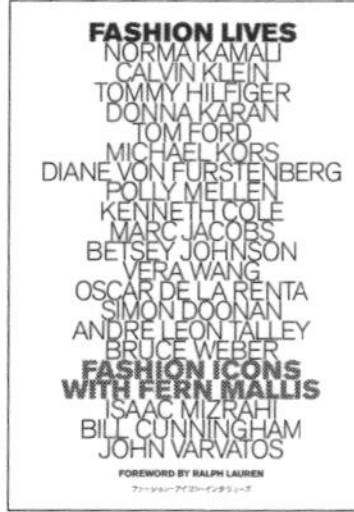

ファッション・アイコン・インタヴューズ

ファーン・マリスが聞く、ファッション・ビジネスの成功 光と影

ファーン・マリス 著　桜井真砂美 訳

読売新聞、繊研新聞、「装苑」、「men's FUDGE」にて紹介されました！

ファッション・ビジネスに身を置くすべての人、必読！

NYファッション・ウィークの立役者、ファーン・マリスが、ファッション・ビジネス界の重鎮19人にインタヴュー！——彼らは単なる「ブランド名」ではない。栄光もどん底も経験している、生身の人間なのだ。

本体3800円＋税　B5変型　480ページ（オールカラー）